조환익의
전력투구

나는 패전처리투수였다

조환익의

전력투구
電力投球

조환익(한국전력공사 사장) 지음

RHK
알에이치코리아

나는 패전처리투수였을까

내 운명에 도대체 어떤 경로가 예정되어 있었기에 나는 한국전력공사(이하 '한전') 사장이 되었을까? 한전에 오기 전까지 나는 에너지 분야에 대한 특별한 조예나 전문성이 있는 사람이 아니었다. 과거 정부(산업자원부)에서의 경력은 주로 무역·통상 분야로 채워져 있었다. 물론 차관이 된 후에 산업자원부의 모든 업무를 총괄하면서 에너지 업무의 기본은 익힐 기회가 있었다. 그러나 전력 관련 분야는 한때 한반도에너지개발기구(KEDO)에서 북한이 핵을 포기하는 조건으로 북한에 원자력발전소를 만들어주는 사업에 일시 파견되어 근무한 것 외에 뚜렷이 연결시킬 만한 경력이 없었다.

그런데 여러 가지로 아주 묘한 시기에 한전 사장을 맡아달라는 정부의 콜이 온 것이다. 당시 한전은 창사 이래 대내외적으로 최악의 경영

위기 속에 있었고 MB 정부의 마지막 시기, 즉 야구의 9회 말 같은 시점에 이루어진 임명이라 누가 봐도 가시밭길이 예상되는 상황이었다. 더구나 이후 진행된 임명 절차가 다소 지연되는 바람에 실제 취임은 대통령 선거 이틀 전인 2012년 12월 17일에 이루어졌다. 거의 9회 말에 등판된 것이다.

그렇다면 나는 패전처리투수였을까, 구원투수였을까? 게임은 끝나가는데 팀이 형편없이 지고 있으니 더 큰 점수나 뺏기지 말자는 벤치의 의도는 아니었을까? 그러나 다행히 기적적으로 전세가 호전되었고 나는 승리투수의 요건을 갖춰가면서 연장전까지 계속 이어 던지게 되었다.

나는 강속구를 던지는 투수도 아니었고, 그렇다고 슬라이더나 커브를 자유자재로 구사하는 기교파 투수와도 거리가 먼 선수였다. 그저 포수와 호흡을 맞춰가며 일구일구 사력을 다해 던졌을 뿐이다. 매 투구 때마다 '한 번의 실투로 장타라도 하나 맞으면 나는 틀림없이 강판이다' 하는 마음으로 팔이 빠지도록 던졌다. 이러한 전력투구가 통했는지 대체로 수비도 잘되었고, 우리 선수들의 공격력도 다시 살아나서 예상외로 큰 점수 차이로 승리를 바라보고 있다.

그동안 방치되어 있던 팀의 고질적인 내분과 패배의식도 점차 해소되었다. 팬들도 다시 돌아왔고 팀의 재정 형편도 좋아졌다. 당연히 미디어들의 높은 평가도 이어졌다. 그러나 한 게임 한 회도 수월하게 넘어간 적이 없다. 위기의 순간은 매번 어김없이 찾아왔고 그때마다 모든 선수들이 합심해서 지략을 모으고 몸을 던져 극복했다. 물론 운도 많이 따랐다. 지극정성을 다하니 행운의 여신도 외면할 수 없었던 것 같다. 이것이 지난 3년간 달라진 한전의 모습이고 어쩌다 선장을 맡게 된 나의 소회다.

전쟁터의 무사처럼 한순간도 갑옷을 벗지 못하고 긴장과 강박 속에서 지내온 3년이었다. 한전이라는 최대 공기업이 이렇게 변화된 것은 무슨 의미일까? 하늘은 과연 어떤 메시지를 주고 싶었던 것일까? 겨우 한 인간의 위기 극복 스토리나 만들어주기 위한 의도는 결코 아닐 것이다. 감히 짐작하건대, 한전의 변화를 통해 앞으로 우리나라가 나아가야 할 큰 방향 하나를 제시하는 것은 아닐까 생각해본다.

새로운 큰판이 벌어지고 있다 ————

광속구가 아닌 밋밋한 직구는 어김없이 두들겨 맞는다. 각도가 완만한 변화구들도 맥을 못 춘다. 기대하지 않았던 약체의 팀들이 강타자를 배출해내면서 뻥뻥 홈런을 쳐내고 야구의 판도가 달라지기 시작했다. 전통의 강호들이 자만에 빠져 있을 여유가 전혀 없다. 자칫하면 팬들의 외면에 구단이 문 닫을 지경이다. 어느새 야구 관련 산업들은 모두 상종가를 치고 전체 야구 판은 더욱 뜨거워지고 있다. 진정한 프로만이 살아남는 판도로 새로운 큰판이 짜이고 있는 것이다.

이 판에 들어가는 데는 기득권이나 프리미엄도 필요 없다. 누가 먼저 양질의 선수를 구성하고 치밀한 작전으로 치고 나가느냐에 달려 있다.

결국 선점과 선착 효과를 만들어내는 팀이 리그를 제패하고 시장을 독식하는 구조다. 이렇게 해서 새로운 리그가 생기고, 이 리그에 진입하지 못하는 팀은 공멸의 길로 가고 있는 기존 레드오션(red ocean)의 경쟁 구도 속에서 치열한 생존 경쟁을 하며 겨우 연명할 수밖에 없다. 에너지 분야가 바로 그런 모습이다. 에너지 혁명이라고 일컬을 만한 새롭고 거대한 리그, 즉 블루오션(blue ocean)의 빅리그가 열리고 있다.

이 새로운 리그에는 유토피아를 그리는 미래학자, ICT(Information and Communications Technology, 정보통신기술) 융합의 연금술사, 에너지의 새 길을 찾는 에너지 사업자, 제조업과 서비스업 부문에서 새로운 미래를 밝히는 전략가와 모험 투자가, 생산적인 환경론자, 또 이러한 변화를 놓치지 않는 영명한 정책 에이스들이 뛰어들 것이다.

앞으로 에너지 시장을 강타할 초강력 허리케인은 기존 에너지 정책과 산업 등을 변화시키고 인류 문명의 대변혁을 일으키는 빅뱅으로 이어질 것이다. 우리는 멀리서 불어오는 이 바람과 새 물결을 과연 얼마나 깊이 느끼고 있는가. 다가올 미래를 제대로 준비하고 있는지 단단히 점검하고 대비해야 할 때다.

인류가 일찍이 경험하지 못한 재앙적 이상기후가 지구촌 곳곳에서 다발적으로 일어나 사람들을 공포에 떨게 하고 있다. 각국의 정상들은 지난 2015년 말 파리에 모여 심각하게 그 대책을 논의했다. 연비 규제를 피해가기 위해 꼼수를 부리려던 폭스바겐은 멸문지화를 당할 위기에 처했다. 전기차 시대도 아주 빠른 속도로 성큼성큼 다가오고 있다.

스마트에너지 사용 시스템도 가정과 빌딩, 도시와 섬 등 다양한 지역에 적용되어 거대한 산업을 만들어가고 있다. 또 신재생에너지는 미래 에너지가 아니고 현재의 중심 에너지가 되어가고 있다. 새롭게 펼쳐지고 있는 이 세상을 향해 우리도 새로운 작전을 짜야 한다.

한국, 빅리그 진입 늦지 않았다 ————

한국은 지금까지 밖에서 벌어서 살아왔다. 최근 20년은 ICT 분야가 중심이 되어 세계시장을 선도해가고 우리의 먹거리를 만들어왔지만 이제는 중국 등 개발도상국의 추격을 뿌리치기 어렵다. 우리나라 국제 경쟁력의 원천인 정보통신 분야는 이제 다른 분야와 융·복합되어야 지속가능한 국부의 원천이 될 수 있다.

그중 가장 유망한 분야는 에너지 분야와의 융합이라고 생각한다. 바로 에너지 신산업이다. ICT의 인공지능이 에너지, 특히 전력 분야의 기기 또는 시스템과 결합되어 스마트하게 에너지를 절감시키고 경제적 이익을 가져다주고 신산업을 창조하는 것은 물론 이산화탄소 배출까지 감축시켜주므로 지구 환경 보존에도 크게 기여할 수 있기 때문이다.

ICT 분야에서 아직까지 세계 선두를 달리고 있는 한국은 전력 분야에서도 효율성과 품질 면에서 세계 최고 수준을 자랑한다. 따라서 두 산업 부문이 융·복합을 통해 세계로 뻗어나가면 가공할 만한 시장지배력을 갖출 수 있을 것이다.

특히 에너지 신산업 분야의 스마트그리드(SG, Smart Grid), 지능형 원격검침 인프라(AMI, Advanced Metering Infrastructure), 에너지저장장치(ESS, Energy Storage System), 마이크로그리드(MG, Microgrid), 에너지관리시스템(EMS, Energy Management System), 사물인터넷, 스마트홈, 스마트시티, 신재생에너지 등은 한국을 미래 에너지 산업의 강국으로 만들어줄 수 있는 키워드다.

우리는 이 분야에서 이미 개발과 실증단계를 거친 경쟁력 있는 기술을 많이 갖고 있고 이제 세계시장으로 뻗어나갈 준비를 하고 있다. 동남아, 중동, 중남미, 아프리카 등 개도국뿐만 아니라 북미, 유럽에도 교두보를 구축해나가고 있다.

앞으로 에너지 신산업은 가정에서 전기를 쓰는 모든 기기, 수송 수단, 빌딩의 구조, 마을과 도시의 형태, 섬의 모습까지 바꿔놓을 것이다. 국제에너지기구(IEA)는 이 분야의 세계시장 규모를 1경 4,000조 원 정도로 추산한다. 또 이로 인해 그동안 부진했던 신재생에너지 분야가 활력을 되찾을 수 있을 것으로 진단하고 있다.

그동안 스마트그리드 분야의 실증기간도 길었고, 스마트그리드의 첫 단계인 스마트계량기의 보급 및 확산도 다소 실망스러운 속도이지만, 한전이 중심이 되어 추진하고 있는 '스마트그리드 스테이션'과 같은 스마트타운 건설 프로젝트와 에너지 자립섬 개발 등의 사업은 해외에서 매우 높은 평가와 함께 적지 않은 러브콜을 받고 있다.

초기에는 스마트그리드 사업에 대한 일각의 부정적 의견과 우려의 목소리도 있었지만 이제는 새로운 일자리를 만들어갈 수 있다는 기대감이 높아지고 있다. 에너지 신산업 분야가 새로운 먹거리가 될 수 있다는 꿈이 현실화되고 있는 것이다. 또한 이 분야에서 일본이나 중국이 우리보다 개발단계는 앞서 나갔지만 보급단계에서는 뒤처지고 있다는 점도 긍정적이다. 민간기업들도 관심을 보이며 투자를 늘리기 시작했다. 한국은 현재 에너지 산업의 빅뱅을 만들어가는 새로운 리그로 괜찮은 진입을 하고 있다. 그리고 그 중심에는 온갖 풍상을 겪고 다시 태어나는 한전이 있다.

선발투수로 부활한 한국전력공사 ————

한국전력공사가 화려하게 부활했다. 만년적자의 빚덩이 공기업의 대명사였던 한전이 돌아왔다. 나는 한전 사장으로 취임하면서 경영 슬로건으로 'Again KEPCO'를 채택했다. 다시 옛날로 돌아가 모든 발전회사들을 거느리는 공룡 같은 독점기업이 되자는 의미가 아니었다. 공기업의 맏형 역할을 하면서 품격 있는 모습으로 다시 국민에게 사랑받는 기업으로 태어나보자는 취지였다.

미래의 어마어마한 먹거리가 될 에너지 신산업 시장에서 한전은 지금 한국 선단 진출의 선발투수 역할을 하고 있다. 에너지 신산업 시장에서 한전의 역할과 존재감은 절대적이다. 한전은 흑자로 돌아서면서 생긴 투자 여력으로 에너지 신산업 분야에 아낌없는 투자를 하고 있으며 기술 개발과 실용화에도 혼신의 노력을 하고 있다. 특히 이 분야는 투자 이익이 바로 나지 않을 수도 있기 때문에 초기에는 공익적 성격의 투자가 선행되어야 한다.

이런 면에서 볼 때 흑자 공기업인 한전의 투자와 개발은 매우 시의적절하다. 2016년에 한전은 에너지 신산업의 발전을 위해 3조 8,000억 원 규모의 투자를 계획하고 있다. 미래 시장을 위한 이러한 과감한 투자는 민간기업의 투자를 유발하는 마중물 역할을 하게 될 것이다. 그리고 이 분야를 국제경쟁력이 있는 산업으로 만들어갈 것이다.

현재 한전의 이 분야 투자는 속도나 규모 면에서 뒤지지 않는다. 이는 한국이 ICT 분야의 세계시장에서 선도적 역할을 견인했던 시절, 삼성이나 LG의 과감한 투자와 같은 의미를 갖는다. 그러나 IT 제품은 세계시장에서 더 이상 큰 수요를 유발하지 못하고 후발주자들이 턱밑까지 추격해오면서 판로 확보에 어려움을 겪고 있다.

바로 이때 IT도 살고 에너지 분야의 해외 진출도 활기를 찾을 수 있는 IT와 에너지 융합인 신에너지 산업이 광활한 블루오션으로 찾아왔다. 우리나라는 이 대양에서 큰판을 벌이게 되어 있다. 또한 한국이 골든타임을 놓치지 않도록 한전이 때마침 흑자 전환을 해서 왕성한 투자를 할 수 있게 된 것은 어찌 보면 범상치 않은 국운이라 할 수 있다.

그러나 이 시장도 지속적인 투자와 치밀한 시장 전략이 없으면 어느 순간 새로운 상어들이 순식간에 나타나 바다를 붉게 물들일 수 있다. 정부와 한전, 그리고 민간기업은 하나의 팀 코리아(Team Korea)가 되어 신속하면서도 공격적으로 세계시장을 선도해나가야 한다. 일본이 1980년대 최고 전성기를 구가하며 세계 가전 시장을 이끌었듯 우리의 브랜드와 기술표준이 세계시장에서 확고하게 자리 잡을 수 있도록 준비해야 한다.

    나는 수년 전에 책 두 권을 썼다. 베스트셀러 리스트에 오르기도 했던,《한국, 밖으로 뛰어야 산다》와 《우리는 사는 줄에 서 있다》라는 책이다. 책을 제대로 쓴다는 일이 얼마나 진 빠지는 일인지 안다. 그러나 소명감으로 또다시 이 책을 썼다. 지난 3년간을 돌아보며 한전이 그동안 얼마나 망가져 있었고 어떻게 다시 태어났는지, 에너지 신산업은 무엇이고 왜 우리는 여기에 승부를 걸어야 하는지, 한전이 에너지 신산업이라는 새로운 리그에 뛰어들기 위해 어떤 준비를 하고 있는지, 그리고 앞으로 우리는 어떤 길을 가야 하는지에 대한 내 생각들을 펼쳐놓았다. 이 책이 독자들에게 미래 세상을 내다볼 수 있는 안목을 길러주고 앞으로의 길을 가는 데 작은 지침이라도 되면 좋겠다.

電　　　　　　　　力

1
장

의미 있는 부활,
한전의 대반전

개혁의 대상에서 선도자로

投　　　　　　　　球

역전극은 9회 말
투아웃에 시작된다

겁도 없이 뛰어든 에너지 전장 ─────

2012년 가을 어느 날, 정부 고위층의 한 인사로부터 한 통의 전화가 걸려왔다. 대한민국 최대 공기업 한국전력공사(KEPCO) 사장 자리를 맡아 해보겠냐는 것이었다. 앞서 말한 바와 같이 내 공직 인생 커리어의 대부분은 무역, 통상, 국제금융 분야에서 보냈던 터라 좀 망설여졌다. 더구나 18대 대통령 선거가 임박해 있는 상황이었으므로 새 정부가 들어서는데 과연 얼마나 자리를 부지할 수 있을까 하는 의문도 들었다. 게다가 한전에 관해 들려오는 이야기는 사상 최악의 적자 등 반갑지 않은 소식뿐이었다. 그러나 한전과는 또 무슨 인연이 있었던 것인지 망설임 끝에 결국 제의를 받아들이고 말았다. 한전 사장으로 간다 하니 주변에서 축하인사도 많이 해왔지만 '길어봐야 6개월짜리 자리'라는 안팎의 냉소적인 수군거림도 만만치 않았다.

　하지만 한전이 어떤 기업인가. 한전에 들어가려면 3대가 덕을 쌓아야 한다는 말이 있을 정도로 전 국민이 알아주는 기업일 뿐만 아니라 젊은이들이 선망하는 기업이 아닌가. 창립 역사도 무려 118년이나 된다. 1898년 고종 황제가 사재를 털어 설립했던 한성전기회사가 그 모태로서 이후 경성전기, 조선전업, 남선전기 등 3사로 분리되었다 1961년 한국전력주식회사로 재통합되고 1982년 한국전력공사로 거듭난 역사를 간직한 국내 최대 공기업이다. 우리나라 근대사와 맥을 함께해온 기업의 수장이 되었다는 것은 자부심을 가질 만했다.

　그러나 이러한 기분을 느낄 만큼 한가한 상황이 아니었다. 더 자세히 알아보니 회사는 창사 이래 최악의 위기를 겪고 있었다. 거대한 적자와 누적된 부채더미 속에서 방만과 비리의 꼬리표까지 매단 채 어느새 국민들로부터 냉대받는 기업으로 전락해 있었다. 여기에 2011년에 발생한 순환정전으로 '전력공급과 품질은 우리가 세계 최고'라는 한전인의 자부심마저 꺾였고 전력산업계를 향한 국민들의 불신은 최고조에 이르러 있었다.

　특히 2011년과 2012년 두 차례에 걸쳐 소액주주들이 원가에 못 미치는 전기요금 때문에 주주이익을 침해당했다면서 한전 사장과 정부를 상대로 제기한 사상 초유 수조 원 규모의 주주대표 소송은 정부, 한전, 소액주주 간의 단절된 소통의 한 단면을 여실히 보여줬다. 이처럼 총체적 위기 상황이었으니 조직 내부의 직원 간, 노사 간 불신과 패배의식은 들여다보지 않아도 미루어 짐작할 만했다. 이미 자체적 치료가 불가능해 외부적 수술이 불가피한 상황이라는 것이 한전에 대한 일반적 시각이었다.

정신을 차려보니 2012년 12월의 차디찬 겨울바람 앞에서 나는 기로에 서 있었다. 거대한 한전호가 서서히 가라앉는 것을 지켜보기만 하면서 패전처리투수 존재 정도로만 기록될 것인지, 아니면 지난 수십 년간 여러 방면에서 쌓은 경험을 총집결해 방향타를 잡고 한전호가 조금이라도 제대로 된 항해를 할 수 있도록 구원투수 역할을 했다고 한전 역사에 기록될 것인지는 이때부터가 시작이었다.

나는 한전을 사랑하러 왔습니다 ————

한전 사장 취임식을 며칠 앞두고 한전으로부터 연락을 받았다. 내 취임사를 준비해야 하는데 새롭게 선포할 비전이 있으면 미리 알려달라는 것이었다. 내가 직접 취임사를 쓰겠다고 하자 한전 실무자는 한전 역사상 그런 전례는 한 번도 없었다며 어리둥절해했다. 이후에도 몇 차례 더 연락이 와서 필요한 자료와 직원을 보내겠다고 했지만 나는 이미 취임사 구상을 모두 끝낸 상황이었다.

취임사를 써내려갈 때 두려움보다는 설렘과 묘한 긴장감이 일었다. 오히려 내가 지금 가야 할 자리가 운명처럼 느껴졌다. 지난 40여 년간 공공 분야에서 쌓은 현장 경험과 감각, 그리고 에너지와의 짧은 인연이 한데 어우러져 나를 이곳에 데려왔구나 하는 생각을 떨쳐버릴 수 없었다. 알 수 없는 그 힘은 어느새 나를 또다시 큰 도전 앞에 세워두고 있었다.

　2012년 12월 17일 오후, 서울 삼성동에 있는 한전 본사 대강당에서 취임식이 열렸다. 연일 매서운 추위가 몰아쳤지만 전력 사정이 좋지 않아 건물에는 최소한의 난방만 가동되고 있었다. 어둠이 내려앉은 사옥 내의 나무들이 마른가지를 그림자처럼 늘어뜨리고 있는 다소 을씨년스러운 날씨였다. 1,800석의 2층 대강당은 붉은 카펫이 깔려 있었고 천장은 또 얼마나 높은지 마치 인민대궁전 같은 분위기였다. 주변으로는 하나같이 무채색 계열의 양복을 입은 직원들이 일사불란하게 입장하면서 긴장감을 더했다. 대강당 안으로 들어서자 홀에 깔린 분위기는 경직 그 자체였다. 대강당을 가득 메운 직원들의 시선이 일제히 연단 앞에 홀로 선 나를 향했다. 한전인으로서 직원들과 대화의 첫 페이지를 여는 순간이었다.

　나는 취임 연설을 구상하면서 거창한 비전과 미사여구는 모두 걷어치우기로 했다. 직원들은 새 수장이 올 때마다 적자와 전력난, 혁신과 공기업의 윤리, 사명 등 판에 박힌 취임사에 이골이 나 있을 것이기에 다른 이야기를 하고 싶었다. 내 머릿속에 정리된 내용들이 자연스럽게 흘러나왔다. 먼저 연전연패에 빠진 한전 배구단을 예로 들며 자신감이 떨어진 조직을 언급했다. "왜 우리 배구는 매번 지기만 합니까? 그것은 지는 데 익숙해졌기 때문입니다. 오늘날의 한전도 그런 상태 아닙니까?"

이어서 IBM 루 거스너 전 회장의 취임식 연설을 인용해 "나는 한전을 사랑하기 위해 여기 왔습니다"라고 말했다. 거스너 회장이 IBM의 구원투수로 오면서 "나는 IBM을 개혁하러 온 것이 아니고 IBM을 사랑하러 왔습니다"라는 말로 직원들의 신뢰를 얻고 결국 IBM을 일으켜 나간 감동적인 신화를 나도 쓰고 싶었다. 거스너 회장을 구조조정하러 온 저승사자처럼 보았던 IBM 직원들처럼, 처음 나를 대하던 한전 직원들의 경직된 표정에서도 '신임 사장이 또 한전을 흔들러 온 것은 아닌가' 하는 불안감을 읽을 수 있었다.

나는 새로운 경영 슬로건으로 'Again KEPCO'를 던졌다. 한전인이 그리워하는 과거의 위풍당당했던 한전, 모두가 선망하는 직장, 한전에 다니는 자녀를 둔 부모님이 자랑스러워하는 회사를 다시 만들어보자고 강조했다. 그러자 무표정하게 앉아 있던 직원들의 눈빛이 점차 흔들리기 시작했다.

우리가 성공의 바퀴를 굴릴 때, 시장에 임팩트를 줄 때, 그리고 시장에 스토리를 만들어줄 때, 바로 그때 제가 이루고 싶은 'Again KEPCO'가 되는 것입니다. 'Again KEPCO'라는 것이 역사의 수레바퀴를 거꾸로 돌리자는 얘기가 아닙니다. 발전회사를 거느리고 있었던 그 옛날로 다시 돌아가자는 의미도 아닙니다. 우리가 과거 전력산업 내에서, 또 국가적으로 위풍당당했던 KEPCO의 모습을 되찾자는 것입니다. 어떤 면으로는 '백 투 더 퓨처(Back to the Future)'라고 볼 수도 있습니다.

지금 우리는 위기까지는 아니더라도 어려운 상황에 있는 것은 틀림없습니다. 제가 한전에 간다고 하니 모든 사람들이 "굉장히 어렵습니다. 들어가시면 잘해주십시오"라고 말할 정도로 한전의 위기를 공통적으로 느끼고 있는 것 같습니다. 'Again KEPCO'로 우리가 위기에서 벗어나고 이를 통해 다시 한 번 과거의 위상을 찾을 수 있지 않을까 생각합니다. 우리는 핵심가치, 즉 전력이라는 공공재를 우리가 가진 망을 통해 최대한 원활하게 공급해 국가 전체의 혈맥이 제대로 통할 수 있도록 하는 핵심가치를 절대 소홀히 하면 안 됩니다. 이를 이루기 위해서는 신뢰를 구축하고, 그 신뢰를 기반으로 소통하고 현안을 하나하나 해결해나가야 한다고 봅니다. 그래서 우리의 핵심가치를 또 한 번 업그레이드시켜야 한다는 것이 저의 소박한 생각입니다.

취임식이 끝난 후 사내 게시판에 직원들의 글이 속속 올라왔다. 취임 연설의 한 대목 한 대목이 동료들의 메일함으로 전해지며 "마음속 응어리가 풀렸다"는 이야기도 들려왔고, "이번에는 뭔가 다르다. 새로운 생각을 가진 사람이 온 것 같다. 기대된다"는 내용의 댓글도 이어졌다. 그날 2만여 명의 한전 직원들과의 첫 대화는 그렇게 성공적이었다. 그만큼 경영자의 한마디 경영 화두는 매우 중요했다.

한전 사장으로 내정되었을 시점에 위원장을 통해 문답서를 보내온 한전 노조는 취임 연설을 들어보고 내 입장이 노조의 입장과 많이 다르면 꽹과리를 요란하게 치며 적당히 취임 축하(?)를 해줄 생각이었는데, 취임사를 듣는 동안 벼르던 마음이 기대로 바뀌었다고 했다. '한전을 사랑하러 왔다'는 내 진심이 담긴 취임 연설은 2만여 명의 한전 직원들에게 적지 않은 울림을 가져다주었고 조심스레 'Again KEPCO'를 한번 만들어보자는 마음의 띠로 연결되어나가는 것 같았다. 꽹과리 환영식은 없었지만 심판은 이미 플레이볼을 선언했다.

신의 직장에서 맞닥뜨린 7대 난제 ————

첫날 취임식을 마치고 본부별 첫 업무 보고를 받았다. 나는 당장의 현안들을 들여다보고 기겁을 할 수밖에 없었다. 어렵다고 각오는 했지만 이 정도일 줄이야… '아무리 어렵다 해도 신의 직장이라고 불리는 한전인데 좋은 것들도 많이 있겠지' 하는 기대는 일시에 사라져버렸다. 그야말로 총체적 난국이었다. 그것들은 신이라 해도 쉽게 풀기 어려운 난제들이었다. 또한 사상 초유의 현안들이라 과거의 해결책들을 찾아보기가 쉽지 않았을 뿐더러, 오랜 기간 해결하지 못한 채 쌓아놓은 탓에 시간이 지나면서 더 복잡하고 큰 국가적 문제들이 되어 있었다. 한마디로 말하면 '이보다 더 나쁠 수 없었다.'

무엇보다도 가장 시급한 일은 2011년에 발생한 순환정전 이후 빚어진 전력 불안을 해소하고 전력 불신의 그림자를 지우는 일이었다. 한전의 전기공급만큼은 안정적이라고 믿어왔던 국민들이 전기가 끊기지 않을까 1950년대, 1960년대식의 걱정을 해야 하는 상황에 이르러 있었기 때문이다. 이런 상황에서 자고 나면 크고 작은 발전소들의 고장 보고를 받으며 당장 최악의 전력난을 어떻게 극복해야 할지 눈앞이 캄캄했다. 한전의 가장 큰 존재 의의는 국민들에게 품질 좋고 안정적인 전기를 공급하는 데 있다. 이 책임을 다하지 못하면 한전은 공기업으로 존재할 이유가 없다.

2001년 송전선로 경과지를 정하고 아직도 완공을 못한 신고리-북경남 송전선 공사 문제도 긴박하게 나를 기다리고 있었다. 그동안 다른 곳은 어렵게 어렵게 송전선 연결이 되었지만 밀양을 지나는 30킬로미터 구간은 2008년도에 공사에 착수한 뒤 단 한 기의 철탑도 세우지 못하고 있었다. 소위 '밀양 765kV 송전탑 건설 문제'가 통째로 내가 해결해야 할 숙제로 고스란히 넘어온 것이다. 첫 삽을 뜬 후 공사는 열한 번째 재개와 중단을 반복하고 있었고, 이 과정에서 각종 사회단체, 인권단체, 정치권 등에서 갈등 해소를 위한 중재를 한다고 수없이 관여를 했지만 상황은 더 꼬여만 갔다.

이 송전선으로 전력을 보내야 할 신고리 3, 4호기의 준공을 위한 시계는 속도를 내고 있었다. 만약 송전선이 연결되지 않을 경우 어마어마한 손실은 말할 것도 없고 한전의 무능력을 만천하에 드러내게 될 상황이었다. 더구나 밀양 765kV 송전선로 건설을 반대하는 주민 대부분이 고령의 할머니들이라서 여론도 한전에 우호적이지 않았다. 돌파구는 전혀 보이지 않았고 날이 갈수록 문제의 심각성은 더 커져만 갔다.

또 이미 구조화된 고질적 적자 문제가 이에 못지않게 내 어깨를 짓누르고 있었다. 개인은 말할 것도 없고 기업과 국가도 적자가 나면 주변으로부터 취급을 못 받는다. 한전은 5년째 적자의 늪에서 벗어나지 못하고 있어 CEO가 어떠한 새로운 사업도 할 수 없는 처지였다. 투자가 동반될 경우 정부로부터 나오는 첫 번째 반응은 늘 '빚투성이 방만경영의 상징인 한전이 뭘 또 새로 한다고 그래?'였다. 한전의 주가는 적자 이전과 비교하면 거의 반 토막이었고 직원들의 패배감과 무력감도 상상 이상이었다.

2년 후로 다가온 한전 본사의 지방이전 문제도 위의 문제들 못지않게 중요한 현안이면서 풀기가 쉽지 않았다. 삼성동 본사 부지는 이전 예정일보다 훨씬 전에 팔아야 하는데 이 문제가 복잡하게 얽혀 있었다. 매각 방식을 놓고 갑론을박하면서 세월만 보내고 있었던 것이다. 그러니 이사 준비는 꿈도 못 꿨고 '시간이 지나면 사장이 어떻게든 풀어내겠지' 하는 방관자적 태도가 직원들 사이에 팽배해 있었다. '이 또한 나의 무덤이 되겠다'라는 생각을 지울 수가 없었다.

한전의 미래 준비도 더 이상 미적거릴 겨를이 없었다. 급변하고 있는 세계 에너지 환경에 발맞춰 한전도 재빨리 대처해나가야 했다. 지금처럼 전기요금에 거의 모든 수입을 의존하는 체제이면 만년적자에서 벗어날 방법이 없었다. 더 이상 성장하지 않는 국내 전력시장에서 에너지 신시장을 창출하고 글로벌 시장에서 새로운 사업과 영역을 선점하려면 당장 시동을 걸어도 부족했다. 게으름을 피우다가는 에너지 신산업 참여를 통한 미래 수익원 창출의 골든타임을 놓칠 수도 있는 상황이었다. 이 분야를 흘려보내면 'Again KEPCO'는 도대체 어디에서 찾으란 말인가?

또 하나의 절박한 현안은 에너지 올림픽인 대구 세계에너지총회(WEC) 개최였다. 총회 개최 시기는 7~8개월밖에 남지 않았는데 조직위원장도 제대로 선정이 안 됐으니 준비 상황은 안 봐도 비디오였다. 시기적으로 한전 사장 빼고는 다른 어떤 카드도 대안이 될 수 없어 나는 피할 길 없이 조직위원장을 맡게 되었다. 떠밀려 맡고 준비 과정을 점검해보니 해놓은 것이 거의 아무것도 없었다. 심지어 세계에너지총회 본부가 있는 런던 사무국에서는 "차라리 대회 개최권을 반납하면 어떻겠느냐?"라는 압박도 해왔고 여기에 동조하는 국내 인사도 있었다. 그러나 개최권을 반납하면 이는 한전의 무능이 아니고 국가의 대망신이었다. '참가국 유치 등 대회 준비시간이 너무 짧다. 불가능하다고 두 손 들어야 할까…'

마지막으로 폐쇄적이고 어두운 조직문화를 시급히 손봐야 했다. 회사와 노조 간, 간부와 직원 간, 간부 간, 직원 간에 늘 반목이 있어 평소에도 투서가 날아다니고 불투명하고 명확하지 않은 업무 영역이 많아

의사결정 과정에서 책임을 위아래 서로 미루는 구조였다. 이런 관행은 조직의 독이다. 독이 쌓이면 그 조직은 죽음으로 갈 수밖에 없다. 그러니 이 역시 오래 관망하고 연구하며 개선 방안을 찾을 여유가 없었다.

이상의 굵직하고 시급한 현안만 추려도 일곱 가지나 되었다. 그러나 어느 것 하나 터널의 끝을 찾아볼 수 없었다. 고민한다고 해결될 문제들도 아니고 아무리 시간을 많이 들인다 해도 뾰족한 대책이 나올 가능성이 없었다. 하나하나가 히말라야였다. 아마추어가 올라갈 산이 아니었다. 그러니 내가 패전처리투수가 아니고 무엇이었을까. 절벽에서 배를 만나 위기를 넘긴다는 '절도봉주(絶渡逢舟)'의 간절함과 철통같은 응집력으로 2만여 명이 넘는 직원들이 뭉쳐주기를 기도할 따름이었다. 이미 퇴로는 막혀 있었다. "아 신이시여, 그대의 영역에 겁도 없이 뛰어든 나를 용서하시고, 부디 몸만이라도 건져 빠져나오게 해주소서."

무신불립, 혁신보다 믿음이 먼저다 ────

2013년 계사년 새해 첫날, 서울에는 기록적인 폭설이 내렸다. 시무식을 하기 위해 출근하는데 발이 푹푹 빠졌다. 회사로 들어서며 '이 눈이 서설이라도 되면 좋겠군' 하고 생각했다. 그러나 서설이 될지 눈사태가 될지는 아무도 알 수 없었다.

시무식에서 나는 전 직원들에게 '무신불립(無信不立)'을 신년 화두로 던졌다. 무신불립은 공자가 '식량과 군사가 없어도 나라를 일으킬 수 있지만 백성의 믿음이 없으면 결코 나라가 설 수 없다'고 말한 데서 유래한 사자성어인데, 서로에 대한 믿음이 없으면 한전은 절대로 일어설 수 없다는 의미를 강력하게 전달하고 싶었다. 이 시점에서는 혁신보다 믿음이었다. 믿음으로 소통하고, 소통하며 서로 믿자! 무신불립이야말로 직원들의 흩어진 마음을 모을 수 있고 Again KEPCO에 대한 실천 방안도 될 수 있다고 생각했다. 그러나 과연 어떻게 믿고 소통하게 할 것인가. 그것은 또다시 온전히 내 몫으로 남게 되었다.

문제의 답은 언제나 현장에 있다. 취임식을 마치고 이튿날 나는 곧바로 한전 본사의 심장부라고 할 수 있는 전력수급상황실과 전력거래소(KPX)에 들러 전국의 전력 수급 상황을 브리핑받고 12월 19일에 이루어질 대선 개표가 차질 없이 진행될 수 있도록 전력 확보 상황도 점검했다.

그날 저녁에는 산업통상자원부의 관련 실무자들을 불러내 술자리를 마련했다. "자네들과 한전 사장은 오늘 소주 폭탄주를 마셔야 하는 역사적 사명을 띠고 있으니 모든 약속을 취소하고 나와라." 과거 산업자원부 차관 시절에는 보이지도 않던 한참 후배들이었다. 나로서는 밥상 앞에서든 술상 앞에서든 산업부와의 오랜 불통을 해소시켜야 할 의무가 있었던 것이다. 물론 국회와 언론, 관련 업계, 경제단체 등도 그 대상이었다. 대화가 필요한 곳이라면 사장은 어디든 달려가야 할 자세가 되어 있어야 한다. 사장의 발품은 결코 헛되지 않다.

첫 출장지가 된 아랍에미리트(UAE)도 사막의 불통을 해소하기 위해 이루어졌다. 나는 취임한 지 얼마 되지 않아 UAE 바라카의 원전 건설 현장으로 첫 해외 출장을 떠났다. 한국의 원전 용사들은 우스갯소리로 거대한 돔 안에 다 마셔버린 빈 소주병이 가득 차야 원자력 1기가 완성된다고 말한다. 혼과 신바람을 중시하는 사람들이다. 하루 일과가 끝나면 동료들과 소주 한잔 마시면서 고단함을 풀고 다음 날 다시 열사의 태양 속에서 땀을 뻘뻘 흘리면서 일하는 것이 그들의 돌관정신이다. 하지만 과학적 분석을 즐기는 미국과 유럽 출신 감독관들이 이들을 이해할 턱이 없다. 업무 방식을 놓고 갈등을 일으키다 급기야 작업정지 명령이 내려지기도 한다. 그러나 이때 발생되는 손해는 고스란히 우리 몫이다.

이런 불상사를 막기 위해서라도 UAE 원자력공사 관계자들을 만나 시급히 소통 채널을 마련해둬야 했다. UAE는 우리나라 '원전 해외 수출 1호' 국가다. 2009년 12월 당시 수주 금액이 무려 186억 달러에 달하는 어마어마한 사업이다. 그리고 60년 운영기간 중 또 큰 수익을 올릴 수 있다. 이후에 이어질 추가적인 수주까지 생각한다면 한전은 이 사업을 반드시 성공적으로 완수해야 한다.

UAE에 도착하자마자 나는 원전 관계자들을 만나 과거의 통상 협상 솜씨를 발휘하며 소통 채널을 마련했다. 또 사막의 모래폭풍 속에서 최선을 다하고 있는 근무자들을 만나 같이 포옹하면서 사기를 북돋워 줬다. 바라카 원전 건설 현장에서는 한국형 신형 원전인 APR1400 총 4기의 준공을 위해 내외국인 5,000여 명이 열심히 땀 흘리고 있었다.

오는 2017년 5월에 1호기 준공이 예정되어 있는데 일정이 많이 지연된 편이었다.

UAE는 대한무역투자진흥공사(KOTRA) 사장으로 재직하던 시절 우리나라의 UAE 원전 수주를 위해 현지 원전 정보를 미리 수집해 한전 등에 제공하고 현지 네트워크를 활용한 사업 미팅 기회도 마련해주는 등 인연을 맺은 나라여서 감회가 남달랐다. 어찌 보면 UAE 원전 수주를 하는 데 보이지 않는 일조를 한 셈이다.

출장을 다녀온 뒤에는 직원들의 최대 관심사였던 승진 인사를 전격 단행했다. 이 거대한 조직에서 인사는 만사(萬事)가 될 수도 있지만 자칫 망사(亡事)가 될 수도 있었다. 결국 들여다보지도 않았지만 인사 참고자료만 서너 명이 잔뜩 안고 들어올 정도로 어마어마했다. 참 크긴 큰 조직이었다. 인사안(案)은 전임 사장 시절 심사한 내용을 거의 그대로 반영시켰다. 그것이 한전 안팎에서 나도는 무성한 소문, 즉 수장 교체로 인사안에 변화가 있을지도 모른다는 우려를 가라앉히고 조직을 안정화시키는 데 도움이 된다고 생각했기 때문이다. 이런 광속 행보는 조직을 빠른 시간 안에 안정시켜나갔다. 승진과 이동은 직원들과 소통하는 가장 확실한 도구 중 하나다. 능력과 성과를 중심으로 투명하고 공정하게 인사가 이루어지면 현장 직원들은 능동적으로 움직이고 사장은 신뢰를 얻는다.

한전은 직원이 2만여 명이지만 자회사 등 전력 그룹사로 확대하면 무려 5만여 명이나 된다. 100퍼센트 지분을 갖고 있는 6개 발전사와 기능별로 4개 자회사도 갖고 있다. 이들 전력 그룹사들은 전력을 생산하는 발전 부문을 책임지고 있기 때문에 그룹사 사장단과의 교감도 매우 중요하다.

하지만 내가 막 취임했을 때 사장단과의 자리는 마치 적과의 동침 수준이었다. 특히 취임식 날 사장단이 일렬로 앉아 취임사를 듣는 것이 오래된 관행이라고 했을 때 나는 그런 권위적인 취임식은 하지 않겠다며 손사래를 쳤다. 또 앞으로의 관계에도 절대 도움이 안 되니 취임식 다음 날 따로 정중히 모셔달라고 했다. 아울러 사장단과 만날 때는 서로 격의 없는 대화를 나누고 싶으니 원형 테이블로 좌석 배치를 해달라는 특별 주문도 했다. 한전 사장이 마치 사단장처럼 한가운데 앉아 있고 그룹사 사장단이 대대장 또는 중대장들처럼 일렬로 도열하듯 앉아 있는 좌석 배치로는 소통이 될 리가 없다고 생각했다.

하지만 간부들은 이런저런 이유를 대며 반대했고 나는 결국 불같이 화를 내며 잠시 '버럭 조바마'가 되었다. 그런 일이 있은 후 나와 사장단은 마침내 원탁의 기사들이 될 수 있었다. 비록 내색은 안했지만 아마 사장단도 속으로는 그것을 간절히 바랐을 것이다.

업무 절반은 홍보, 그리고 국민과의 소통이다 ────

나는 평소에 공기업 마케팅은 홍보이고, 본사 처장급 업무의 절반은 홍보라고 말해왔다. 공기업이 만드는 재화는 그 특성상 소비자인 국민들이 알아주지 않으면 아무리 뛰어난 정책이라 해도 성공하기 어렵다고 보기 때문이다.

취임 후 언론사를 일일이 돌았다. 언론사 사장은 물론이고 국장에서 부터 기자에 이르기까지 모두 만나 변화하려 몸부림치는 한전의 노력을 알리고 이러한 노력들이 국민들에게 정확하고 제대로 전달될 수 있도록 애써달라고 부탁하고 또 부탁했다.

전력사업에 놓인 '신도 풀기 어려운 난제들'의 대부분은 국민적 지지 없이 사업자 단독으로는 풀기 불가능하다고 생각했다. 전력이 부족할 때 에너지 절감에 대한 범국민적 공감대 없이는 한 발짝도 못 나간다는 것도 잘 알고 있었다. 적자와 부채 해소를 위한 뼈를 깎는 노력도 중요하지만 국민적 지지에 의한 전기요금의 현실화 없이는 근본적인 문제 해결이 어려웠다. 또한 지역사회의 대체적 합의 없이는 송전탑 건설 같은 갈등의 용광로를 끄는 것도 어렵다. 그렇기에 '국민의, 국민에 의한, 국민을 위한 소통 한전'이 절실했다.

한전과 국민을 연결시켜주는 것은 언론이다. 언론과의 소통이 중요한 이유다. 이들과 어울려 밥 먹고 술 마시는 것은 소통의 아주 작은 일부일 뿐이다. 꾸준히 한전의 입장을 알리고 이해를 구하는 노력이 더 중요하다. 언론에서는 나를 '소통의 달인'이라고 소개하곤 하지만 과거에 나는 완전 '먹통'이었던 때가 있었다. 관료 시절인 1995년 나는 청와대 파견기간을 마치고 산업자원부 국장으로 복귀하면서 공보관을 맡게 되었다. 출입기자들은 자기들이 생각했던 사람이 아니고 청와대에서 내려온 '낙하산 공보관'이라며 나를 찾지도 않았다. 소통의 가교가 되어야 할 공보관이 끊어진 다리가 되어버릴 위기에 놓여버린 것이다.

그때부터 나는 매일 아침 기자실을 찾아 눈을 맞추고 스킨십을 하며 기자들의 마음을 샀다. 보도자료가 나오면 내용과 흐름을 분석해주고 언론사별로 맞춤형 기사까지 서비스해주는 정공법으로 마침내 먹통이라는 불명예스런 이름표를 떼고 그들의 마음을 열었다. 공보관을 그만둘 시점에는 기자단으로부터 '역대 최고'라는 말을 들었고 지금도 언론 쪽에 꽤 많은 네트워크를 갖고 있다. 나는 지금까지 이런 방식으로 언론사 관계자들과 소통하며 기업을 경영해왔다.

소통에는 왕도가 없다. 진정성과 성실함이 최선이다. 스킬도 진정성과 성실함을 바탕에 둬야 한다. 나는 지금도 장르를 가리지 않고 닥치는 대로 책을 읽는다.《잡담이 능력이다》의 저자 사이토 다카시는 만난 지 30초 만에 어색함을 사라지게 하는 잡담이 능력이며 초보는 용건부터 말하고 프로는 잡담으로 시작한다고 말한다. 잡담으로 대화를 시작해도 프로는 어느새 본론으로 전환할 줄 안다는 것이다. 내 잡담의 능력은 다독의 힘이다. 그동안 여러 공기업 수장으로 지내면서 각 방면의 관계자들과 큰 불통 없이 소통해온 걸 보면 내게도 이러한 능력이 아주 없지는 않은 것 같다.

한전 사장에 취임한 지 불과 한 달도 안 되어 나는 오랜 기간 숙원이었던 전기요금을 전격 인상하는 데 성공했다. 사장 자리에 앉으면 직원들에게 시킬 수 없고 사장만이 해결할 수 있는 소위 '사장 프로젝트'가 있다. 스스로 해결하는 모습을 보여줘야 인정하고 따라온다. 그것이 바로 전기요금의 현실화였고 이를 내가 직접 해결하자 이제 직원들도 슬슬 따라주는 눈치였다. 한전 사장 해먹기 참 힘들다.

여름휴가 안 보내면 3대가 저주받는다 ──────

19세기 대문호 톨스토이가 삶의 큰 기쁨이라 강조했던 '소통', 그는 인간의 최고 행복은 사람들과 융합하고 공감하는 것이라 역설했다. 나도 진정한 공감만이 소통의 답이라고 생각한다. 어떤 기업이든 직원들에게 메일 한 번 써보지 않은 CEO는 없을 것이다. 나는 다른 공기업 수장으로 있을 때부터 직원들에게 편지를 자주 써왔다. 내 편지를 기다리는 직원들도 꽤나 많았다. 재미있고 감동이 있다는 이유에서였다. 그러나 솔직히 말하면 회장님이나 사장님의 메일을 반기는 직원들은 거의 없다. 공감이 되는 내용보다는 지시하듯 혼자 말하거나 잔소리 일색이기 때문이다. 게다가 대부분 대필이다. 그나마 스팸메일 처리가 안 되고 직원들 메일함에 보관이라도 되면 다행이다.

한전에 취임한 후 어떻게 끊어진 소통의 다리를 다시 이을 수 있을까 고심했다. 모두들 타성에 젖어 있는 듯 보였다. 외부로부터 만년적자의 '애물단지 한전'이라는 말을 귀에 딱지가 앉도록 들어왔을 터이니 이해도 되었다. 이들이 감동을 받고 신바람이 나서 일할 수 있는 동기가 필요해 보였다.

전국에 흩어져 있는 직원들과 만나 고충을 들어보면 좋겠지만 2만여 명에 달하는 직원들과의 일대일 스킨십은 불가능하다. 궁리 끝에 진심을 담은 편지를 써보기로 했다. 고교 시절 전국 백일장에서 장원을 차지한 경력도 있고 수많은 칼럼을 쓰고 신문 기고를 한 경험이 있어 글솜씨에 대해서는 일말의 자신감도 있었다.

나는 서울 중구가 본적인 그야말로 남산골 샌님이지만 어린 시절 시골 외갓집에서 지낸 시간들이 많아 목가적인 감성도 있다. 종갓집 장손으로 태어나 명절 때마다 할아버지 손을 잡고 성묘하러 간 이야기, 학창 시절 물놀이 갔다가 물에 빠져서 거의 죽을 뻔했다가 살아난 이야기, 공직생활을 할 때 '누구의 사람'으로 소위 줄을 잘못 서는 바람에 힘든 시간을 보냈던 이야기 등 직원들이 자기 이야기처럼 공감을 느끼며 흥미롭게 읽을 만한 내용들을 꾸준히 편지에 담아 보냈다. 직원들은 처음 몇 번은 '사장이 보내는 편지가 뻔하지 뭐' 하다가 점점 빠져들어 읽기 시작했다.

그러던 중 2013년 여름, 전 직원에게 쓴 편지 하나가 결정적 '대박'을 터뜨렸다. 사상 초유의 전력난으로 직원들이 어려움을 겪을 때 보낸 편지였다. 유난히 무더웠던 그해 여름은 전력수급 위기 속에서 전 국민들이 힘든 시간을 보내고 있었다. 전력공급을 책임지고 있는 한전 직원들의 고생이야 더 말할 것도 없었다. 매일 절전운동 대민홍보를 위해 현장을 돌아다니느라 녹초가 되었고, 휴가는 언감생심이었다.

그러나 나는 휴가는 회사를 위해서라도 반드시 가야 한다고 생각하는 사람이다. 내가 있었던 어느 조직에서든 직원들에게 휴가는 반드시 찾아 쓰라고 강조해왔다. 또 전력수급 상황에 보다 더 효과적으로 대응하기 위해서는 직원들이 빨리 휴가를 갔다 오는 게 낫다고 생각했다. 그런데 의외로 수년간 휴가를 한 번도 안 갔다고 자랑삼아 말하는 간부들이 적지 않은데 전혀 좋게 들리지 않는다. 나는 일할 때 일하고 놀 때도 확실하게 노는 사람들이 좋다. 휴가는 재충전의 시간이다. 이 시간을 빼먹는 것은 일종의 직무유기(?)다.

휴가에 대한 간부들의 생각이 이러면 부하직원들은 눈치를 봐야 한다. 이런 분위기가 되면 안 되겠다 싶어 직원들에게 여름휴가와 관련된 내 에피소드를 편지에 담아 보냈다. 편지 말미에 간부들에게 일침을 놓는 것도 잊지 않았다. '절대로 부하직원의 휴가를 잘라먹는 야만적인 짓은 하지 말라'고 했다. 그것도 모자라 '휴가 잘라먹는 상사는 3대가 저주를 받을 것이다'라는 경고까지 날렸다.

그러자 직원들이 난리가 났다. 순식간에 수백여 통의 답장이 올라오는 바람에 사내 노조 게시판은 일시 마비까지 되었다. 게시판에는 "입사 후 처음으로 여름휴가를 다녀왔습니다", "사장님이 돌아가신 아버님 같아서 눈물이 납니다", "사람 냄새 물씬 넘치는 감동적인 편지입니다"라는 진솔한 답장들이 줄지어 올라왔다. 직원들이 마음을 여는 소리가 천둥처럼 들려왔다.

'3대의 저주'가 두려웠는지 휴가 분위기가 자연스럽게 조성되었고 간부들도 솔선수범하는 차원에서 휴가를 떠났다. 직원들도 오랜만에 누구 눈치도 보지 않는 편안한 여름휴가를 떠났다. 그리고 이렇게 재충전한 직원들 덕분인지 그해 전력 위기도 무사히 넘겼다. 그런데 나만 휴가를 못 갔다.

환골탈태의 SOS 경영, Soft · Open · Speedy

SOS는 'Save Our Ship', 'Save Our Soul'의 머리글자로 무선조난호 출신호를 뜻한다. 나는 이 머리글자에 'Soft', 'Open', 'Speedy'의 의미를 담아 'SOS 경영'을 천명했다. 유연하고 개방적이면서도 신속한 조직이 되었으면 하는 바람에서였다. 한전에 와 보니 '이 정도까지인가' 할 정도로 형식주의와 권위주의의 뿌리가 깊었다. 물론 조직이 크다 보니 어느 정도의 기강이 필요했겠지만 외부와의 소통이 거의 안 되는 상태로 지내온 듯했다. 특히 천편일률적인 좌석 배치와 철통같은 출입 통제 등 획일적이고 폐쇄적인 조직문화가 도처에 배어 있었다.

나는 기회가 있을 때마다 SOS를 부르짖었다. 오랫동안 쌓여온 조직문화가 하루아침에 바뀌지는 않겠지만 임직원들부터 솔선수범해서 한전 문화와 분위기를 바꿔나가자고 말했다. 또 규율이나 반드시 지켜야 할 기본을 벗어나지 않는 한 자유로운 조직이 되면 좋겠다고 강조했다. 직원들에게 마음을 담아 쓰는 편지는 사내 경직된 분위기를 없애는 데 큰 몫을 했지만 그것만으론 부족했다.

과거의 사장들은 일곱 시에 출근했다고 한다. 그러면 비서실이나 홍보실 직원들은 적어도 다섯 시 이전에는 출근해야 한다. 또 주말마다 회사에 나와서 업무를 챙겼다고 한다. 그러나 나는 오히려 게으른 쪽이다. 내 자신부터가 새벽별 보기가 싫다. 주말 근무는 더욱 결사 반대다. 나는 상사 눈치 보기, 상사보다 일찍 출근하기, 습관적인 주말 근무와 같은 불필요한 문화를 없애기 위해 내 출근시간부터 늦췄다. 또 권위주의의 상징인 경영진 전용 엘리베이터도 개방해 누구나 탈 수 있도록 했다. 나부터 솔선수범했다. 경영진 출퇴근길 청경들의 거수경례도 없애고 사장 의전도 간소화했다. 무려 10명이 넘던 비서실 직원도 절반으로 싹둑 잘랐다. 사장이 사업소를 방문할 때 도열해 악수를 나누는 의례도 중단시켰다.

　권위는 필요하지만 권위주의는 타파해야 한다. 나는 권위주의의 허상 대신 소통의 다리를 놓아 역발상과 창의력을 키울 수 있는 조직문화를 만들기 위해 노력했다. 이를 위해 직원들에게 아이디어를 구했고, 공모를 통해 '권위주의 타파 14계명'을 만들었다. 고려 태조가 후인들에게 전한 '훈요 10조'가 위에서 아래로 내리는 유훈이었다면 '권위주의 타파 14계명'은 아래에서 만들어 위아래가 함께 실천하는 계명이었다. 자기 포지션에서 최선을 다하라는 주문이었다. 세상에 보고만 받거나 지시만 하기 위해 태어난 사람은 아무도 없다.

　이와 같은 전사적 캠페인을 벌여 조직의 낭비 요인을 하나씩 제거해 나갔다. 그러자 출근시간 발걸음이 가벼워지고 회의시간도 짧아졌다. 조직의 활력도 점차 되살아나는 듯했다. 직원들도 내심 변화의 분위기가 반가운 눈치였다. 시간이 지나면서 사장이 가는 길마다 한 무리를 지어 대기하고 따라다니던 황제적 의전도 사라졌고, 직원들은 출장길에 직접 여행가방을 들고 움직이는 사장의 모습에 익숙해졌다.

　과거의 경영진 엘리베이터도 이제는 모든 직원들이 탈 수 있게 되었다. 한번은 이 엘리베이터를 타고 올라가는데 중간에 여직원이 한 명

타더니 나를 힐끔 쳐다보고는 "사장님, 생각보다 키가 꽤 크시네요!"라고 했다. 불과 몇 달 전까지만 해도 상상할 수 없는 일이었다. 문화는 하루아침에 만들어지거나 바뀌지 않는다. 인내와 시간이 필요하다. 특히 조직이 거대할수록 둔하고 움직임이 느리다. 하지만 공룡에 비유되는 한전도 이제 조금씩 속도를 내며 변화하고 있다.

만년 꼴찌 빅스톰 배구단의 '미친 반란'

나는 2012년 말 취임식을 할 때 느닷없이 배구 이야기를 꺼냈다. 당시 한전 배구단은 연패를 거듭하면서 직원들의 관심도 끌지 못했고 한전 이미지에도 별 도움이 안 되는 계륵 같은 존재였다. 한마디로 다른 모든 팀들의 제삿밥 역할밖에 못했다. 2012/2013 시즌 성적인 2승 28패가 그것을 말해준다. 미풍도 못 일으키면서 '빅스톰'이라는 명칭을 사용하는 것이 쑥스러울 지경이었다.

그러던 어느 날 시즌이 거의 끝나갈 무렵 당시 감독이 "삼성을 마지막 라운드에서 한 번 꺾겠습니다"라고 말하며 각오를 불태웠다. 삼성은 이미 포스트시즌 강력한 우승 후보인 최강팀이었기 때문에 나는 그 말을 귀담아 듣지 않았다. 그런데 실제로 삼성을 이기더니 2012/2013 시즌에 2승을 했다. 처음에는 좋아했으나 나중에 알고 보니 삼성이 이미 결승 진출이 확정된 상황에서 용병 등 주전을 빼고 2진들을 실전 훈련차 투입한 것이었다. 기가 막혔다. 자존심이 극도로 상한 나는 우리 배구단을 제대로 한번 만들어 한전 가족들이 배구단을 사랑하고 자부심을 느끼도록 해줘야겠다고 결심하게 되었다.

나는 우선 배구단 이름을 'KEPCO Vixtorm'에서 '한국전력 Vixtorm'으로 바꿨다. 다른 팀들은 다 한글 명칭을 쓰는데 왜 우리 배구단은 당당히 '한전'이라는 명칭을 못 쓰고 영문 명칭 뒤에 꼴찌 한전으로 숨어 있는지 불만스러웠다. 이어 감독도 바꿨다. 새로 선임된 감독은 이전에 한전에서 선수생활을 했던 신영철 감독이었다. 그해 결과는 여전히 신통치 않았지만 외국인 용병 영입에 더 투자를 했다. 국내 신인으로는 다른 선수들은 다 필요 없고 그해 FA(자유계약)시장 최대 대어 전광인만 고집해 영입에 성공했다. 그리고 전광인의 영입이 나중에 그야말로 '대박'이 되었다.

하지만 2013/2014 시즌에도 또다시 꼴찌를 못 면했다. 겨우 7승에 만족해야 했던 것이다. 연패의 원인은 여러 가지가 있겠지만 그동안 이겨보지 못했기 때문에 결정적 고비에서 뒷심이 부족해 석패를 연속으로 당했다는 분석이 가장 컸다. 감독은 2014/2015 시즌을 대비해 다시 혹독한 훈련을 실시했다.

어느 날 나는 격려차 훈련장을 직접 찾아가 선수들에게 점심을 사주었다. 그 자리에서 감독은 "이번 시즌 반드시 우승할 것입니다"라며 각오 표명을 했다. '감히 꼴찌에서 우승이라니…' 나는 그냥 흘려들었지만 승리에 대한 기대감은 어쩔 수 없었다. 하지만 시즌 전반기가 지났는데도 성적은 여전히 4~5위권에 머물러 있었다. 나는 슬슬 화가 나기 시작했다.

LIG에 3 대 0으로 완패하던 날, 나는 신 감독에게 엄청난 분노와 책망을 담은 장문의 문자를 보냈다. 또 작년에 꼴찌 자리를 양보할 줄 알았던 신생 OK저축은행과의 대전에 앞서 신 감독에게 강한 필승 의지를 전달하며 압박했다. 가장 오랜 역사의 대한전이 신생 회사에 져서야 되겠느냐는 내용이었다. 사실 스포츠 논리로 보면 웃기는 발상이었다. 아마 이 압박에 신 감독은 많은 부담을 가졌던 것 같다. 선수들도 오히려 더 긴장했는지 완패당하고 말았다. 그날 나는 수원구장까지 찾아가 경기를 관람했다. 어찌나 화가 나는지 신 감독과 악수도 안하고 옹졸하게(?) 구장을 나오면서 많은 생각을 했다. '자존심이 상해도 화와 질책으로 풀 수 있는 일은 없다. 배구단도 마찬가지다.' 그리고 머릿속에 문득 '몰입'이라는 단어가 떠올랐다. '그래! 감독과 선수가 배구에 몰입하도록 해주자!'

세계적인 인사 컨설팅회사 타워스왓슨의 줄리 게바우어 대표는 인재들을 몰입하게 하는 핵심 동력 다섯 가지가 있는데 그것은 리더십, 스트레스 관리, 좋은 상사, 직원의 업무와 기업 목표 일치, 그리고 사회에 대한 기여라고 말했다. 그렇다면 한전 배구단의 구단주인 나는 어떠했는가. 선수들에게 이러한 동력을 제대로 만들어주지도 못하면서 화만 내고 있었다. 특히 선수들의 스트레스 관리, 컨설팅과 힐링이 가능한 좋은 상사의 리더십, 무엇보다 자기가 열심히 해서 성과를 내면 본인도 좋고 회사도 좋은, 즉 개인의 동기와 회사의 동기를 일치시키는 등 선수들에게 필요한 가장 기본적인 것들을 간과하고 있었다. 더 세심한 배려와 투자를 아끼지 말아야겠다는 생각이 들었다.

나는 당장 지금까지 내부에서 겸임하던 단장을 배구선수와 감독 출신으로 바꿨다. 나중에 알았지만 배구계에서는 일대 센세이셔널한 사건이었다고 한다. 선수 출신의 최초 단장 임명이 배구계에 희망을 주었던 것이다. 다른 팀의 감독, 선수, 방송진, 심판진들도 새 단장을 따뜻하게 환영하는 분위기였다. 그리고 선수와 감독의 속사정을 잘 아는 단장은 배구단의 만형처럼 섬세하고 따뜻한 조력자와 상담자가 되었다. 물론 당일 시합의 전술에 한해서는 신 감독의 영역을 침해하는 일이 절대로 없었다.

승리수당도 파격적으로 누적시켰다. 이를테면 '2연승은 따블, 3연승은 따따블'식이었다. 이러한 파격적 승리수당 약속은 조직에서 개인의 동기와 회사의 동기를 일치시키는 데 결정적인 역할을 했다. 실제로 새로운 단장이 오고 새로운 승리수당 시스템이 실행되면서 한전 배구단의 기적 같은 9연승이 나왔다. 아쉽지만 무한정 연승 따블은 약속대로 이행되지 못했다. 9연승이면 승리수당으로 천문학적 금액이 나오기 때문에….

선수들은 날아다녔다. '잘 받아내고 잘 올리고 잘 때리는' 삼박자도 제대로 들어맞기 시작했다. 한전 배구단은 사람들이 깜짝 놀랄 정도로 '미친 배구'를 하기 시작했다. 같은 팀일까 싶을 정도였다. 특히 강스파이크에 디그(수비)를 할 때는 수평으로 날면서 손이 몸 안에서 용수철처럼 빠져나오는 것 같았다. 승리수당이 빠른 속도로 적립되는 것이 경영진에게는 다소 부담이 되었지만 아주 행복한 부담이었다.

반년 만에 한전 배구팀이 무섭게 변한 원인이 나는 '몰입'에 있다고 본다. 집중력의 극치, 선수들이 무아지경에 빠진 것이다. 한 신문기사에 따르면, 골프선수가 홀컵이 물통처럼 크게 보인다든지 축구선수가 상대 선수들의 모습이 슬로우모션처럼 보이는 경우가 있는데 그때가 바로 무아지경 상태라고 한다. 권투선수 조한슨도 미국의 시사잡지 〈라이프Life〉와의 인터뷰에서 이렇게 말했다. "내 오른손에 이상한 일이, 도저히 설명하기 어려운 일이 벌어졌다. 내 손이 전혀 내 몸의 일부 같지 않았다. 그것은 나도 모르게 튀어나왔다. 저절로 움직이는 것 같았다. 빨라서 볼 수도 없었다. 나도 모르게 손이 나가서 명중을 시켰다." 이와 같은 무아지경의 상태가 당시 한전 배구단의 모습이었다. 한전 배구단은 명승부와 이변을 거듭하면서 V리그의 다크호스로 떠올랐다. 2014/2015 시즌 성적은 구단 최고인 3위. 항상 쉽게 넘어가던 팀에서 신흥 명문으로 떠오른 것이다.

2015/2016 성적은 다소 부진했지만 다음 시즌에는 돌풍을 일으킬 것으로 기대한다. 몰입의 한전 배구단은 한전인의 자존심을 세워주었고 공포의 구단 이미지를 만들어주었다. 무엇보다 한전의 '미친 배구'는 선수들에게는 잊고 있었던 승리의 쾌감을 맛보게 해주었고, 함께 모여 목이 터져라 응원한 직원들에게는 몰입의 힘을 경험하도록 해줬다. 이제는 배구단과 함께 2만 한전인의 소통과 몰입으로 회사가 일을 내야 할 때다.

전력 보릿고개는 넘고
전깃줄은 잇고

전력 보릿고개를 넘어라 ────

만약 전국이 정전이 되는 블랙아웃(black out)이 발생하면 어떤 상황이 벌어질까? 전기가 없는 세상은 상상만 해도 끔찍하다. 이는 거의 준전시 상황에 속한다. 아파트와 건물 엘리베이터가 멈춰 서고, 급한 수술이 진행되던 병원 응급실의 진료가 중단되는 등 재난 영화에서나 보던 일들이 실제로 일어날 수 있다. 신호등이 나가버린 도로와 멈춰버린 대중교통 때문에 도시는 순식간에 아수라장이 될 것이다. 컴퓨터와 휴대전화는 물론 현금 지급기도 작동되지 않아 당장 생필품을 사는 데 어려움을 겪게 될 것이다. 또 국방 차원에서는 군사 정보망이 붕괴되어 돌이킬 수 없는 치명적 상황을 초래할 수도 있다. 미 국방대학 리처드 안드 박사는 "잘 짜여진 거대 규모의 사이버 테러가 전기 체계에 가해진다면 경제 공황은 물론이고 수많은 생명을 잃을 수도 있다"고 말한다. 대정전까지는 안 간다 하더라도 예비력이 간당간당하면 위험단계에 이르러 전국에 사이렌이 울리면서 그때부터 비상상황이 된다.

2011년 9월 15일. 이날은 전력인들에게는 지우고 싶은 날이다. 이 땅에 전기가 들어온 지 1세기가 넘는 기간 동안 많은 어려움이 있었지만 사상 초유의 9·15 순환정전만큼은 역사 속에 기록하기 싫은 날이기 때문이다. 이날은 시민들이 갑자기 엘리베이터 속에 갇히고, 도로 위의 신호등이 꺼져 교통이 순식간에 마비되는 등 모든 국민들이 패닉에 빠진 날이었다. 이후 구체적인 책임론이 나왔지만 나는 한전이 법적 책임 여부를 떠나서 포괄적 책임이 있다고 생각한다. 집 안 촛불만 꺼져도 한전 책임으로 느끼는 사회 분위기는 한전이 우리나라 전력산업을 책임지고 있는 대표 기업이기 때문이다. 안정적인 전력공급은 여전히 한전의 기본 책무이자 존재 이유다.

전력을 생산하는 발전소는 건설계획 수립 후 최소 5년 이상의 장기 프로젝트에 의해 만들어진다. 지금 갑자기 발전소를 짓자고 해서 아파트 짓듯이 발전소가 턱 만들어지는 것은 아니다. 게다가 우리나라 전력망은 이웃 일본, 중국, 러시아 등과 연결되어 있지 않다. 따라서 비상상황이 발생하지 않도록 장기적인 관점에서 늘 대비할 수밖에 없고 급하면 급한 대로 비상조치도 해야 한다.

2012년 말, 난방용 전력수요가 크게 늘어나 예비전력이 400~500만 kW 정도로 빠듯했지만 어느 정도는 버틸 수 있는 상황이었다. 그런데

2013년 1월 중순, 강추위가 몰려와 예비전력이 떨어지면서 비상 경고음이 울려댔다. 원전 1기의 발전용량은 100만 kW급인데 원전 3기가 연달아 정지되는 바람에 가뜩이나 빠듯한 전력예비율을 더욱 위태롭게 만들었던 것이다. 아무리 전망을 해봐도 100만 kW 남짓의 예비전력밖에 남아 있지 않았다. 만약 원전 1기가 더 멈춰 서기라도 한다면 9·15의 악몽이 재현될 수 있는 초긴장 상황이었다. 이른바 '전력 보릿고개'가 시작된 것이다.

전력 대책반장과 국민 발전소 ─────

전력 보릿고개를 넘기 위해서는 의지할 곳이 국민들의 에너지 절약밖에 없는 긴박한 현실 속에서 나는 '전력 대책반장' 완장을 차고 여기저기 뛰어다니지 않으면 안 되었다. 절전 호소 띠를 어깨에 두르고 전철역으로 직접 나가 시민들을 설득하기도 했고, 전력 사용량이 많은 공장과 빌딩을 찾아다니며 절전 동참을 호소했다. 언론사에는 '전력 보릿고개를 넘자', '절전으로 국민 발전소를 만들자'라는 제목의 기고문을 보내 전 국민적 공감대 조성을 위한 노력도 아끼지 않았다.

사장이 이렇게 완장을 차고 뛰어다니자 직원들도 절전 홍보를 위해 거리로 나섰다. 점심시간도 11시로 앞당겨 겨울철 전력 사용량이 많은 시간대에 조명과 컴퓨터를 껐다. 조금이라도 전기를 아껴보려는 처절한 몸부림이었다. 점심시간을 앞당기니 식당 입장에서는 손님을 더 많이 받을 수 있게 되었다며 좋아했다. 식당 운영에도 도움이 되고 절전도 할 수 있는 양수겸장의 효과였다.

이후 많은 공공기관과 기업들이 너도나도 점심시간 앞당기기에 동참해 상당한 절전 효과를 거뒀다. 전 국민이 참여하는 절전운동, 정부의 효과적인 절전규제, 상가의 개문난방 자제 등이 어우러져 매일매일 국민 발전소가 늘어났고 위태로운 겨울을 초긴장 속에서도 무사히 넘길 수 있었다.

겨울 전력 보릿고개는 무사히 넘겼지만 발전소 발전량이 여전히 부족해 다가오는 여름 전력 보릿고개라는 더 힘든 고비가 남아 있었다. 실제로 최악의 상황이었다. 설상가상이라고 했던가. 2013년 5월, 갑자기 터진 원전 시험성적서 조작 사건 여파로 다른 원전 3기가 동시에 정지되는 청천벽력 같은 상황이 발생했다. 그 자체로만으로도 이미 전력 사정은 마이너스였다. 정상적인 방법으로는 도저히 블랙아웃을 피하기 힘든 위기 상황이었다. 언론에서도 사설을 통해 '전력대란의 우려 현실화되는가'라는 제목으로 연일 피치를 올렸다. 전망을 보니, 긴 장마와 기업들의 휴가가 끝나는 8월 중순의 예비전력은 대책이 없었다. 이는 각종 수요관리 조치가 다 동원되어도 최악의 상황을 면할 수 없다는 의미였다.

나는 또다시 '전력 대책반장'이 되었다. 주말을 제외하고 거의 매일 예비전력 전광판의 빨간불이 울리지 않도록 상황실을 지켜야 했다. 그렇게 겨우겨우 6~7월을 넘기고 8월 초가 되었다. 그 어느 해보다 일찍 시작된 더위가 야속했다. 비라도 와주면 좋으련만 하늘은 연일 쨍쨍이었다. 전력 수요곡선은 상상을 초월할 수준으로 가파르게 올라가기 시작했다. 특히 8월 3주 차에는 예비전력이 마이너스가 될 것으로 전망되었다. 모든 수단과 자원을 동원해도 위험한 상황을 피하기 힘들어 보였다. 소위 블랙아웃이 눈앞에 이른 것이다. 급기야 산업부 주관의 비상수급 대책회의가 긴급 소집되었고 대국민 절전 담화문까지 발표되었다.

초근목피의 고강도 에너지 다이어트

전력 수요관리 대책에는 다양한 방식이 있다. 예비전력 상황에 따라 한전에서 전압을 낮추어 고객의 전력사용량을 줄이는 효과가 있는 '전압조정제도', 최대 일주일 전부터 당일까지 수요관리를 예고하고 고객이 사용량을 줄이면 인센티브를 지급하는 '주간예고제도', 정부 정책에 따라 여름과 겨울 전력사용량이 많은 시간에 강제로 사용을 제한하는 '절전규제' 등이 대표적이다. 하지만 이러한 수요관리 대책보다 중요한 것은 개인, 가정, 기업의 자발적인 절전이다.

나는 전국에 있는 지역 본부장들과 연일 화상회의를 열었다. 일일 단위로 수요관리 이행 상황을 점검하고 오늘의 실적과 내일의 전망을 시간대로 함께 살폈다. 또한 전 직원이 전력과의 사투에 나서주기를 당부했다. 나는 이번에도 절전 호소 띠를 어깨에 두르고 거리로 나섰다. 서울 강남과 명동 일대 등 사람들이 많이 다니는 지역을 누비며 절전을 호소했다. 전국의 한전 직원들도 모두 길거리로 나가 상가와 빌딩

이 밀집된 지역, 전철역 등을 찾아다니며 대대적인 절전 가두 캠페인을 벌였다.

공중파, 케이블 가릴 것 없이 절전 안내방송도 반복적으로 내보냈다. 특히 8월 12일부터 14일까지 3일간은 전 직원이 교대로 업무를 중단하고 거리로 나섰다. 매일 6,600여 명의 직원들이 양손에 부채와 홍보 전단지를 들고 절전을 독려했다. 그중 3,000여 명의 수요 전담 직원들은 전력 다소비 고객을 대상으로 '1인 1고객 전담' 활동을 펼쳤다. 그러나 명동에서는 여전히 문을 열어놓고 에어컨을 가동하는 점포들이 있었다. 우리 직원이 바로 옆에서 두 눈을 부릅뜨고(?) 지켜보고 있어 에어컨 리모컨을 차마 누르지 못하는 웃지 못할 상황도 벌어졌다고 한다. 일부 고객과 한전 직원의 신경전도 다소 있었지만 대부분의 국민들은 국가적 전력 위기를 넘기기 위한 절전 캠페인에 적극 동참해줬다.

이런 상황 속에서 전국에 있는 우리 한전 직원들은 기온이 연일 35도에 육박하는 찜통더위 속에서도 에어컨은커녕 선풍기도 가동하지 못하고 근무해야 했다. 한증막을 방불케 하는 살인적인 열기를 이겨내기 위해 직원들은 정장을 벗고 반바지와 샌들 차림의 수퍼 쿨비즈로 갈아입었다. 쿨스카프를 이마와 목에 두르고 얼음주머니를 머리와 등에 차는 등 갖가지 아이디어도 동원되었다. 그야말로 전력 위기 속에서 행해진 고강도 에너지 다이어트였다. 온 국민과 함께 초근목피를 하며 버티고 또 버틴 여름이었다.

전력 IMF, 전력 모으기 운동이 만들어낸 기적 ────

2013년 8월 중순 어느 날이었다. 산업통상자원부와 전력거래소, 그리고 한전은 어떤 수단을 써도 계속되는 폭염 속에 올라가는 전력 수요를 도저히 막을 방법이 없다는 결론을 내렸다. 대국민 절전 호소문을 발표한 날 밤에는 무거운 책임감 때문에 잠도 오지 않았다. '드디어 내일이 그날이구나' 하는 생각뿐이었다. 그날따라 한밤중에 휴대전화 문자 들어오는 소리가 계속 들렸다. 순간 불길한 예감이 들었다. 아니나 다를까 발전소 2기가 고장이 났다는 문자였다. 이젠 정말 대책이 없었다.

눈앞의 상황은 이미 '전력 IMF'였다. 위기를 타개할 묘책이 시급했다. 다음 날 아침 출근하자마자 전 직원에게 비상지시를 내렸다. "모두 거리로 나서라!" 그리고 1997년 IMF 외환위기 시절, 국민 모두가 위기를 넘기기 위해 너도나도 '금 모으기 운동'에 참여했듯 직원들에게 '절전 파도타기 운동'에 참여해줄 것을 제안했다. 우리 직원 모두가 부모, 형제, 지인 등 최소 10가구에 전화를 하거나 방문을 해 에어컨 사용을 자제해달라는 호소였다. 이렇게 직원들이 절전 호소를 꼭 들어줄 수 있는 관계에 있는 사람들을 찾아 호소하고, 이들이 다시 10가구에 절전을 부탁하면 계산상 200만 개의 메시지가 전달되는 효과를 낼 수 있었다. 여기에 방송을 통한 파도타기까지 더해져 수백만 건의 메시지가 전국으로 퍼져나갔다.

그 결과 기적에 가까운 일이 벌어졌다. 오후 2시 상황실에 앉아 있던 내 눈앞에 정말 상상도 못한 일이 벌어졌다. 전력 수요 최고치에 달해야 할 시간에 그래프가 꺾이기 시작한 것이다. 우리는 이와 같은 절전운동 파도타기를 통해 큰 화력발전소 2기에 해당하는 140만 kW의 전력을 추가적으로 줄일 수 있었다. 그렇지만 나는 물론이고 전국 각지의 전력 다소비 업체를 찾아다니며 직접 절전을 호소했던 직원들은 거의 방전 상태가 되었다.

IMF 구제금융 시절, 나는 모 언론사 고위 관계자에게 '금 모으기' 아이디어를 제안한 적이 있다. 누가 먼저 아이디어를 내서 금 모으기가 시작되었는지 모르겠지만 당시 금 모으기 캠페인은 국가적 위기를 극복하는 데 큰 도움을 주었다. 나는 당시의 경험을 살려 십시일반 '전력 모으기' 운동을 생각해냈고 전 국민의 대대적인 참여만이 국가적 전력 위기를 넘어설 수 있다고 호소했던 것이다.

전력과의 사투는 사이버 공간에서도 활발하게 벌어졌다. 바로 '모두를 위한 듬직한 전기', 즉 '모듬전'이라고 이름 붙인 SNS 절전 캠페인이었다. 젊은 층을 중심으로 2013년 6월부터 9월까지 3개월간 꾸준히 진행된 이 캠페인은 절전의식을 우리 사회에 뿌리내리게 하는 데 큰 기여를 했다. 한전 직원 2만여 명의 응집력이 만들어낸 기적이었다.

폭염과 사투를 벌였던 여름은 그렇게 지나갔고 그 사이 전력 비상벨은 겨우 네 번밖에 안 울렸다. 그것도 비상의 제일 낮은 단계인 '관심단계' 수준이었다. 대처 방안도 없이 손 놓고 있었다면 어떤 상황이 벌어졌을까. 비상벨은 수도 없이 울렸을 테고 못해도 여러 번의 블랙아웃 위기가 있었을 것이다. 이렇게 초근목피하며 전력 보릿고개를 넘으면서 국민들의 절전의식도 뿌리내리기 시작했다. 그 후 전력 부족 현상은 더 이상 없었다. 그러나 진짜 '기적'을 바라야 하는 최악의 상황이 또다시 나를 기다리고 있었다.

전기는 필요하지만 전깃줄은 지나가면 안 돼 ──────

우리나라가 고속성장을 했던 1970~80년대는 전력 설비도 성장을 거듭했다. 전국 전력망은 거미줄처럼 이어져 선로가 마을과 마을을 잇고 산과 산을 넘어 건설되었다. 여기저기 전력을 생산하는 심장부인 발전소도 준공되었다. 경제성장의 한가운데 우뚝 솟은 송전탑은 국가 발전의 상징과도 같은 것이었다.

그러나 시대가 흐르면서 사람들의 의식도 변해갔다. 전기가 없어서는 안 될 '공공재'라는 인식에는 변함이 없었지만 전기를 생산하고 수송하는 설비는 점점 기피시설로 생각하기 시작했다. 이제 고요한 마을에 들어선 송전탑은 마을 경관을 해치고 심리적인 위압감을 주는 시설로 인식되고 있다. 또 전자파가 나와 건강을 해치고 농작물과 가축의 성장까지 저해한다는 괴담도 돈다.

태양이 쏟아진다는 고장 밀양에서 발생한 갈등은 어느 순간 갑자기 생겨난 것이라기보다는 시대의식이 바뀌면서 발생한 갈등이라 할 수 있다. 밀양 송전선로 건설은 신고리 원전에서 생산한 전기를 경남 창녕군에 있는 북경남변전소까지 보내는 765kV 초고압 송전선로를 설치하는 공사였다. 총길이가 90.5킬로미터로 울산 울주군, 부산 기장군, 경남 양산시, 창녕군, 밀양시 등 5개 시·군에 걸쳐 철탑 161기를 건설할 예정이었다.

2001년에 송전선로가 지나가는 지역, 즉 경과지 선정 작업을 시작해 2007년 정부의 승인을 거쳤고 2008년 8월에 본격적인 공사에 착수했다. 이들 5개 시·군 중 울산 울주군, 부산 기장군, 경남 양산시, 경남 창녕군 등 네 곳에서도 주민들의 건설 반대 등 여러 가지 어려움이 있었지만 큰 차질 없이 공사를 마쳤다.

하지만 밀양에서는 송전선로 선정 작업부터 쉽지 않았다. 다른 지역에서는 그런대로 간신히 공사를 마친 데 반해 밀양에서는 공사 시작단계에서부터 송전선로 건설 백지화가 요구되었고, 선로 경과지 변경을 요구하는 일부 주민들의 극심한 반대에 부딪혀 갈짓자 답보 상태가 계속되었다. 한전과 주민, 외부 전문가가 참여하는 국민권익위원회 주관의 갈등조정위원회, 경제정의실천시민연합(이하 '경실련')이 주관하는 제도개선위원회, 중재보상협의회 등을 통해 많은 대화 노력을 이어가던 중 급기야 2012년 1월 밀양 주민 사망사건이 발생해 공사를 중단하기에 이르렀다.

그로부터 1년 이상 공사를 재개하지 못했다. 내가 한전에 부임한 것은 바로 이때였다. 2003년 부안에서 방사성 폐기물 처리장이 공공 기피시설로 낙인찍혀 지역사회와 큰 갈등을 빚고 사회적 이슈가 된 후, 기피시설로 인식된 송전선로 건설과 관련한 새로운 갈등도 점차 사회적 이슈가 되기 시작했다.

밀양 송전선로 갈등은 오랜 기간 불신의 골이 깊어질 대로 깊어진 상황에서 나에게로 넘어왔다. 지난 수년간은 갈등 해결을 위해 한전과 각계에서 나름 노력해왔지만, 결과적으로는 마치 '폭탄 돌리기'를 하듯 문제가 미뤄져온 상태였다. 그러는 동안 갈등이 심화되면서 공사는 공사대로 지연되었고 소통 채널은 점점 더 닫혀갔다.

삼성동 한전 본사 앞에서는 수시로 765kV 송전탑 건설 반대시위가 열렸다. 송전탑 건설을 반대하는 할머니들은 목에 피켓을 걸고 릴레이 시위를 했다. '10년을 싸웠는데 20년인들 못 싸우겠나'라는 내용의 피켓이었다. 이제 밀양 갈등이 벼랑 끝으로 가고 있다는 것을 누구라도 짐작할 수 있는 상황이었다. 발전소 1기가 소중한 상황에서 수조 원을 들여 지은 발전소를 이을 송전선로를 건설하지 못한다면 막대한 경제적 손실은 물론 국가 전력수급에 중대한 차질이 생길 것이 뻔했다.

전력 보릿고개 수습에도 헉헉대는 상황이었지만, 더 이상 밀양 문제를 내버려둘 수 없었다. 시간이 해결해줄 상황이 아니었다. 아무리 바빠도 직접 현장에 내려가 해결책을 찾아야 했다. 2013년 1월 처음 밀양에 내려가보니 갈등 현장은 예상보다 훨씬 심각했다. 공사 재개를 위한 특별 전담 조직의 신설이 시급했다.

나는 곧바로 '밀양 송전선로건설 특별대책본부'라는 조직을 발족시켰고, 송전탑 갈등이 해결될 때까지 새로운 시각에서 건설 반대 민원인을 포함한 각계각층 이해관계자들과 원활한 소통을 하고 신뢰 기반을 구축하기 위한 모든 노력을 기울였다. 또 송전탑 건설을 불가피한 상황으로 받아들이는 주민들의 힘도 규합했다.

무엇보다 안전이 최우선이었다. 특히 아무리 격렬한 반대 주민이라도 다치면 절대로 안 된다는 생각이었다. 나는 지방자치단체와 경찰 등을 찾아 주민들의 안전을 최우선한다는 원칙을 전달하며 안전수칙에 따라 공사를 재개할 수 있도록 적극적인 관심을 당부했다. 이와 함께 공사 현장 주변에 안전펜스를 설치하고 만약의 사태에 대비해 한전의 'KEPCO 119 구조대'와 한전병원 의료진을 현장에 대기시켰다.

마흔 번의 방문으로 마음의 빗장이 조금씩 열리다 ————

2013년 봄부터 나는 이웃 동네 가듯 밀양을 오가기 시작했다. 그러나 격렬한 반대 주민들에 의해 마을로 들어가는 곳곳의 입구들이 통제되었고 심지어 경찰들도 출입이 편치 않았다. 마을로 처음 들어가던 날, 밀양경찰서 소속 경찰들은 혹시 내가 불상사라도 당할까봐 바짝 긴장하면서 가는 곳마다 뒤쫓아 왔다.

그럼에도 불구하고 나와 대책반 직원들은 주민들과 더 자주 만나고 대화하기 위해 노력했다. 가가호호, 비닐하우스, 주민회관, 수녀원, 움막, 시청, 경찰서 등 갈등 해결을 위해 필요한 곳이라면 어디든 찾아갔다. 반대 주민을 찾아 비닐하우스에 들어갔다가 욕만 바가지로 먹고 쫓겨난 적도 있고, 마을회관에서 주민들을 만나고 나오다 소문을 듣고 몰려온 반대 주민들 속에서 신변의 위협을 느끼기도 했다. 어느 날은 반대 주민들의 요구로 송전선로 건설을 반대하던 주민이 사망한 곳을 찾아 묵념을 하다가 봉변을 당하기도 했다.

하지만 나는 단 한 번도 그분들을 원망하지 않았다. 반대 주민들과 같이 산꼭대기에 올라가서 그분들의 호소를 들으며 가슴이 먹먹해지기도 했다. 마음을 열고 그분들의 주장을 최대한 들으려 노력했지만 내게는 전선줄을 이어야 하는 책임도 있었다. 송전선로를 건설할 수밖에 없는 국가적 위기 상황에 대해 설명하고 설득하며 국민들을 위해 대승적 이해와 결단을 내려달라고 지속적으로 호소했다. 특별대책본부 직원들도 하루 종일 마을을 돌아다니며 호소하고 저녁에는 파김치가 되어 돌아왔다.

그래도 과거에는 만날 수도 없었고 마을에는 와보지도 않던 한전 사장이 한 주가 멀다 하고 밀양을 찾아오자 송전탑 건설에 반대하던 주민들의 반응도 조금씩 달라지는 듯했다. 저녁 무렵 툇마루에 앉아 이런저런 이야기를 나누다 막걸리 한 사발을 시원하게 마시기도 했고, 만날 때마다 인사처럼 욕부터 하시던 할머니께서 최근 조용하시다는 이야기를 들으면 어디 편찮으신 건 아닌지 걱정이 되기도 했다.

한번은 금산리 산기슭에 위치한 가르멜봉쇄수녀원의 어려움을 듣고 찾아간 적이 있었다. 당시에는 가는 곳마다 문전박대를 당하던 때라 비록 수녀원에 들어가지는 못하더라도 한전 사장이 다녀갔다는 소식을 들으면 '그간의 정성을 한 번쯤이라도 헤아려주시겠지' 했다. 그런데 나와 우리 직원들의 진정성이 전달된 것인지 단 한 번도 열리지 않았던 수녀원의 문이 열렸고 잠시라도 수녀님들을 만나 대화를 나눌 수 있었다.

수녀원을 나오면서 '지성이면 감천'이라는 말이 떠올랐다. 마음을 쏟아 정성을 다하니 그 기도와 같은 간절함이 수녀님들에게 전달된 것이라 생각되었다. 수녀원에서 내려오는 길, 산기슭 양지에는 들꽃들이 지천으로 피어 있었다.

그 즈음 '한두 번 얼굴을 내밀다 그만이겠지' 하고 생각하던 주민들 사이에서 "이번 한전 사장은 뭔가 다르다"는 말이 들려오기 시작했다. 송전탑 건설 반대대책위원회에서도 "평화적인 사태 해결을 위해 노력하는 그의 진정성을 의심하지 않는다. 그 노력에 경의를 표한다"라고 공문 말머리를 적어 보내오기도 했다.

그로부터 얼마 뒤 '밀양 765kV 송전탑 건설 반대대책위원회'를 중심으로 한 건설 반대 주민과의 다양한 대화 창구가 열렸다. 최초로 한전과 다수의 주민들이 참여하는 갈등조정위원회 협의체가 구성된 것이다. 이를 통해 국회에서 여섯 차례에 걸쳐 한전-주민 간 국회 토론회를 벌이는 등 대화와 설득 노력이 이어졌다. 한전은 진정성 있는 대화를 위해, 그동안 공사 집행 방해 등 시공사들이 주민들을 상대로 낸 고소 및 고발을 모두 취하하도록 유도하면서 주민들의 재산권 보호와 보상 문제에 관한 목소리를 경청하기 시작했다.

한편 극렬한 반대보다는 마을을 위해 적절한 보상을 요구하는 주민들의 협의체인 '주민대책위원회'와도 수시로 접촉하며 그들의 요구조건 대부분을 수용하고 주민들을 위한 실질적인 혜택을 담은 '13개 특별지원안'을 만들었다. 특별지원안에는 특별지원사업비 증액과 지역사회와 함께하는 태양광밸리사업, 밀양 특산물을 살리기 위한 마을기업육성 방안 등이 담겼다. 한전으로서는 할 수 있는 모든 것을 담았고 그 내용 또한 매우 전향적이고 파격적인 지원이었다.

하지만 처음보다 인원수는 줄었지만 핵심적인 반대 주민이 중심이 된 반대대책위원회가 '보상을 원하지 않으며 오직 지중화(地中化)를 원한다'는 입장을 고수하면서 그들과의 협상은 더 이상 진전되지 못한 채 또다시 시간만 흘러갔다. 더 이상 공사를 미룰 수 없는 절박한 상황이 되자 속이 타들어갔다. 나는 결국 '밀양 주민들에게 드리는 호소문'을 발표한 뒤 1년 2개월 만에 공사를 재개했다.

공사 재개 이후에도 일부 주민들의 극렬한 반대는 계속되었다. 이에 국회까지 나섰고, 국회의 중재로 주민, 국회, 정부, 한전이 전문가협의체를 구성해 양측의 요구사항을 검토하고, 협의체 운영기간 동안에는 다시 공사를 중지한다는 합의에 이르렀다. 협의체는 정부, 주민, 국회가 각 3명씩 추천한 위원 9명으로 구성되었으며 40일간 주민들이 요구하는 우회송전과 지중화에 대한 기술적 검토를 벌였다.

검토 결과 객관적인 이론과 현장 방문 검증을 통해 6 대 3의 다수결로 주민들이 요구하는 우회송전과 지중화가 어렵다는 결론이 나왔다. 이 과정에서 반대위에서 선임한 위원도 학자적 양심에서 송전탑 건설은 불가피하다는 입장을 내놨다.

반대 측의 일방적인 퇴장으로 이러한 의견을 담은 전문가들의 보고서가 채택되지는 못했지만 이로써 국회에서도 대체로 이 공사의 필요성에 대해 납득하게 되었다. 그리고 이는 소위 '밀양법'이라 불리는 '송·변전설비 주변지역의 보상 및 지원에 관한 법률'을 진통 끝에 통과시키는 계기가 되었다.

마침내 전깃줄은 이어지고 ──────

그러나 전문가협의체의 결론에도 불구하고 반대대책위원회에서는 중재안을 수용하지 않고 공론화 기구 설치, TV토론회 개최 등 새로운 조건을 요구하면서 지속적인 반대활동을 이어갔다. 2013년 여름, 전국적으로 전력수급이 위태로운 상황 속에서 국무총리를 비롯해 산업부 장관도 밀양을 찾아 반대 주민들과 대화에 나섰다. 나 역시 지속적으로 밀양을 찾았다. 비서실에서 세어보니 마흔 번이 넘는다고 했다. 어떤 날은 주민이나 관계기관에 있는 분들을 만나러 내려갔고 또 어떤 날은 갈등 현장에서 온갖 고생을 하고 있는 직원들을 격려하기 위해 내려갔다.

그러던 중 마음이 돌아서는 주민들이 하나둘 늘어나고 있다는 말이 들려오기 시작했다. 실제로 주민 다수의 찬성으로 보상 협상에 응하는 마을 숫자가 늘어나기 시작했다. 어느 언론사 기자가 쓴 칼럼에서 밀양의 한 어르신은 "서울에 보내놓고 일 년에 한두 번 볼까말까 한 자식들보다도 더 자주 내려와 자신들의 말을 경청한 한전 사장의 진심을 느꼈다"고 말하기도 했다.

정부도 총력을 다해 힘을 보태주었다. 윤상직 전 산업통상자원부 장관은 아예 휴가를 밀양에서 보내며 주민들을 만났다. 그해 9월, 나는 대구에서 열리는 세계에너지총회 막바지 준비로 눈코 뜰 새 없이 바빴다. 대구에 집무실을 마련해놓고 대구와 밀양을 오가며 총회 준비와 밀양 갈등 문제 해결에 전심전력을 다했다.

일부 반대 주민들은 여전히 지중화와 우회송전을 주장하면서 송전탑 건설을 반대했지만 국내 전력 사정을 감안할 때 공사는 더 이상 미룰 수 없는 상황이었다. 10월 초, 나는 긴급 기자회견을 열고 한동안 중단되었던 공사 재개의 불가피성을 설명하면서 다시 한 번 더 반대 주민들의 대승적인 결단을 호소했다.

30개 마을 중 과반이 넘는 18개 마을이 보상에 합의하자 반대대책위원회가 주도하던 밀양의 분위기도 바뀌기 시작했다. 그리고 마침내 밀양 송전선로 공사가 재개되었다. 반대 주민들은 공사 장비 진입을 막기 위해 격렬하게 몸싸움을 벌였다. 일부 반대 주민들이 몸에 체인을 감고 목에 새끼줄을 거는 등 살벌한 광경도 연출되었다.

나는 공사가 안전하게 진행될 수 있도록 특별대책본부를 비롯해 전사적으로 관심을 갖고 지원할 것을 강조했다. 이에 공사 현장에는 외부 용역업체 직원 대신 우리 직원들이 직접 나가 방호에 섰고 이 과정에서 노조위원장들이 가장 먼저 방호조로 나서는 등 위기상황에서 똘똘 뭉치는 저력을 보여줬다. 당시 방호조로 나간 직원들은 회사가 절체절명의 위기에 처한 순간 자신들이 회사를 위해 조금이라도 기여를 해 자부심을 느끼게 되었다고 털어놓기도 했다.

공사가 시작되고 얼마 안 지나 심한 태풍이 불었다. 나는 공사 현장 직원들이 걱정되어 무작정 우비를 챙겨 입고 산을 올랐다. 빗물에 젖은 산길을 몇 번이나 미끄러지면서 산을 오르자 갈등의 현장이 보이기 시작했다. 농성 나온 할머니들과 현장을 방호하는 한전 직원들, 특히

여직원들이 추위에 떨고 있었다. 그 사이를 경찰이 나눠서 마주보고 서 있었는데 할머니들도, 여직원들도, 그리고 어린 의경들도 안쓰러운 마음은 마찬가지였다.

어쩌다 조용한 시골마을에서 이런 풍경까지 봐야 하는 것일까. 가슴이 미어지는 기분이었다. 눈물이 왈칵 쏟아졌다. 밖에서 보면 아스라한 산골짜기, 그 안에 이런 극한 대치상황이 있는지는 안 보이는 것이다. 밀양 갈등 현장을 직접 보지 못한 사람들은 밀양 주민들은 왜 저러나, 한전은 또 왜 저러나 쉽게 말하겠지만 다들 먼 산만 보고 하는 이야기들이다. 나는 그들을 위로하고 돌덩이처럼 무거워진 마음을 다잡고 산을 내려왔다.

공사가 진행되는 동안에도 '밀양 송전탑 갈등 해결을 위한 특별지원협의회'의 지원 합의 내용에 따른 개별 보상협의와 반대 주민과의 대화를 통한 갈등 해결 노력은 계속 이어졌다. 특히 경과지 마을 일손 돕기, 지역 특산물 구입 등으로 주민들의 마음을 얻고, 주민들과 끊임없는 대화를 통해 국책사업에 대한 이해의 폭을 넓힘으로써 당초 우려와는 달리 큰 불상사 없이 순조롭게 공사를 진행할 수 있었다.

한전과 주민 간의 긴 갈등의 터널도 마침내 출구를 찾았다. 현재는 한 개 마을을 제외하고 모두 합의를 보았고 고난 끝에 완성된 송전선로에도 전기가 흐르고 있다. 또한 한전은 지원 약속을 하나하나 지켜나가면서 주민들과 함께 밀양을 지키고 있다.

765kV 송전선로 건설은 험난했던 여정을 끝마쳤지만 우리에게 많은

교훈을 남겼다. 이제는 국책사업이라고 해도 밀어붙이는 방식만으로는 해결이 안 된다는 교훈, 충분한 지원과 주민과의 대화가 필요하다는 교훈, 그리고 이런 과정에서 전력의 소중함을 더 크게 느꼈다. 결국 공사를 제대로 마무리할 수 있었던 것은 혼신을 다한 소통 노력과 이를 받아들여주신 많은 주민들의 포용심, 그리고 정부의 흔들리지 않는 의지도 한 역할을 했다.

물론 이와 같은 대화의 노력이 모두에게 통한 것은 아니다. 공사가 끝난 후에도 지원을 거부하고 '밀양 765kV 송전탑 건설 반대'의 소신을 굽히지 않는 분들도 적지 않다. 그분들의 생각 역시 소중하게 받아들인다. 앞으로는 국책사업 추진 방식, 보상 및 지원 범위와 방식, 그리고 전력송전 방식 등에서 지속적인 개선이 이루어지리라 본다.

반전 드라마의
막을 올리다

침몰하는 타이타닉호의 진짜 위기 ─────

2012년 말, 거대 에너지 공기업 한전의 모습은 거대 호화 유람선 타이타닉호가 차디찬 바닷속으로 서서히 빠져드는 모습만큼이나 절망적인 상황이었다. 2008년부터 시작된 적자는 5년째 이어졌고 이 과정에서 차입금까지 증가하면서 부채 규모는 눈덩이처럼 불어나 있었다. 물건을 팔면 제값을 받아야 하는데, 한전이 발전사로부터 사오는 전기의 단가는 천정부지로 오르는 반면 전기요금은 정부 정책에 묶여 비싸게 사서 헐값에 팔고 있는 격이었으니 답답할 노릇이었다. 한마디로 도매가가 소매가보다 더 비싼 상황이었다.

전기요금 현실화가 절실하다는 총론에는 모두들 동의하면서도 역대 정부는 막상 요금 인상을 위한 총대를 매려 하지 않았다. 전기요금 연료비연동제도 만들어만 놓고 시행은 해보지도 못했다. 발전·송전설비 노후 및 과부하로 언제 블랙아웃이 터질지 모르는 상황이었지만 그저 최소한의 설비 유지 보수 정도로 연명하고 있었다고 해도 과언이 아니었다. 이 모든 상황을 힘없는 한전 사장이 어떻게 다 해결할 수 있겠는가. 게다가 밀양 갈등이 사회적 이슈화가 되면서 어느 하나 위태위태하지 않은 것이 없었다.

그러나 정작 더 큰 위기는 회사 내부에 있었다. 위기 상황이 5년째 이어지다 보니 직원들은 어느새 위기에 무감각해져 있었다. 이런 상황에서 회사는 각 부서별 혁신과 실적 증진만을 강요했고 직원들은 자신이 맡은 분야에서 억지 성과를 내려고 주말에 제대로 쉬지도 못하고 휴가도 못 가고 있었다. 성과 다툼으로 직원들 간의 갈등도 심했다. 그렇지만 직원연수원에서는 매 주말 혁신 구호들이 이어졌다고 한다.

누구나 사장 자리에 오르면 혁신 신드롬에 빠지곤 한다. 나도 모든 걸 바꿔보고 싶은 유혹에 흔들리기도 했다. 하지만 혁신도 적절한 때가 있다. 달걀은 한 바구니에 담으면 깨진다. 조언도 한꺼번에 받으면 반감만 생긴다. 단계별로 해줘야 그 의미를 깊이 새길 수 있다.

2013년 초, 나는 '무신불립'이라는 경영 화두를 던졌다. 그리고 'KEPCO, 우리는 사는 줄에 서 있다'라는 주제로 직원들과 소통을 시작했다. 세계 에너지 시장의 지형 변화를 설명하면서, 한전이 직면한 위기를 슬기롭게 극복하기 위해 유연하면서도 개방적이고 발 빠르게 움직이자는 방법론을 제시했다. "빠른 고기가 큰 고기를 잡는다. 몸집만 큰 우리가 시대의 변화에 빠르게 적응하지 못하면 빠르고 민첩하게 움직이는 누구가에게 잡아먹힌다"고 설파했다. 물론 위기를 자각하고 극복하는 주체는 직원들이어야 했으므로 이들이 변화의 필요성을 빨리 받아들이고 움직이는 게 중요했다. 나는 조급해하지 않았다. 그들이 바뀌길 기다리면서 꾸준히 주문했더니 조금씩 움직이기 시작했다. 그러면서 스스로 속도를 내기 시작했다.

2014년 초에는 신뢰의 기반이 어느 정도 조성되었으니 성과를 만들어가야겠다는 생각을 갖고 여러 사람의 생각을 모아 이익을 넓힌다는 의미의 집사광익(集思廣益)이라는 화두를 던졌다. 그리고 전사적으로 직원들의 아이디어를 모으기 시작했다. 본격적인 흑자시대를 직원들 스스로 만들어나가라는 의미였다.

2015년 초에는 일신월이(日新月異), 날이 갈수록 새로워진다는 의미의 화두를 제시했다. 이제 흑자 기반 위에서 본격적인 혁신을 준비하라는 메시지였다. 아울러 과거보다 좀 더 스마트하게 일하면서 기업을 둘러싼 이해관계자들과 같이 호흡하기를 주문했다.

이러한 화두를 통해 매너리즘에 빠진 직원들의 변화를 유도하고 본격적인 흑자시대에 걸맞은 새로운 기업 가치 창출을 스스로 준비하도록 했다. 상호간의 신뢰의 기반도 없는데 '흑자와 혁신'만을 조직에 강요했다면 어떤 결과가 나왔을까? 아마 혁신 모양내기, 남의 실적 빼앗아오기, 적전분열, 냉소주의 등이 팽배해 있는 조직이 되었을지도 모른다.

사상 최대 규모의 부채 감축에 돌입하다 ————

2013년 새해가 시작되자마자 '재무개선 비상대책위원회'를 발족시켰다. 창사 이래 가장 강력한 부채 감축을 추진해보려는 의지의 발현이었다. 이러한 결연함을 보여줘야 매년 늘어만 가는 부채 규모에 익숙해져버린 직원들의 안이한 인식에 변화가 생길 것이라 생각했다.

막대한 규모의 부채 감축을 위해 먼저 전력공급의 안정성을 유지하는 범위 안에서 국내 전력사업 전반에 대해 재검토했다. 불요불급한 사업은 없는지, 저수익 고비용 사업은 없는지 밤을 새워가며 세밀히 들여다보았다. 해외에서 추진 중인 전력사업도 철저하게 수익성 관점에서 재평가하고 사업 포트폴리오를 내실 있게 다시 짰다. 직접적인 신규 투자는 가급적 억제하고 민간자본 활용 및 투자를 유도했다. 또 자회사인 한국전력기술과 한전KPS 지분은 경영권 유지를 위한 최소 지분 51퍼센트만 남기고 모두 매각하기로 하는 한편, 전력사업과 직접적인 연관성이 약한 한전산업개발과 LG 유플러스 보유 지분은 전량 매각하기로 했다.

직원들도 허리띠를 졸라맸다. 간부급을 중심으로 임금 인상분과 경영 성과급까지 반납하는 등 특단의 조치에 동참했다. 경상경비 절감 목표를 평가지표에 반영하고 불요불급한 사업성 경비도 축소하는 등 강도 높은 경비 절감 프로그램을 가동했다. 직원들의 복지 규모도 대폭 삭감되었다. 그 결과 연말까지 무려 약 1조 6,000억 원에 달하는 예산을 절감할 수 있었다. 아울러 보유 설비를 활용한 임대사업 등 다양한 수익사업을 개발하는 한편 이자비용 절감을 위한 각종 금융상의 노력도 게을리하지 않았다.

또한 이런 노력은 일회성으로 끝나지 않게 했다. 해가 바뀐 뒤에는 이 여세를 몰아 경영혁신추진단을 확대 구성하고 부채감축비상대책위원회, 방만경영비상대책위원회, 제도문화혁신비상대책위원회 등 3개 비상기구를 가동시켜 오랜 적자와 부채 누적의 굴레에서 벗어나기 위한 노력을 지속적으로 추진할 수 있도록 컨트롤타워 기능을 강화했다.

만년적자의 주범은 제값 못 받는 전기료

'팔 수 있는 것은 다 팔자'는 생각이었다. 2008년 당시 국제 유가가 급등하면서 이후 5년에 걸쳐 약 11조 원에 달하는 어마어마한 적자가 누적되었지만, 적자의 책임을 모두 소매 전기요금에만 전가할 수는 없었다. 국가 경제 및 국민 부담에 미치는 파급력을 고려하면 공기업이 어느 정도는 그 부담을 흡수하고 자구책을 강구해나가야 한다. 하지만 전기라는 상품을 오랜 기간 제값을 받지 못하고 팔면 공기업이 부실해지고, 공기업이 부실해지면 그 부담이 언젠가는 국민에게 돌아가기 마련이다.

또한 2000년대 후반부터 다른 에너지 가격에 비해 전기요금 인상은 최소 수준으로 유지함에 따라, 유류와 가스에서 전기로 에너지 수요가 옮겨가면서 국가적으로 전기 소비가 가파르게 증가했다. 우리나라의 전기요금은 경제협력개발기구(OECD) 국가 평균보다 저렴한 수준이고 이웃 일본에 비하면 2분의 1에 불과하다. 가정에서 냉방은 물론 난방, 취사까지 점차 전기로 천하통일되고 있다. 심지어는 가축 축사에서도 전기 난방을 하고 있다. 석유나 가스를 때서 전기를 만들 경우 60퍼센트는 날아가고 40퍼센트만 전기 에너지로 남는다는 것을 아는 국민들이 얼마나 될까. 이처럼 전기 소비의 증가는 에너지원 간에 상대가격 왜곡을 발생시키고, 에너지 전환 과정에서 손실이 큰 전기 에너지의 특성상 국가적 에너지 손실까지 초래한다.

따라서 국민 충격을 최소화하면서도 물건 값을 제대로 받기 위한 노력들이 필요했다. 우선 끝나가는 정부에도 사정했고 새 정부의 대통령직 인수위원회에도 전기요금 관련 정책을 수차례 건의했다. 정부와 국회를 수차례 방문하면서 전기요금체계 개편에 대한 필요성도 지속적으로 건의했다. 전기요금의 현실화뿐만 아니라 요금체계 선진화 등의 필요성에 대해서도 이해관계자 간 간담회와 언론 등을 통해 꾸준히 알려나갔다.

당시 소폭 흑자냐, 소폭 적자냐의 기로에서 내가 받은 보고 내용은 '아무리 노력해도 2,000억 원의 적자가 날 것'이라는 것이었다. 한전 실무진들과 정부 담당자들도 "금년도 적자를 좀 줄인다고 무슨 의미가 있겠습니까", "무리하지 맙시다, 투자할 거 다하고 내년에 흑자를 만들어봅시다"라고 했다. 그러나 나는 그 건의를 받아들일 수 없었다. 오히려 끝까지 최선을 다해보자고 하면서 "한번 해봅시다. 생각을 모아봅시다. 마른 수건을 다시 짜봅시다. 1억 원이라도 흑자를 내보려고 노력합시다"라고 당부했다.

그리고 또 기적 같은 상황이 일어났다. 초긴축, 집행이월, 절세 등의 모든 방안을 총동원해서 2013년에 2,000억 원 정도의 흑자를 결국 만들어냈다. 하늘이 도와준 것이다. 이것은 매우 중요한 경영 포인트다. 과거 2009년을 보면 1,000억 원 적자인데 왜 흑자로 못 만들었는지 이해가 되지 않았다. 수석 불합격과 꼴찌 합격은 한 끗 차이지만 그 의미는 천지차이 아닌가? 만약 2013년을 실무진 말대로 '편한 적자'로 넘겼으면 2014년은 흑자가 가능했을까? 나는 회의적이다. 2013년의 기적 같은 흑자는 직원들의 신뢰에 기반한 단합된 의지로 이룬 것이라 생각한다. 그래서 그 의미가 더 크다.

마침내 정부도 움직이기 시작했다. 원가의 88퍼센트에 머물고 있는 전기요금의 현실화를 위해 단계적으로 조정하기로 했다. 전기요금 조정을 통해 시장에 가격 시그널을 던져 당장 어려운 겨울철 전력수급 문제에 도움을 줄 수 있는 최소한의 조치를 취했다. 아울러 제값에 판매되는 전기를 통해 에너지원 간 상대가격 왜곡을 바로 잡고 국가적 에너지 손실을 줄일 수 있는 기반도 다졌다.

마침내 1조 원 클럽에 복귀하다

이와 같이 사상 유례없는 임직원들의 눈물겨운 노력은 마침내 불가능을 가능으로 바꿔놓았다. 2013년에 흑자로 전환한 후, 2014년에도 여세를 몰아 흑자 기조의 안착을 위해 더욱 노력했다. 탄력이 붙은 것이다. 그 결과 강도 높은 예산절감, 자산 및 지분 매각, 수익구조 개선 등을 통해 7년 만에 순이익 1조 원 클럽에 복귀하는 성과를 일궈냈다. 특히 2014년 국제 LNG 가격이 상승하고 발전용 유연탄 과세제도가 도입되는 등 대외적인 여건이 악화되었음에도 불구하고 이뤄낸 성과라 더욱 의미가 깊었다. 물론 전력수급 사정이 비교적 편해지면서 긴박하게 비싼 원료를 쓰는 전기를 구입하지 않은 덕도 크다.

2008년 이후 지속적으로 상승한 부채비율도 2013년 136퍼센트까지 상승했다가 2014년에는 130퍼센트로 처음 하락 전환했다. '빚을 갚기 위해 빚을 내는 악순환'의 고리도 끊어냈다. 2014년 이자보상배율은 5년간의 마이너스를 완전히 탈피하고 1.2배에 달했다. 약 3,200억 원 규모(배당성향 30.9퍼센트)의 주주배당도 시행해 주주가치 제고에도 기여했다. 주가는 가파르게 오르기 시작했다. 뒤에서 다시 이야기하겠지만 2015년도에는 더 큰 흑자를 실현했고 2015년 말 기준 부채비율은 2014년 말 대비 30퍼센트 감소한 99.9퍼센트, 이자보상배율은 4.1배, 그리고 2016년 2월 주가는 6만 원대를 넘어섰다. 나는 이러한 흑자 실현이 2013년도를 어렵게 소폭이라도 흑자로 만든 데서 시작되었다고 생각한다.

2014년 5월에는 전국 공공기관장 125명이 청와대에 모였다. 이날 박근혜 대통령은 공공기관의 과다부채 감축과 방만경영 해소 진행 상황을 중간 점검하면서 한전을 우수 사례로 세 차례나 언급했다. 박 대통령은 "한전은 전 임직원이 급여를 반납하고 복리후생비를 51퍼센트나 줄이는 등의 노력으로 지난해 6년 만에 흑자 전환을 이뤄냈다. 이것은 매우 긍정적인 변화로 생각한다"고 언급했다. 수동적 개혁이 아닌 구성원의 자발적인 참여가 중요하다고 강조한 대목에서였다.

이어 박 대통령은 "한전이 UAE에 수출한 원전의 건설 현장을 지난주 방문했는데 한전을 비롯한 우리 공기업들이 우수한 기술력과 안전한 현장관리로 높은 신뢰를 받고 있는 모습을 확인할 수 있었다"고 말했다. 공기업들이 글로벌 시장에 도전하면서 한국 경제의 지평을 넓히는 역할을 강화할 필요가 있다면서 한전의 성공담을 다시 한 번 언급한 것이다. 또한 "한전처럼 다른 분야에서도 공기업들이 해외 진출을 적극 추진하고 우수한 역량을 바탕으로 민간기업, 특히 중소 중견기업들의 동반 진출을 지원하는 방안도 모색하기를 바란다"고 강조했다. 마무리 발언에서도 "이번에 UAE에 가서도 확인했지만 (UAE 정부가) 한국의 기술경쟁력 및 인력에 대해 아주 놀라워하고 극찬을 했다"고 소개했다. 한전 사장으로서 가슴 뿌듯하면서도 나를 믿고 따라준 임직원들의 헌신이 제대로 평가를 받은 것 같아 기뻤다.

지방 이전 설계자에서 이전 기관 지휘자로 ───────

2005년 국토 균형발전을 위한 공공기관 지방이전 계획이 마련될 때 나는 산업자원부 차관을 맡고 있었다. 당시 150여 개 공공기관을 전국 10개 혁신도시로 이전하는 방침이 결정되면서 산업부 산하의 많은 공공기관도 이전 대상에 포함되었다. 나는 이를 결정하는 '국토균형발전

위원회'의 위원 역할도 했다. 그 당시 각 지역의 모든 관심과 노력은 한전 유치에 집중되었다. 한전만 오면 다른 어떤 것을 양보해도 좋다는 치열한 유치 경쟁이 벌어졌고 광주와 전남 두 개 지자체의 공동 유치 작전이 성공해 한전의 나주행이 결정되었다.

당시 나는 공공기관 지방이전 업무에 참가하면서 서울 삼성동에서 전남 나주 빛가람동으로 이전하는 한전의 수장이 되어 이전 과정을 직접 진두지휘할 줄은 상상도 못했다. 오히려 한전에 오기 전에는 한전의 나주 이전 결정을 보고 '잘한 결정일까?' 하는 회의도 있었다. 한전은 본사를 무려 116년간 서울에 두고 있었다. 그야말로 1세기가 넘는 세월의 이전이므로 하나의 역사적 '대사건'이 될 만했다.

본사 직원들은 이전이 얼마 안 남았는데도 실감하지 못하는 눈치였다. 이전 지역인 호남 지역에서도 "정말 한전이 내려오는 게 맞냐?"며 반신반의했다고 한다. 이전을 본격적으로 받아들이기 시작한 것은 살고 있던 '집'을 내놓은 뒤부터였다. 그 즈음 언론은 '한전 삼성동 본사 부지 매각'에 대한 기사를 연일 내보냈다. 세간의 관심도 '누가 강남의 마지막 노른자 땅인 한전 부지의 새 주인이 될까?'에 쏠려 있었다. '현대자동차그룹과 삼성그룹이 유력하다', '외국 업체인 라스베이거스 샌즈그룹과 중국 녹지그룹에서도 인수 의향이 있다'는 등 소문이 무성했고 인수금액에 대해서도 갖가지 추측 보도들이 터져 나왔다.

정공법으로 맞선 삼성동 부지 매각 ─────

내가 부임했을 때 삼성동 본사 부지 처리 방식은 일반매각 방식이 아니고, 매각을 하되 위탁개발 방식을 가미한 PFV매각 방식으로 추진되고 있었다. 공공기관 이전 관련법에 따라 한전이 기존 부지에 대해 어떤 형태라도 지분을 갖지는 못하게 되었지만 부채가 많은 한전으로서는 개발 이익의 일부라도 매년 얻어내자는 취지였던 것 같다. 그 계획을 보고받고 일차적으로 드는 생각이 '한전 같은 공기업이 대규모 개발사업에 관여해 아무 문제 없이 일을 끝낸 적이 과연 있었나?' 하는 의구심이었다. 또 나를 비롯해 한전의 경영진들이 부동산 전문가도 아니고 이와 같은 대형 개발사업에 어떤 복마전이 있는지도 모르는 상황이었다.

나는 우선 관련 부서의 책임자들을 바꾸었다. 그리고 새로운 시각으로 원점에서 이 사안을 다시 검토하라고 지시했다. 새로 바뀐 C처장은 부동산전문가, 감정평가회사, 서울시 관계자 등을 열심히 만나 상담한 후 내게 "정공법으로 나가시지요"라고 건의했다. 단순하게 일반매각으로 가자는 것이었다. 아울러 감정평가를 새로 해서 매각대금 수준을 올리자는 건의도 했다.

물론 그동안 이 일을 추진해왔던 전임자들이나 주위에서는 완강하게 일반매각은 안 된다며 반대했다. 나는 양쪽 다 위험 부담이 크다고 생각했다. 어쨌든 결정권자는 나였다. 그리고 어떤 결정을 내리든 모든 책임은 내가 져야 했다. 나는 며칠을 고심하다 정공법을 택하기로 하고 정부에 이미 보고된 개발 방식의 철회를 지시했다. 그리고 정부를 설득해 일반매각 방식으로 위화도 회군을 했다.

일반매각 방식으로 확정한 후에도 여러 가지 복잡한 조건들이 있었지만 최선의 선택은 가장 간단한 방식이었다. 나는 국부 유출, 특혜 매각 시비를 없애기 위한 몇 가지 전제조건을 제외하고 최고가 입찰로 결정한 뒤 공정성과 투명성을 담보할 수 있는 최적의 방안을 찾기 시작했다.

개인 및 법인, 공동 입찰의 제한 없이 입찰 참가 자격을 허용하고 매각 대금도 1년 이내 분납 조건으로 완화해 특혜 시비를 해소하고 투명한 입찰을 유도했다. 외국인의 입찰 참여에 대해서는 국내 기업의 지분율이 50퍼센트 이상인 공동입찰의 경우에만 허용하도록 해 국부 유출에 따른 논란의 가능성을 아예 없앴다.

이와 더불어 땅에 대한 감정평가를 진행해 2014년 초 공시지가인 1조 5,456억 원보다 훨씬 높은 3조 3,346억 원이 최종 평가금액으로 산정되었다. 입찰 공고는 한국자산관리공사에서 운영하는 '온비드 시스템'을 통해 8월 29일 시작되었다.

온비드 시스템은 그야말로 '깜깜이' 입찰 방식이다. 개봉하기 직전까지는 누가 얼마에 입찰했는지 한전을 포함해 아무도 알 수 없다. 나는 이 방식이 한전에 더 유리한 매각 결과를 만들어낼 것으로 믿었다. 이후 20일간의 입찰 공고기간 동안 강남 삼성동 땅 매각은 전국적인 이슈가 되어 큰 주목을 받기 시작했다.

마침내 D-day가 왔다. 9월 18일 오전 10시, 삼성동 본사의 한 사무실에 놓인 입찰 집행관 PC에서 개찰 업무가 진행되었다. 수많은 기자들이 아침부터 몰려와 장사진을 쳤고 현대차그룹과 삼성그룹 관계자들도 정보전을 펼쳤다. 그리고 드디어 개찰 결과, 현대자동차 컨소시엄이 최종 낙찰자로 확정되었다. 낙찰액은 10조 5,500억 원. 누구도 쉽게 예상하지 못한 금액이었다. 언론에서는 마치 한전이 횡재한 듯 속보를 쏟아냈다.

그러나 어찌 보면 현대차그룹에서 이곳을 세계적으로 유명한 독일 볼프스부르크의 아우토슈타트와 같은 자동차 테마파크로 조성한다면 훨씬 더 큰 미래 가치를 보유하게 될 것이라 생각한다.

삼성동 부지 매각대금은 한전의 부채 감축과 에너지 신산업 등 전력산업 발전을 위한 투자 등에 쓰이고 있다. 또 현재 한전이 전기차 인프라 분야에서 대대적인 사업을 펼치고 있는데 이는 현대차그룹의 미래가 될 전기차 보급에 크게 기여할 것으로 보인다. 물론 한전 직원들에게는 1원의 상여금도 돌아간 것이 없다.

이제 삼성동 최첨단 거리를 28년간 지키고 있던 한국전력은 간판을 내리고 새 주인 현대자동차가 간판을 새롭게 내걸었다. 벌써 한전 옛 본사 사옥 부지로 불리는 게 낯설기만 하다.

한국전력청? 에너지 분야의 삼성전자!

2015년 초, 한 행사에서 만난 인사가 내게 불쑥 이런 말을 했다. "한전 같은 회사가 주가관리를 한다는 것이 참 이상하다. 전기를 도매로 사서 소매로 파는 단순한 공공기관이고 영업도 필요 없고 전기요금 수준에 따라 수익의 수준이 결정되는 단순한 사업구조인데 무슨 주가관리가 필요한지 모르겠다." 그 얘기를 듣고 있다가 나는 언쟁을 했다. 한국전력공사를 '한국전력청'으로 생각하고, 전기요금을 '전기세'쯤으로 인식하고 있으니 참으로 갑갑한 노릇이었다. 그러나 이런 인식이 어제 오늘만의 문제는 아니다.

물론 지난 5년간 11조 원에 달하는 천문학적 적자 속에서도 회사가 살아남은 것은 한전의 공공성 때문이었다고 생각한다. 전기라는 한 가지 제품만 무려 118년을 취급하고 있고 한여름 또는 한겨울에 가끔 사장과 직원들이 거리에 나가 '우리 회사 제품 좀 제발 쓰지 말아달라'고 호소하며 역마케팅을 하는 것을 보면 '한국전력청'도 맞는 이야기인지 모르겠다.

그러나 한전은 세계 최고 수준의 전기 품질을 자랑하고 글로벌 4위 유틸리티의 경쟁력과 브랜드 가치를 자랑한다. 또 미국 경제전문지 〈포브스Forbes〉가 선정한 글로벌 2,000대 기업 중 삼성전자와 현대자동차 다음 순위인 171위의 글로벌 기업이고 뉴욕증권거래소에 상장된 7대 한국 기업 중 하나다. 만약 한전 사장이 세계시장의 콜을 다 받다 보면 국내에 하루도 머물러 있을 시간이 없다. 국내보다 오히려 해외에서 더 높은 기업 가치를 평가받는 회사가 바로 한전이기 때문이다. 또 전세계 어떤 나라보다 스마트그리드, ESS, 마이크로그리드 등 차세대 에너지 신산업 분야에서 앞서가는 회사이기도 하다.

이러한 기업성에 대한 시장의 냉엄하고 준엄한 평가가 바로 주가다. 나는 주가에 대해 지대한 관심을 갖고 있다. 한전 역사상 처음으로 사장이 1년에 세 번씩이나 국내외에서 직접 IR(Investor Relations, 기업설명회)도 했다. 2016년 초, 한전 주식이 역사상 최고가를 기록한 것은 외국인들이 집중적으로 한전 주가를 매집했기 때문이다. 외국인들이 기업의 재무적 안전성뿐만 아니라 미래 성장성에 대해서도 한전 주식을 매우 매력적으로 평가하고 있는 것이다.

나는 이런 점에서 한전이 '한국전력청'이 아닌 '에너지 분야의 삼성전자'가 될 수 있다는 확신이 든다. 시가총액은 삼성전자 다음으로 확고한 2위 자리매김을 했다. 그리고 "전기세가 아니라 전기요금이라니까요."

뉴욕증권거래소에서 울린 클로징 벨 ─────

2012년 12월, 내가 취임할 당시 한전의 주가는 고작 2만 8,650원에 불과했다. 하지만 그 뒤로 주가가 서서히 상승하더니 2016년 2월 말에는 6만 원을 넘어섰다. 두 배 이상 뛴 것이다. 최근에는 연일 주가 최고치 기록을 갈아치우고 있다. 그것도 전반적으로 최악인 시장 상황에서의 고공행진이었다. 2016년 2월 26일에는 주가가 6만 600원까지 치솟았다. 한전 주식을 보유한 외국인의 비중도 기존 25퍼센트 수준에서 7퍼센트포인트 이상 높아져 이 또한 한전 역사상 최고 수준을 기록하고 있다.

원래 전 세계적으로 전통적인 유틸리티 주식은 장기적으로 보유하면 이자보다는 조금 나은 투자 소득을 만들어내지만 급격한 상승을 기대하기는 어렵다. 과거에 손주들 세뱃돈을 줄 때 현금을 주지 않고 주식을 사주고 오래 묵혀두는 주식 중 하나가 바로 한전주라는 이야기도 있다. 그러던 한전 주식이 역사상 최고가를 넘어 삼성전자에 이어 현대자동차를 제치고 시가총액 2위 기업으로 올라선 것은 매우 의미 있는 사건이다.

공기업은 공공성과 수익성이라는 두 마리 토끼를 쫓는다. 특히 한전과 같은 시장형 공기업은 공공성과 수익성 사이에서 균형을 맞춰야 하는 문제를 늘 안고 있다. 그렇다고 두 마리 토끼 중 어느 하나를 포기할 수도 없는 상황이다. 이 난제의 해답은 에너지 신산업과 전력산업의 해외 진출에서 찾아야 한다.

전력산업의 과감한 해외 개척을 시도한 한전은 이미 UAE 원전사업 등 해외 프로젝트 수주로 수익을 창출하고 국가 브랜드 가치를 높이고 있으며, 이를 기반으로 공기업의 수익성 개선과 지속적인 성장동력 창출을 위해 맹렬히 수주 경쟁력을 강화해나가고 있다.

2014년 7월, 뉴욕증권거래소 상장 20주년을 맞이해 뉴욕 현지에서 기업설명회가 개최되고 '클로징 벨' 행사가 열렸다. 나는 이 행사에서 영예롭게도 그날의 폐장을 알리는 클로징 벨을 울렸다. 클로징 벨은 뉴욕증시 상장기업 중 좋은 실적을 내는 등 특별한 의미가 있는 기업

의 CEO가 초청받아 진행하는 퍼포먼스다.

내게 이 클로징 벨은 험난했던 지난 위기를 끝내는 종소리였으며, 동시에 새로운 시작을 알리는 '오프닝 벨'이기도 했다. 사무관 시절, 뉴욕대 경영대학원에 다닐 때 세계 각국의 자본이 몰려드는 뉴욕의 활력을 보면서 내가 앞으로 가야 할 큰 길은 저 세계 속에 있다고 생각하곤 했다. 그리고 이때부터 뉴욕증시에서 소리 나는 일을 한 번 해보고 싶었다. 그런데 이렇게 클로징 벨로 소리를 냈으니 내 꿈은 이뤄진 셈이다. 내가 세상에서 들었던 가장 아름다운 벨소리였다.

새 술은 새 부대에
빛가람 시대의 개막

버릴 것은 버리고 갑시다 ───────

나주 이전을 며칠 앞둔 2014년 11월 어느 날, 나는 문득 직원들에게 한 통의 편지를 보내고 싶어졌다. '버릴 것은 버리고 갑시다'라는 제목으로 보낸 이 편지에서 나는 우리 가족이 6·25 전쟁 이후 서울로 이사와서 스물두 번이나 이사를 했던 이야기, 결혼 후 13평짜리 연탄아파트에서 시작해 현재의 40평짜리 아파트로 옮겨오기까지의 이야기들을 직원들에게 담담하게 들려줬다. 이사 결정 및 이사 준비 과정에서 아내는 아무 도움 안 되는 나를 철저히 배제한 채 거의 전권을 행사했는데, 심지어 해외 출장을 갔을 때 이사를 한 경우도 있었다. 당시 아내에게 "여기 우리 집 맞지?" 하고 물으며 집을 찾아갔던 에피소드도 공개했다.

저의 집은 지독히도 못 버리는 전통을 대대로 가지고 있습니다. 저의 조상께서 선향에서 거의 망해서 나온 것이⋯ 지금은 그 사유가 증조부의 독립자금 지원으로 밝혀지는 자료들이 나오기 시작해서 오히려 긍지를 느낍니다만⋯ 저의 조부, 조모님 내지 어머니 모두 물자절약과 재활용에는 도가 트신 분들이었고 저의 아내도 그 점에는 별 차이가 없습니다. 오죽하면 어릴 적 저의 집에는 할아버지께서 '一錢興, 一錢亡'(일전에 흥하고 일전에 망한다는 뜻)이란 글을 방마다 붙여놓으셨습니다. 그러니 몽당연필과 뚫어진 내의, 몇 년 전 교과서 하나도 못 버리고 쌓아만 놓은 것입니다.

저의 주장은 '버려야 들어온다'였지만, 어른들 모시고 살 때는 전혀 발언권이 없었고 가정을 이루고 나서는 제 주장을 관철해나갔습니다. 특히 공직에 있다 보니 별별 행사 기념품, 공로패, 해외 인사선물 등이 많았습니다. 탁상시계, 액자, 문진, 공예품, 신제품 샘플, 감사패 등 값 안 나가지만 버리기도 그렇고 한 것들입니다. 이런 것들이 집 구석구석 마치 잡화점 같이 쌓여 있는 것을 이사 때 싹쓸이하는 것입니다. 생전 안 보고 책꽂이에 먼지 수북이 쌓여 있는 책들도 같이요. 특히 중국인들이 주는 공예품이나 족자 등은 부피도 크고 우리 취향에도 안 맞는데 이럴 때 일망타진하고 나면 집 평수가 넓어지고 공기도 달라지는 것 같더라구요. 복이 들어와 있을 공간도 생기지요.

편지 말미에는 삼성동을 떠나면서 "고인 물처럼 썩은 것, 적폐된 관행, 벗지 못한 고정관념, 편견 등 버릴 것은 과감히 다 버리고 새롭게 출발하자"고 직원들에게 당부했다. 정든 곳을 떠나 낯선 곳으로 터전을 옮기는 마음이 많이 아쉽고 복잡했을 텐데 내 편지로 직원들이 위로를 받고 마음이 한결 가벼워졌기를 바랐다.

서울이여, 안녕 ─────

지금까지 살던 곳에서 버릴 것은 버리고 정리할 것은 정리해 새 집으로 이사 갈 채비를 끝내고 나니 아쉬운 마음도 컸지만 한편으론 설레기도 했다. 새 집에서 뭐부터 시작할까 혼자 구상도 많이 했다. 나주로의 이전은 물리적 공간 이동의 의미만 있는 것은 아니었다. 새로운 가치를 만드는 의미도 컸다. 나는 새 지역에서 한전이 미래의 국가 경제에 큰 힘이 될 수 있도록 지속적으로 성장 가능한 '새로운 가치'를 창출하는 것이 나에게 주어진 시대의 사명이라고 생각했다. 이곳에서 한전은 사실상 재창업을 하는 것이나 마찬가지였으며 당연히 '에너지밸리'도 여기에 포함되었다.

이전을 한 달여 앞둔 2014년 10월 말, 31층 높이의 새 집이 모든 단장을 끝내고 주인을 기다리고 있다는 전갈을 받았다. 나는 옛집에서 직원들과 마지막 추억을 함께하면서 새 출발을 다짐하는 시간이 필요하다고 생각했다. 곧바로 직원들의 아이디어를 모아 'Go Go Go Festival'이라는 이름의 '쫑파티'를 열었다.

서울 시대 116년을 기념하는 사진전, 이전을 알리는 옛터 표지석 제막, 사장 집무실 오픈 하우스, 보물찾기 등과 같은 다채로운 추억 나눔 행사를 직원들과 함께했다. 특히 이날은 삼성동 시대를 연 박정기 전 사장이 초대되어 회고사를 낭독했다. 박 전 사장은 1980년대 초 한전의 황금시대를 이끈 분으로 많은 직원들이 아직도 존경하는 분이다. 내가 한전에 취임하면서 경영 슬로건으로 삼은 'Again KEPCO'를 듣고 박 전 사장이 재임했던 시절을 떠올린 직원들이 많았다고 한다. 나는 박 전 사장의 그 시절 노고에 대해 깍듯이 감사를 드렸고 박 전 사장은 "새로운 시대를 새로운 지역에서 멋지게 열어보라"는 격려의 말씀을 해주셨다.

이사를 가더라도 우리의 뿌리를 이어가자는 의미에서 옛집에 있던 나무 몇 그루를 옮겨가 새 집 앞마당에 심기로 했다. 그리고 이날 처음이자 마지막으로 옛집 11층에 있는 사장 집무실을 개방하고 찾아온 직원들과 함께 기념사진을 찍었다. 한전 직원 중에는 사장 집무실은커녕 한전 본사에도 평생 와보지 못한 직원들이 태반이었다. 저녁에는 옛집 앞마당에서 직원들과 호프데이 시간을 즐기며 정들었던 집을 떠나는 '올드랭 사인'을 울렸다. 이렇게 해서 한전의 한 시대가 저물었다.

군사작전을 방불케 한 새 집 이사 ─────

작은 이사를 해도 정신이 없고 뭐라도 하나씩은 잃어버리기 십상인데 하물며 한전 본사가 새 집으로 이사 가는 날이야 더 말할 필요도 없었다. 마치 큰 산을 하나 옮기는 것 같았다. 이사는 2014년 11월 초부터 시작되어 약 한 달간 이어졌다. 무려 1,500여 명의 직원이 이주를 하는 데다 이사 물량만 해도 5톤 트럭 835대 분량에 달했다.

특히 전력공급의 핵심 기기인 1,200여 대의 초정밀 전력 ICT 설비들을 매우 세심하게 다뤄야 했기 때문에 극도의 긴장감을 느낄 수밖에 없었다. 전력 ICT 설비는 안정적인 전력공급을 위해 단 1초라도 멈춰서는 안 되었다. 만약 이들 설비 중 하나라도 문제가 생기면 대규모 정전사태로 이어질 수도 있어 중간에 문제가 발생하지 않도록 조심 또 조심해야 했다. 기업의 두뇌에 해당하는 전력 ICT 설비 이전은 마치 군사작전을 방불케 할 정도로 철저한 준비 하에 진행되었다. 게다가 서울에서 나주까지 300킬로미터 이상 떨어진 장거리 이사였으니 더 설명을 안 해도 당시 상황을 짐작할 수 있을 것이다.

이사 과정에서 혹여 생길 수 있는 문제점을 사전에 방지하기 위해 이사 6개월 전부터 주말과 야간에 '이사 모의훈련'까지 수차례 실시했다. 실제로 이사할 때는 진동에 매우 민감한 전력 ICT 설비를 안전하게 운송하기 위해 외부 충격을 최소화하는 무진동 차량을 동원했다. 이동 중에는 서울과 전남 지방경찰청, 고속도로 순찰대 등 경찰의 호위를 받았으며 차량 운행은 교통량이 가장 적은 새벽시간에 이루어졌다. 설비 이전을 담당했던 직원 100여 명은 며칠 밤을 꼬박 새울 정도로 긴장의 끈을 놓지 못했고, 그 노력의 결과로 한 치의 오차 없이 전력 ICT 설비의 성공적인 이전을 마무리할 수 있었다.

장장 한 달에 걸친 새 집 이사를 마친 2014년 12월 1일, 한전은 역사적인 나주 빛가람 시대의 첫 페이지를 열었다. 한전의 새 집 이사는 에너지 신산업 빅리그 진출을 준비하고 있던 한전의 본거지를 옮겨 새로운 일전을 준비한다는 의미도 담고 있었다.

스마트에너지 창조자를 선언하다 ──────

신사옥으로 첫 출근을 하던 날, 강인규 나주시장과 시청 직원들이 한전 본사 입구에서 출근하는 우리 직원들에게 꽃 한 송이씩 나눠주던 모습은 참 아름다웠다.

우선 새 집 주변에 살고 있는 사람들은 물론 전 국민에게 한전의 새로운 정착을 알려야 했다. 2014년 12월 17일, 정홍원 국무총리를 비롯한 내외 귀빈과 지역 주민들을 신사옥 개청식에 초대했다. 신사옥에서 본격적인 업무를 시작한 지 보름이 지난 후였다. 광주와 나주는 물론 인근 지역에서 무려 500명이 넘는 지역 주민들이 신사옥을 찾아 역사적인 자리를 함께했다. 이 자리에 밀양 송전탑 반대 주민들도 찾아와 한전 규탄 시위를 했다. 이 지역 경찰은 "한전 이전이 좋은 일만 있는 게 아니고 어려운 새 과제도 만들어주네요"라고 했다.

나는 신사옥 개청식에서 빛가람 시대의 역사적인 출발을 알리며 "지역사회의 믿음과 기대에 진정성을 가지고 부응하려고 한다"는 포부를 밝혔다. 이어 새 시대를 맞아 새로운 100년을 이끌 비전 'Smart Energy Creator, KEPCO', 즉 새 시대의 스마트에너지 창조자가 될 것임을 대내외에 천명했다. 나는 '빛가람 에너지밸리'를 신사옥이 있는 혁신도시 중심으로 조성하고 글로벌 에너지 신산업의 메카로 거듭남과 동시에 대한민국 최고의 혁신도시로 성장시키겠다는 뜻을 분명히 밝혔다.

이에 주민 대표가 직접 나와 "나주 혁신도시 입주를 열렬히 환영하며 한 가족으로 따뜻한 정을 나누면서 이곳을 살기 좋은 지역으로 만들어 달라"는 메시지가 담긴 환영사를 낭독했다. 공식 행사 이후 열린 환영 리셉션에서는 주민들로부터 더 생생한 목소리를 들을 수 있었다. 주민들의 기대에 찬 목소리와 눈빛에서 '이 지역이 더욱 발전하고 더욱 살기 좋은 곳이 될 것'이라는 희망을 느낄 수 있었다.

오랜 기간 지역 혁신에서 큰 성과를 못 내고 대기업 유치가 적어 지역 경제가 위축되어 있는 상황에서, 국내 최대 에너지 공기업이 들어와 활력을 불러일으키고 있으니 모두들 반가운 눈치였다. 새로운 일자리가 생겨 이 지역에서 자라난 아이들이 일자리를 찾기 위해 타 지역으로 가지 않고 혁신도시에 입주한 기업에 들어갈 수 있는 꿈을 가질 수 있게 되어 기대가 크다는 표정이었다.

주민들이 기뻐하고 환영하는 모습을 보며 이곳에서의 성공적인 정착으로 지역사회를 발전시키고 더 나아가 전국에 산재된 다른 혁신도시로 전파시켜야겠다는 나의 시대적 소명의식은 더욱 커져갔다. 또한 공공기관 중 맏형격인 한전이 모범을 보여야 한다고 생각하니 어깨가 무거워졌다. 그날은 강한 눈보라가 치고 이 지역에서 근년 들어 가장 추운 날이었다. 강추위 속에서 끝까지 행사 경호를 해준 전남경찰에 감사드린다.

소통 채널을 위한 5천 킬로미터의 광폭 행보 ──────

이사 뒤 성공적인 정착을 하려면 이웃집에 떡을 돌리면서 인사도 하고 떠난 지역과 새 지역에 인사장도 돌리는 등 적극적인 소통을 하는 게 필요하다. 12월 한 달간은 다소 힘들었지만 열심히 발품을 팔았다. 대략 나주, 광주, 서울, 부산, 세종시 등을 드나들며 살인적인 업무 일정을 소화했다. 어림잡아 5,000킬로미터는 돌아다닌 것 같다. 그러자 주위에서 헬기 사용을 권하는 말도 나오기 시작했다.

먼저 지역 기관장들과 언론인들을 찾아 소통을 나누었다. 광주광역시청, 전남도청, 법원, 검찰, 대학교, 언론사 등 스무 곳이 넘는 곳을 불과 사흘 만에 도는 빠듯한 일정이었지만 점심시간까지 쪼개 일일이 만나 한전이 빠른 시간 안에 뿌리를 내리고 지역사회와 상생할 수 있는 방안을 함께 논의했다. 광주 국립 5·18 민주묘지를 참배하고 헌화하는 일도 빼놓을 수 없었다. 5·18 민주묘지 참배는 광주전남 혁신도시로 이전한 기관장들 중에서는 내가 처음이었다. 지역사회의 일원이 된 이상 정서적 공감대도 매우 중요하다고 생각했기 때문이다. '이제 싸이의 〈강남스타일〉 중심지인 삼성동은 다 잊자. 이곳에서 마음을 붙이자.' 마음속으로 다짐했다.

12월 하순에는 광주·전남권에 큰 눈이 자주 내렸다. 나는 광주 충장사 인근에 소재한 폭설 피해지역을 둘러보고 전력공급이 안정화될 수 있도록 지역 급전소를 긴급 방문했다. 이제부터는 전력공급의 중심지가 서울이 아니라 나주임을 현장 방문을 통해 보여주고 싶었다. 또 나주 본사 상황실에서 '겨울철 전력수급비상대비 모의훈련'을 직접 주관하면서 지역 인사와 지역기관, 시민단체를 초대했다. 한전이 어떤 일을 하고 있는지 생생하게 보여주면서 한전의 위상과 역할을 자연스럽게 알리기 위해서였다.

원전자료 해킹 사건으로 시끄러웠던 크리스마스에는 나주 본사의 ICT 센터에 베이스캠프를 차리고 하루 종일 보안 대응을 진두지휘했다. 연말에는 직원들과 함께 나주 전통 5일장인 목사골 시장을 찾아 시장 상인들과 만나고 생필품을 사서 나주지역 복지기관에 기부했다. 같은 날에는 나주시 산포면과 금천면에 사는 초등학생 50여 명을 초청해 한전 사옥 투어를 진행했다.

이후에도 정부 관계자, 언론사 사장, 대학 총장, 민간기업 CEO 등 귀빈들이 본사를 찾으면 31층 전망대, 지하 1층 재난종합상황실, 1층 도서관과 강당 등 한전 사옥 투어를 안내하면서 한전이 나주에서의 새 출발을 성공적으로 할 수 있도록 적극 도움을 구했다. 지역 산·학 네트워크 구축에도 앞장섰다. 먼저 전남대학교 경영전문대학원에 'MBA 과정'을 공동 개설하기로 제휴를 맺었다. 지역과 한전이 함께 발전하기 위해서는 미래 에너지 산업에 주역이 될 인재를 더 많이 키워야 한다는 게 내 생각이다.

이와 같은 발 빠른 친화 행보 때문이었는지 다행스럽게도 가는 곳마다 적극 반겨주고 호응해주었다. 내가 지역 관계자들한테 마음을 얻는 방식은 세 가지였다. 전력 수도론, 에너지밸리 조성 및 각종 투자 계획을 약속하며 "이 숫자들에는 허수가 없습니다"라고 강조했다. 지역 관계자들에게 허수가 없다는 말이 참신하게 들렸던 모양이다. 실제로도 내가 약속한 계획들은 허수 없이 착착 집행되고 있다.

지역 주민들도 한전을 새로운 이웃으로 받아들일 수 있도록 광주 KBS, 광주MBC, KBC 등 방송 인터뷰에도 출연해 지역사회의 일원이 된 것을 알렸다. 인터뷰를 할 때마다 나는 정장이 아닌 회사 점퍼를 입고 출연했다. 점퍼를 입은 내 모습을 보고 지역 주민들이 한전 직원들을 더 많이 알아보고 친근감을 갖게 하기 위해서였다. 나는 사람들을 만날 때마다 "우리 직원들이 식당에 가면 국이라도 더 따뜻하게 데워주시고 소주라도 한 병 더 주세요" 하고 부탁한다. 우리가 나주에 와서 바라는 것은 한 식구처럼 따뜻하게 맞아주는 마음뿐이다. 지역 주민들도 한전이 이사 오고 나서 손님도 늘고 주변이 활기 있게 변해가고 있다며 좋아했다. 언론을 통해 다음과 같은 훈훈한 소식도 알려졌다.

한전은 지난 8월 14일 광주 서부소방서 소속 소방장이 한 빌라 전신주에 생긴 벌집을 제거하다 2만 2,000볼트 고압선에 감전돼 상반신에 심한 화상을 입어 생명이 위독했을 때 한전이 운영하는 한전병원에서 응급수술을 받고 회복될 수 있도록 주선했다. 사고 직후 윤장현 광주시장으로부터 소식을 전해들은 한전 조환익 사장은 휴일임에도 곧바로 한전병원에 연락을 취해 의료진을 긴급 대기시켰다. 일반 병원에 비해 감전사고 치료 경험이 풍부하고 전문 의료진을 확보하고 있는 한전병원 측은 헬기로 이송된 소방장의 상태를 살핀 후 응급수술을 진행, 골든타임을 놓치지 않고 그를 무사히 살려냈다. 생사의 갈림길에 서 있던 소방장이 소중한 목숨을 건질 수 있었던 것은 그를 가족처럼 생각하고 함께 해준 한전 직원들 덕분이라 할 수 있다.

—〈에너지경제〉, 2015년 9월 3일자

이러한 미담이 지역 언론에 소개되면서 한전은 더 빨리 지역과 동화되기 시작했다. 나는 지역사회와의 좀 더 긴밀한 소통과 상생을 위해 지역협력 전담본부도 새로 발족시켰다. 당연히 내 가족들도 시간이 날 때마다 내려와 생활하며 지역사회와의 스킨십 기회를 늘려갔다.

우리는 '나베리아'에 왔습니다 ————

혁신도시에 처음 발을 내딛던 날을 잊을 수 없다. 넓디넓은 벌판만 보이고 황량하기 그지없었다. 나주 나루터를 오가는 황톳배를 형상화한 공공기관 신사옥만이 허허벌판에 덩그러니 놓여 있었다. 그래도 한전이 내려온다 하니 여기저기 상가 건물과 아파트가 들어서고 있기는 했지만 대중교통 배차 간격이 너무 길고 신호등과 건널목도 거의 없어 위험천만인 곳이 많았다. 저녁이 되면 불 켜진 곳은 유일한 중국집인 '혁신반점' 하나밖에 없었다. 저녁식사 후 어디 가서 맥주 한잔 할 술집도 없었다. 또 밤이 되면 암흑천지가 되어버리는 탓에 퇴근 후 산책도 하고 여유시간을 즐기겠다는 소박한 꿈도 접어야 했다.

교통도 편하고 온갖 음식점들로 가득한 도시에서 살다가 오니 외롭고 불편한 것이 한두 가지가 아니었다. 인근 축산단지에서 풍겨오는 악취로 창문도 제대로 열지 못했다. 새벽에는 냄새가 더 심해져 코를 막아야 할 정도였다. 막 이사를 했을 때는 초겨울이라 날씨도 춥고 가로수 이파리도 다 떨어져 주변이 더욱 을씨년스러웠다. 혁신도시로 이주한 직원들 입에서 '나주'와 '시베리아'를 합쳐 '나베리아'라는 자조적인 말이 나올 만했다.

나주로 옮겨온 한 젊은 직원의 아버지는 아들이 새로 입주한 사택을 찾아가 보고는 한숨을 쉬며 "앞으로 진로는 어떻게 할 거냐?"라고 물었다고 한다. 그러자 아들이 "아버지, 여기는 진로가 아니라 잎새주인데요"라고 재치 있게 대답했다고 한다. 이곳 지역 술인 '잎새주'를 빗대어 농담 삼아 한 답변이었지만 아버지가 보기에 가족 딸린 아들의 형편은 그저 웃고 넘길 상황이 아니었다.

상황이 이렇다 보니 본사 근무를 기피하는 직원들도 생겨났다. 직원들이 빨리 안정을 찾을 수 있도록 정주 여건을 갖춰주는 것이 시급하다는 생각이 들었다. 지자체를 찾아 부탁할 일은 부탁하고, 또 회사에서 직접 해결할 수 있는 일들은 하나하나 챙기며 풀어나갔다. 전라남도, 광주광역시는 물론 나주시, 혁신도시지원단 등을 일일이 찾아 빠른 생활 편의시설 확충을 부탁했고 최우선적으로 인프라 조성에 힘쓰겠다는 답변을 받았다. 이런 노력들이 어우러져 악취를 풍겼던 축산단지는 2015년 7월 폐업이 결정되었고 가로등, 건널목, 수돗물 등 생활 인프라가 빠른 속도로 갖춰지기 시작했다.

기업의 제일 중요한 자산은 사람이다. '일 년의 계획은 곡식을 심고, 십 년의 계획은 나무를 키우고, 백 년의 계획은 사람을 키우라'는 관자의 '십년수목백년수인(十年樹木百年樹人)'처럼 인재에 대한 중요성은 아무리 강조해도 지나치지 않다. 이런 점에서 갑자기 삶의 터전을 옮긴 1,500여 명의 직원들이 공허감을 느끼거나 새로운 환경에 적응하지 못해 힘들어하는 일이 없도록 챙기는 일이 무엇보다 중요했다. 직원들이 업무에 집중하지 못해 본사를 떠나거나 유능한 인재들이 입사를 기피하면 이곳에서의 새로운 전력 사업은 차질이 생길 수밖에 없다.

나는 시간이 날 때마다 직원들이 어떻게 생활하는지 물어보고 불편함은 없는지 직접 숙소까지 찾아가 살폈다. 가족들과 함께 내려온 직원들이 좁은 오피스텔에서 머물고 있는 경우에는 넓은 아파트형 숙소로 옮겨주고, 사택 생활에 불편함이 없도록 작은 비품까지 꼼꼼하게 챙겨줬다. 신사옥에서 집무를 시작한 후에는 직원들과 함께 구내식당에서 점심식사를 하면서 음식들이 직원들의 입맛에 맞는지도 살폈다. 주변에 갈 만한 식당도 없으니 객지에서 혼자 아침도 제대로 못 챙겨먹는 직원들이 점심만이라도 입맛에 맞아야 했기 때문이다.

크리스마스 이브에는 서울에 올라가지 못하고 숙소에 남아 있는 미혼 직원들을 번개모임으로 초대해 저녁식사를 함께했다. 젊은 남녀 직원들의 나주 적응기를 듣기도 했고 내가 젊었을 때 크리스마스를 보낸 이야기를 들려주며 정담을 나눴다. 물론 그들이 돌아가는 길에 성탄

케이크를 선물하는 것도 잊지 않았다.

나주 시내에는 아무리 둘러봐도 극장 하나가 없다. 서울만큼은 아니더라도 최소한의 문화시설조차 없는 상황을 고려해 본사 대강당을 영화관으로 바꿔 주민들에게 개방했다. 첫 영화로 당시 선풍적인 인기를 끌던 〈국제시장〉을 상영했다. 나주 시민과 직원에게 기억할 만한 문화행사가 되었으면 하고 기대했는데 반응이 폭발적이었다. 대강당 규모가 약 1,000석인데 직원 가족과 주민들이 1,500여 명이나 몰려든 것이다. 요즘 극장에서는 볼 수 없는 '입석'까지 마련할 정도로 인기가 대단했다. 지금도 한전 본사 대강당은 한 달에 두 번, '우리 동네 영화관'을 찾는 주민들로 대만원이다. 서울에서 인기를 끄는 영화는 이곳에서 거의 동시에 상영되고 있다.

상전벽해가 된 나베리아 ─────

불과 2년 전 '나베리아'의 모습을 떠올려보면 지금 혁신도시의 변화상은 '상전벽해가 아니라 나주 배가 명물이니 이전벽해(梨田碧海)'라는 말이 실감날 정도다. 땅값은 2015년 18.87퍼센트 상승해 전국 최고를 기록했고, 인구도 현재 1만 5,000명을 넘어섰다. 사람이 모이고 기업이 모이고 청년들이 돌아오면서 도시가 숨을 쉬고 활력이 넘치는 모습이다. 빛가람 혁신도시는 1년간 그야말로 완전히 바뀌었다. 새로운 건물과 시설이 들어서는 속도가 마치 경기장의 관중 입장을 고속 촬영한 듯한 모습이다. 요즘은 오히려 난개발을 걱정할 정도이니 이 또한 기적에 가까운 일이다.

자체적으로 여론조사를 해보니, 지역 주민 96퍼센트가 '한전이 지역 발전에 크게 기여하고 있다'고 답변했고, 우리 직원들 대다수도 생활이 많이 편리해졌고 이전 초기에 비해 업무 효율이 높아졌다는 데 공감하고 있다.

이렇게 혁신도시의 모습이 하루하루 달라지는 걸 보면서 직원들 간에는 나베리아가 '라성(로스앤젤레스)'이 되었다는 풍자도 나왔다. 언론은 한전 입주 이후 달라진 혁신도시의 모습을 연이어 조명했고, 다른 혁신도시 지역의 언론들은 "이곳은 왜 한전처럼 못하느냐?"고 물으면서 한전을 혁신도시 조성의 성공적인 사례로 언급하기도 했다. 또한 나주 혁신도시는 지역균형 발전을 넘어서 미래형 자족도시 모델을 구축하는 새로운 시도가 될 것이라면서, 전국 10개 혁신도시 중 가장 모범이 되고 있는 한전의 에너지밸리를 벤치마킹할 필요가 있다는 사설까지 나왔다. 나는 얼마 후 나주시로부터 명예시민증을 받았다. 그러나 나에게 주어진 혜택은 하나도 없다.

한국의 국제 위상을 드높인
대구 세계에너지총회

백 투 더 퓨처, 백 투 더 패스트

2012년 말, 한전 사장으로 취임한 나는 2013년 1월 29일 조직위원회 집행이사회의 추대로 대구 세계에너지총회(WEC) 조직위원장이 되었다. 2013 대구 WEC 준비기간이 1년도 채 남지 않은 상황이었다. 세계에너지총회는 3년마다 개최되는 에너지의 올림픽이자 다보스포럼 같은 행사다. 이곳에서 세계 에너지 산업과 정책의 방향이 정해지고, 에너지 업계, 학계 및 정부의 거물들이 모여 정보교환을 하며 에너지 기술을 경험하는 최고 최대의 대전이다. 특히 대구 WEC는 1995년 일본에서 개최된 후 동아시아에서 두 번째로 개최되는 대회로서, 한국의 국제 위상을 높일 수 있는 절대적 호기였다.

그러나 내가 한전 사장으로 취임했을 때 조직위원장은 공석이었다.

조직위원장이 된 후 1차 점검회의 때 나는 경악하지 않을 수 없었다. 조직위원회가 발족된 지 3년 반이 지났고 행사 개최가 코앞인데도 준비되어 있는 것이 거의 없었던 것이다. 참가국 유치, 연사 섭외, 전시회 참가업체 유치, 정부 및 업계 유력인사 초청, 논문 접수 등 모든 준비가 목표의 10퍼센트도 안 된 상황이었다. 총회가 9개월밖에 안 남았는데… WEC 런던 사무국에서 개최권 반납 이야기가 나올 정도로 국가적 대망신의 위기였다.

개막 일자는 점점 다가오고 시간이 없었다. 누구를 탓할 여유도 없었다. 무슨 수를 써서라도 한국의 국제적 위상을 높여줄 총회는 반드시 성공시켜야 했다. 이 역시 전열 정비가 최우선이었다. 그때까지 전임 위원장이 위촉한 민간기업 출신 사무총장이 지휘를 하고 있었는데 역부족이었다. 한전 직원들이 성심껏 따라줄 리 없었다. 나는 곧바로 한전의 해외 부사장이었고 UAE 원전 유치의 영웅으로 불렸던 변준연 씨를 부위원장으로 위촉했다. 그리고 전 세계의 한전 해외 조직망 대표를 한국으로 불러들여 강력한 협조를 촉구했다.

대구 WEC 성패의 관건은 중국, 일본 등 아시아권이 얼마나 적극적으로 참가해주느냐에 달려 있었다. 나는 먼저 이 지역들의 참가 유치에 총력을 기울이기로 했다. 세계 에너지 시장의 판도가 이미 구미에서 아시아권으로 이동하기 시작했고 한국, 중국, 일본이 전 세계 에너지 30퍼센트를 소비하는 최대 소비 지역으로 떠오르고 있는 만큼 세계 에너지 지도에서 동북아 지역의 중요성은 아무리 강조해도 지나치지 않았다. 중국, 일본의 참여는 유럽, 미국 및 중동과 개도국의 참가 열기에 불을 붙이고 대구 WEC의 성공을 보장하는 흥행의 보증수표 역할을 톡톡히 해낼 것이 분명했다. 나는 중국과 일본의 참가 유치를 위해 직접 뛰기로 했다.

하지만 보통 난제가 아니었다. 일본은 후쿠시마 원전사고로 인한 재앙으로 전력 부분의 주축인 에너지 업계가 제 몸 추스르기도 어려운 지경이어서 남의 집 잔치 빛내줄 상황이 아니었다. 중국은 기본적으로 WEC에 큰 관심을 갖고 있지 않았다. 대국 의식도 물론 있었겠지만 WEC를 구미 국가 간 그들만의 리그 정도로 생각하고 있었다. 여기에 더해 시진핑이 주석으로 추대되면서 새로운 체제하에 중국 정부의 에너지 관련 조직의 변화가 있어서 정부 차원의 지원을 받기도 쉽지 않은 상황이었다. 그래도 한전과 조직위원회의 모든 네트워크와 개인적 친분 관계 등을 총동원해 유치 전쟁에 돌입했다.

일본 전선으로 직접 뛰어들다 ────

일본의 경우 동경전력(TEPCO) 사장이 참가하느냐가 중요했다. 당시 세계 에너지 업계와 학계, 정부의 최고 관심 사항은 '후쿠시마 원전사고는 왜 일어났고 원자력의 미래는 어떻게 될 것인가'에 있었기 때문이다. 이러한 상황에서 후쿠시마 원전이 소속되어 있는 동경전력의 대표가 대구 WEC 연사로 참석해 원전사고의 원인과 대처, 그리고 일본 원전산업의 미래를 이야기한다면 대구 WEC 흥행의 빅카드가 될 것이라 생각했다.

히로세 나오미 사장과의 약속이 어렵게 이루어진 날, 나는 거의 모든 실내가 소등을 한 컴컴한 동경전력 사옥으로 들어섰다. 세계 최고의 효율을 자랑하던 'TEPCO'였다. 그러나 한전이 과거에 기술을 배우기 위해 그렇게 공손한 자세로 드나들던 그 회사가 맞나 싶을 정도로 동경전력의 분위기는 크게 위축되어 있었다. 일본 정부의 긴급 수혈을 받아 파산을 면한 동경전력은 다시 국유화되다시피 했고 경영진들은 대거 교체되었다.

사장과 인사를 나누고 조심스레 대구 WEC 연사로의 초청 의사를 밝히니 처음에는 다소 망설이는 듯하더니 오히려 세계 에너지 분야의 큰 마당에서 후쿠시마 원전사고의 상황을 소상히 밝히고 이와 같은 재앙이 다시 일어나지 않도록 경각심을 주는 것이 마땅한 도리라는 요지의 발언을 하며 승낙을 했다. 다만 하루하루 긴박한 상황이라서 연설 예정 당일 무슨 일이 생길 수도 있으니 무박이라도 다녀갈 수 있도록 최선을 다하겠다는 약속을 해주었다. 첫 단추는 잘 끼워진 셈이었다.

일본 기업 차원의 참가 유치도 중요했다. 일본은 에너지 분야 해외 사업을 주로 대형 종합상사들이 담당하고 있다. 그래서 한국과 해외에서 공동투자 사업을 하고 있거나 할 예정으로 있는 파트너 기업을 중심으로 방문 교섭을 했다. 이번에는 단순한 기업 차원의 참여뿐만 아니라 후원금을 지원하는 스폰서가 되어 달라고 부탁할 셈이었다.

먼저 일본 최대 기업인 미쓰비시상사의 사사키 미키오 전 회장과 현고바야시 켄 사장과의 면담을 추진했다. 이 과정에서 내가 산업자원부 차관 때 일본경제산업성 차관이었고 그 후 함께 양국의 수출보험공사 사장으로 오랜 친구 관계를 유지해온 곤노 미쓰비시상사 사외이사의 역할이 컸다. 미쓰비시상사는 한전 파트너로서 참가는 물론 스폰서 약속도 흔쾌히 해주었다. 일한경제협회 회장을 겸임하고 있는 사사키 미키오 고문은 일본 재계에서 막강한 영향력을 발휘해 미쓰비시상사뿐만 아니라 일본 업계의 참가 유치에도 큰 도움이 되어줬다.

이러한 여세를 몰아 미쓰이물산, 마루베니상사 대표들과의 면담까지 진행했다. 이들에게 대구 WEC가 갖는 글로벌 네트워킹 구축 및 협력 사업의 기회를 설명하면서 일본 대표 기업들의 상징적 후원의 중요성을 강조했다. 그러자 즉석에서 기업 참여와 후원 약속을 해주었다. 이는 정중한 요청에 대한 성의 있는 답이기도 했지만 세계 10대 전력회사 한전의 힘이기도 했다.

추가로 일본 최대 발전전문회사인 제이파워의 요시히코 나카가키 회장으로부터도 만찬 환대를 받으며 역시 스폰서 약속을 받아냈다. 중국에서 한전과 발전소 합작사업도 하고 있는 나카가키 회장은 한국말도 좀 하고 가야금 연주에 심취되어 있는 친한파 인사였다. 역시 동양권에서는 사전 네트워크가 아주 중요한 관건인 듯했다. 평소 친분관계가 있는 신각수 주일대사도 만나 일본 정부 등에 홍보 요청을 부탁했다. 그 결과 대구 WEC 일본 참가자는 약 300명에 달했다. 중국 다음으로 큰 참가단이었다.

세 가지 전략과 꽌시가 만든 중국 유치 결실 ─────

중국의 참가는 대구 WEC 성공을 가름하는 척도라 해도 과언이 아니었다. 중국이 참가한다면 우리도 참가단을 보내겠다는 국가와 기업들이 한둘이 아니었다. 그만큼 중국 에너지 시장의 위력은 가공할 만한 것이었다. 따라서 어설픈 유치활동은 피해야 했다. 오히려 역효과를 낼수도 있었기 때문이다. 특히 중국인들은 한 번 부정적인 입장을 드러내면 돌이키기가 어려운 사람들이기 때문에 유치 전략은 매우 신중하면서도 조직적이어야 했다.

첫 번째 전략은 중국 에너지 분야 정부와 단체, 업계 등에 대한 대구 WEC 알리기에서 시작되었다. 2013년 4월 25일 조직위원회는 WEC 런던 본부와 공동으로 중국인터내셔널서밋(China International Summit)이라는 홍보 세미나를 개최했다. WEC 런던 본부도 중국 참가의 중요성을 십분 인식하고 있었기에 피에르 가도닉스 의장과 크리스토프 프라이 사무총장 및 런던 본부 요원들이 대거 참석했다. 이 행사를 통해 중국을 위해 공을 들여 만든 중국어판 홍보 자료가 배포되었고 내가직접 영어로 프레젠테이션을 했다.

장관급인 전임 국가기획원장을 어렵게 따로 만난 자리에서는 막후에서 중국 정부에 영향력을 행사해주기를 부탁했다. 그러나 그의 반응은 신통치 않았다. 노력은 하겠지만 중국 정부의 WEC 런던 본부에 대한 인식이 그다지 호의적이지 않으니 어려움이 많을 것이라는 힘 빠지는 말만 했다. 이에 나는 평소 가깝게 지냈던 이규형 전 주중대사에게 중국 정부 설득 노력을 당부하는 한편 한전 중국 지사에도 유치 특명을 내렸다. 그러나 별 성과 없이 귀국하는 발걸음은 내내 무거웠다.

다음 과제는 신설된 중국 에너지부 장관에 대한 정중한 초청이었다. 신설된 에너지부 장관이 대구 WEC 참가를 발표해준다면 중국의 참가 유치 문제는 저절로 해결될 수 있는 상황이었다. 그만큼 중국 에너지 분야가 탑다운(top-down) 방식의 의사결정 구조였기 때문이다. 에너지부 장관 초청이 이루어지기 전, 나는 정홍원 국무총리를 예방하여 대구 WEC의 명예조직위원장 수락을 건의하고 대한민국 국무총리 명의로 중국 에너지부 장관은 물론 각국의 주요 에너지 관련 최고 책임자들에게 보낼 초청 서한을 부탁드렸다. 국무총리는 이를 흔쾌히 수락해주었고 곧바로 주한 중국대사와 주중 한국대사를 통해 각각 정중한 초청 요청이 전달되었다. 이후 끈질긴 초청에 중국 에너지부는 마지막 단계에서 차관이 참석하는 것으로 참가 수락 의사를 전해왔다. 장관 참석은 아니었지만 그나마 다행이었다.

성동격서 전략은 탁월한 성과로 이어졌다. 북경에서의 유치활동이 만만치 않았던 6월 어느 날, 나는 산시성 성도 타이위안(太原)으로 날아가 한전과 중국에서 화력발전소를 합작 운영하는 '격맹국제'를 방문했다. 한전과 성공적인 합작사업을 통해 수익을 창출하고 있는 격맹국제는 진심으로 한전을 도와 대구 WEC의 성공적 개최에 기여하고자 했다. 당연히 후원자로서 참여도 하고 공연단을 포함해 대규모 사절단을 구성해 참가할 것을 약속했다. 산시성 이소붕 성장과의 만찬도 주선해 성 차원에서 대표단을 구성하여 부성장을 참여시키겠다는 약속을 받아냈다. 소위 꽌시가 만들어낸 중국에서의 첫 번째 성과였다.

이 기세를 몰아 본격적인 베이징 공략도 나섰다. 이때는 대구 WEC가 중국에서도 꽤 알려지기 시작했고 한전과 협력관계인 중국전력협회가 앞장서서 유치활동을 전개하고 있는 중이었다. 중국의 최대 전력회사 중 하나인 대당집단 동사장과 중국석유화공 부총재, 중국석탄공사 대표 등과의 면담이 이루어졌고 대구 WEC 참가에 대한 긍정적인 반응도 얻어낼 수 있었다.

그러나 중국이 최대 참가국이 된 가장 큰 동기는 무엇보다 중국국가전망공사 동사장과의 면담이었다. 중국국가전망공사는 한국의 한전과 같은 공공기관으로서 중국 전체 전력망의 80퍼센트를 소유하고 있으며 〈포천Fortune〉 선정 세계 10대 기업에 들어가는 어마어마한 국가 기업이다. 직원이 200만 명에 보유 전력망은 한전의 10배 규모를 자랑하고 있다. 과거에는 한전 사장이 만나기도 쉽지 않았던 리젠야 동사장은 조직위원장과의 면담에서 본인 참석은 물론 중국국가전망공사 차원에서도 대거 참석하겠다는 약속을 흔쾌히 해주었다. 일대 쾌거가 아닐 수 없었다.

여기서부터 대구 WEC의 물꼬가 트였다. 중국국가전망공사가 참가하면 관련 기업들이 따라서 참가하게 될 것이고 정부의 참가도 낙관적으로 바라볼 수 있었다. 이 역시 중국국가전망공사와 한전과의 오래된 꽌시가 제대로 작용한 덕분이었다. 예상했던 대로 이후 중국 기업들의 참여 러시가 이어졌고 에너지부 차관의 참석과 함께 총회 참석자만 422명이 등록을 마쳐 대구 WEC 최다 참여자 국가가 되었다.

역대 최고 에너지 올림픽, 에너지 신사업의 싹을 틔우다 ───

이렇게 일본과 중국의 유치가 성사되자 그때부터 양상이 많이 달라졌다. 러시아, 사우디아라비아, 동남아 등 아시아 주요 나라들이 참석 통보를 해오면서 미국과 유럽 등지에도 불이 붙고, WEC 90년 총회 사상 최대 최고의 행사가 될 준비가 본격적으로 이루어지기 시작했다.

그러나 나는 WEC 개막을 앞두고 갓 입봉한 신인감독처럼 긴장했다. 죽을힘을 다해 만든 작품이라 해도 관객이 들지 않으면 그것으로 끝이다. 나는 영화를 개봉하는 날 극장 앞에서 마음 졸이는 감독의 심정이 되어 총회 개막식 앞에 섰다. 믿기 어려웠지만 관중들이 구름같이 몰려 들어가고 있었다. 형언할 수 없는 감동이 밀려왔다. 백만이라도 봐주면 다행이라고 생각한 영화가 관객 천만을 넘어선 공전의 대박 영화가 된 것이다. 바로 2013년 대구 WEC였다.

이번 총회는 20개국에서 총 7,500여 명이 참가했고, 일반 참가자들을 포함한 전시회 참관객은 3만여 명, 그리고 73개국에서 272명의 연사가 참석할 정도로 대성황이었다. 또 우리 중소기업들도 아람코, GE, 웨스팅하우스, 로스네프트, 중국국가전망공사, EDF 등 세계적인 에너지 기업들과 실질적인 비즈니스를 만들 수 있는 기회를 갖게 되었다. 유럽과 북미 위주의 총회 개최라는 기존의 한계를 넘어 역대 최고, 최대 총회 개최를 목표로 글로벌 기업 및 국내외 총회 참가자 유치를 위해 최선을 다한 결과였다.

그러나 촌각을 다투며 동분서주하면서도 내 머릿속에서는 밀양의 현장이 떠나지 않았다. 총회 준비기간과 운영기간에도 오전에는 정장을 입고 WEC 조직위원장의 역할을 했고 오후에는 갈등의 현장에서 작업복 차림의 사령관이 되어야 했다. WEC가 에너지의 미래에 관한 행사였다면 밀양의 갈등 현장은 에너지의 과거 모습이었다. 하루에도 미래

와 과거 사이를 몇 번씩 오가며 장면 전환이 쉽지 않았다. 그야말로 백투 더 퓨처(Back to the Future)와 백 투 더 패스트(Back to the Past)였다.

또 총회가 열리는 동안 그린피스 등 국제 환경단체들의 기습이 있지 않을까 우려했는데 오히려 밀양 시위대가 들이닥쳤다. 전 세계인들이 참석하는 행사였기에 안전 확보 등 만약의 사태에 대비해야 했다. 송전탑 건설 논란을 떠나 만약 시위로 인해 물리적 충돌이라도 발생할 경우 한전 이미지는 물론 국가 이미지에도 큰 타격을 줄 수 있는 상황이었다. 시위대는 광장에서 송전탑 공사를 중단하라는 기자회견을 열기는 했지만 한국에서 열리는 국제행사를 의식해서인지 총회기간 내내 피켓 시위만 조용히 하다 돌아갔다. 행사는 성공적으로 끝났지만 WEC와 밀양의 송전탑 갈등은 우리에게 시사하는 바가 많았다.

WEC는 세계 에너지 리더들이 한 자리에 모여 미래 에너지를 고민하고 토론하는 의미 있는 자리로서 한국 정부와 기업과 국민은 에너지 로드맵을 준비하는 계기가 되었고 이는 곧 개막되는 빅리그의 전주곡과 같은 의미가 있었다. 이로 인해 한국은 세계의 미래 에너지에 대한 안목을 넓히고 에너지의 새로운 추세, 정책의 변화, 시장의 변화를 안방에서 느끼면서 누구보다도 발 빠르게 빅리그에 진입하는 계기가 되었다. 이 기적도 뭔가 알 수 없는 힘이 대한민국을 어떤 방향으로 몰고 가려는 프로그램의 결과가 아니었나 하는 생각이 든다. 대구 WEC는 당초 예상과 달리 21억 5,000만 원의 흑자를 내고 이는 고스란히 에너지재단에 기금으로 전달되었다.

나는 대구 WEC가 무엇보다 전 세계 에너지 지도자들에게 현재 인류가 직면하고 있는 미래 에너지 핵심 현안에 대해 깊고 다양한 견해들을 청취하고 논의할 수 있는 장을 제공했다는 점에서 큰 의미를 두고 싶다. 특히 지금까지의 에너지 정책이 세계적으로 늘어나는 수요를 맞추기 위한 공급 확대에 초점을 두고 있었다면 이번 총회에서는 많은 참가자들이 에너지 효율 향상, 기술 발전 촉진 등 다양한 방법으로 합리적이고 과학적인 수요관리의 중요성을 강조했다. 이러한 변화는 이후 에너지 분야의 하이라이트가 되고 있는 에너지 신산업에 대한 국제적 공감대 형성의 단초가 되었다고 생각한다.

또한 세계에서 모인 에너지 관계자들에게 우리나라의 선진 에너지 기술을 제대로 보여줬으며, 에너지 관련 업계의 국제 비즈니스 역량을 한층 강화할 수 있는 입지도 마련했다. 대구에서 치러진 역대 최고, 최대의 에너지 올림픽 이후 한국의 토양 위에는 에너지 신산업의 싹이 다른 어떤 나라보다 일찍 트기 시작했다.

스마트와 그린을 품은 CEPSI 2014 제주 ————

WEC가 에너지의 올림픽이라면 CEPSI(아시아·태평양 전력산업 콘퍼런스)는 아시안게임이다. 범세계적인 행사였던 2013년 WEC에 이어 1년 뒤인 2014년에 개최된 CEPSI는 동아시아·서태평양 지역 전기공급산업협회(AESIEAP, Association of the Electricity Supply Industry of East Asia and the Western Pacific)가 2년마다 개최하는 '아시아인의 에너지

대제전'이다.

나는 AESIEAP 회장을 맡아 한국에서 처음으로 개최되는 CEPSI를 성공적으로 개최해야 한다는 미션을 갖고 있었다. 내게는 무거운 감투가 너무 많았다. WEC를 통해 에너지 산업 분야에서 아시아권 지역의 중요성을 느낀 아시아·태평양 지역의 전력산업 리더들은 흔쾌히 제주를 찾았다. 세계 최대 전력회사 중 하나인 중국국가전망공사 부사장과 남방전력망공사, 중국의 5대 발전회사 동사장 등 최고위급 인사를 비롯해서 대만, 인도, 말레이시아, 태국, 필리핀, 요르단, 뉴질랜드의 리더들도 참석했다. 또 캄보디아, 미얀마의 관계자들도 처음으로 참가해 총 35개국 약 2,000명의 에너지 리더들 및 국내외 주요 인사들이 한자리에 앉아 에너지 이슈를 논의했다.

이들의 주요 관심사는 향후 에너지 수요 성장은 아시아가 주도할 것이고 이에 따라 에너지 논의의 중심이 아시아로 옮겨올 것이라는 세계적인 전망 속에서, 에너지 신산업 분야에서 가장 앞서고 있는 우리나라의 에너지 신산업을 직접 체험하고 우리나라와 상생 협력하는 방안을 모색하는 데 있었다. CEPSI를 제주에서 개최한 이유 중 하나는 바로 이러한 꿈의 프로젝트를 주도하는 역사적 현장을 아시아의 에너지 리더들에게 생생하게 보여주기 위해서였다.

CEPSI 2014의 주제인 'Smart & Green Society 구현을 위한 전력산업의 역할 및 책임'과 아주 걸맞은 지역 제주는 우리나라 스마트그리드 사업의 거대한 테스트 베드 역할을 하고 있는 최초의 섬이다. 또한

'카본 프리 아일랜드'를 만들고자 신재생에너지 및 전기차 보급 100퍼센트 달성을 위해 노력하고 있는 곳이기도 하다.

제주도 조천변전소에는 우리나라 최초로 8,000kWh급의 대용량 ESS가 실증 운영되고 있다. 어디 그뿐인가. 제주도 옆 가파도는 '에너지 자립섬'이다. 이 섬은 기존 발전시설을 유류에서 태양광, 풍력 등 신재생에너지로 바꾸고 에너지저장시스템을 설치해 친환경적이면서도 에너지를 자체 생산해 활용하는 섬으로 탈바꿈했다. 일명 '마이크로그리드' 실증 사업 중심 프로젝트다. 섬 전체를 기후변화를 야기시키는 탄소에서 자유로운 섬으로 탈바꿈시키는 꿈의 프로젝트를 시도하고 있는 것이다.

친환경 에너지 자립섬 조성사업은 기존 디젤발전 중심의 도서 전력 공급 체계를 신재생에너지와 ESS를 결합한 친환경에너지로 대체해 수익을 창출하는 사업이다. 한전은 그동안 가파도 등의 프로젝트를 통해 얻은 노하우와 기술을 활용해 국내 도서지역에서 친환경 에너지 자립섬 조성을 확대해나갈 계획이다.

CEPSI 2014의 개회식 기조 연설자로는 리루거 중국국가전망공사 부사장이 나섰고 강연은 카오 페이시 중국 화능집단공사 회장이 맡았다. 화능집단과의 협약은 실질적이고 구체적인 협력사업으로 진전되어 이제는 세부적인 협력 방안을 논의하는 수준에까지 이르렀다. 또 이때 초청되었던 히말라야 산맥의 행복한 나라 부탄에는 얼마 전에 직접 방문해 2,560만 달러 계약을 맺고 돌아왔다.

나는 기조연설과 CEO 라운드테이블, 특별 세션과 400여 건의 논문 발표 세션 등 4일간의 CEPSI 2014 회의를 지켜보면서 'One Asia'를 다시 느꼈다. 또 아시아의 에너지 미래를 위해 아시아 각국의 소통과 협력이 중요한데 이러한 측면에서 이번 CEPSI 2014가 '하나의, 그리고 새로운 아시아'로의 여정을 앞당기는 계기를 마련해줬다고 생각한다. CEPSI 2014 역시 2억 3,000만 원의 흑자를 내며 막을 내렸다. 이 흑자분은 우리의 현재와 미래 고객인 말레이시아 등 동남아의 전력연구원 등에 기부되었고 공동 프로젝트 개발과 수행에 쓰이고 있다.

한전에서 보낸 3년의 시간은 나에게 분명 혹독한 시련의 시간이었다. 한 가지도 해결하기 힘든데 7대 난제가 한꺼번에 몰려드는 최악의 상황에서 '사장노릇'은커녕 '대책반장'으로 정신없이 전선(戰線)을 뛰어다녔다.

그렇게 3년간 인고의 시간이 흐른 지금, 7대 난제는 거짓말처럼 다 해소되고 한전은 기적처럼 다시 부활했다. 만성 적자기업이라는 주홍글씨를 떼어내고 사상 최대의 실적을 올렸으며, 2만 원대를 오르내리던 주가는 6만 원을 넘나드는 '블루칩'으로 탈바꿈했다. 한전의 국제 신용등급은 세계 유틸리티 기업 중 가장 높아졌고, 〈포브스〉가 선정한 세계 4위 유틸리티의 반열까지 올랐다.

블랙아웃을 걱정하던 전력수급도 안정되었고, 끝이 보이지 않던 밀양에서도 마침내 전깃줄은 이어졌다. 흑자 전환으로 투자 여력이 생기면서 세계시장에서 내로라하는 강호들과 동등하게 겨룰 수 있는 탄탄한 경쟁력도 갖추게 되었다.

개혁의 대상에서 선도자로… 숨 가쁘게 이루어낸 에너지 공기업 한전의 대반전이 더욱 의미가 있는 이유는 우리가 인류의 삶과 문명을 모조리 바꿀 거대한 '신에너지 혁명'의 시작점에 와 있기 때문이다. 지구촌에 대재앙을 일으키는 기후변화에 맞서 인류를 구하고 침체의 늪에 빠진 세계경제에 활력을 불어넣어줄 에너지 신산업은 과연 어떤 모습일까? 지금 세계 에너지 시장에는 어떤 일이 벌어지고 있는 걸까? 그리고 다시 부활한 한전은 대한민국의 미래에 어떤 의미가 있는 걸까?

電 力

2
장

새로운 큰판이
벌어지고 있다

세계 에너지 시장에 부는 변화의 대폭풍

投 球

電 · 力 · 投 · 球

제6의 물결이
몰려온다

지구온난화가 불러온 대재앙, 막을 수 있나? ─────

2016년 첫 달, 제주의 하늘길이 꽁꽁 얼어붙었다. 한꺼번에 몰아친 초강력 한파와 폭설, 강풍으로 제주를 오가는 항공편과 배편이 올스톱되면서 약 50시간 동안 7만여 명의 발이 묶여버렸다. 수천 명이 노숙을 하면서 제주공항은 거대한 대피소가 되었다. 내륙도 15년 만의 한파로 강원도 철원이 영하 20도, 서울이 영하 18도까지 내려갔다. 광주와 전남에도 기록적인 폭설과 한파가 찾아와 우리나라는 그야말로 '寒반도'가 되어버렸다. 우리나라뿐만 아니다. 미국 동부 지역은 최고 100센티미터가 넘는 폭설과 초속 85킬로미터가 넘는 강풍으로 지하철과 공항이 폐쇄되었고 자동차 운행까지 전면 금지되는 등 도시 기능이 완전히 마비되어버렸다.

미국 언론에서는 기록적인 폭설을 지칭하는 '스노마겟돈(snowmageddon, 눈과 최후 종말을 뜻하는 아마겟돈을 합친 말)'과 '스노질라(snowzilla, 눈과 가상의 괴물 고질라를 합친 말)'라는 신조어로 이상기후를 표현했고 중국에서는 '패왕급 한파'라는 이름까지 붙여진 추위가 역대 최저 기온 기록을 갈아치웠다.

이러한 '빙하기급' 한파가 몰아친 원인은 지구온난화 때문이라는 의견이 지배적이다. 전문가들은 북극 상공의 차가운 기류인 '폴라보텍스(polar vortex)'라는 공기주머니가 내려오면서 한파가 발생했다고 분석한다. 찬 기류를 막아두는 역할을 하는 제트기류가 지구온난화로 인해 느슨해지면서 찬 공기가 빠르게 쏟아져 내렸다는 것이다. 그동안 〈투모로우The Day After Tomorrow〉 같은 영화에서나 보았던 기상이변이 현실이 되어버린 것 아닌가 하는 우려가 든다.

지구온난화의 원인으로는 화석연료 사용 등으로 인한 온실가스 배출과 태양의 흑점 활동에 의한 주기적인 현상이 지목되면서 논쟁이 되어왔다. 하지만 이런 논란들은 서서히 종식되고 온실가스 배출 증가가 주범이라는 이론이 대다수의 공감을 얻고 있다. 이제 온실가스 배출은 인류의 생존과 직결된 문제가 되었다.

2015년 12월 12일, 전 세계의 유엔기후변화협약 당사국 대표는 온실가스 배출을 규제하기 위한 파리협정을 만장일치로 통과시켰다. 파리 총회장에서 각국의 정상들은 온실가스 감축의 필요성과 자국의 감축목표를 핵심 메시지로 던졌고 박근혜 대통령은 "에너지 신산업으로 온실가스 감축과 세계경제 성장이라는 범지구적 목표를 동시에 이루자"는 화두를 던졌다. 이 자리에서 에너지 신산업 육성 목표치와 구체적인 실천 방안까지 제시한 정상은 아마 세계에서 유일했던 것 같다.

지구촌의 엄청난 기후 재앙을 막기 위한 기후변화 대응은 더는 미룰 수 없는 중차대한 사안이다. 또한 이러한 대응책의 일환으로 다른 어떤 부문보다 에너지 신산업의 역할이 중요해질 것으로 보인다. 에너지 신산업은 에너지와 ICT 기술이 융합되어 에너지 효율을 높이고 온실가스 배출량을 감축하는 데 큰 역할을 할 수 있을 것으로 보이며, 인류의 삶과 생활 방식은 물론 사회와 산업 전체의 변화까지 몰고 올 것으로 전망된다.

에너지 신산업에는 다양한 분야가 있다. 신재생에너지 분야와 더불어 전력망과 ICT가 융합되어 똑똑한 전력망을 만드는 스마트그리드, 스마트그리드 기술을 섬 등지에 소규모로 설치하는 마이크로그리드 등이 대표적인 분야다. 또 그동안 불가능하다고 생각했던 에너지 저장을 가능하도록 해주는 ESS, 전기차 충전 인프라, 스마트계량기, 전력 빅데이터와 사물인터넷, 석탄화력발전소의 이산화탄소 배출을 줄여주는 CCS(Carbon Capture & Storage, 이산화탄소 포집 및 저장기술)와 IGCC(Integrated Gasification Combined Cycle, 석탄가스화복합발전) 등이 대표적이다. 그래서 도시나 빌딩 단위의 에너지 효율을 높이고 스마트하게 만드는 스마트시티, 스마트빌딩, 스마트 공장을 만들어내는 것이 에너지 신산업의 최종 목표이기도 하다.

에너지 분야의 성장동력 산업화를 위한 시장 선점 경쟁은 이미 뜨겁게 달아오르고 있다. 전 세계를 무대로 하는 에너지 빅리그에 출전한 팀 코리아도 이제 세계 에너지 시장을 향해 강속구를 던져야 할 때다.

저성장의 뉴노멀 시대, 탈출구는 없는가? ────────

나는 한전에 오기 전부터 역사, 그중에서도 국가와 기업 혁신의 역사에 대한 강연을 많이 해왔다. 산업과 통상 분야에서 오랫동안 일하다 보니 자연스럽게 이쪽 분야에 관심을 가질 수밖에 없었고 또 흥미도 생겨 파고든 것 같다.

세계 역사는 혁신과 거품이 반복되어왔다. 15세기에 세계의 패권을 잡은 나라는 포르투갈과 스페인이다. 바스코 다 가마와 크리스토퍼 콜럼버스의 대항해를 뒷받침하는 항해술과 선박 제조술이라는 혁신적 기술이 있었기 때문이다. 식민지에서 막대한 자원을 가져와 천문학적 부를 쌓았던 이들 국가는 당시 브레인 역할을 하던 이교도인 유태인과 아랍인들을 쫓아내고 제조업 기반이 붕괴되면서 역사의 뒤안길로 사라졌다.

이들의 뒤를 이은 신흥 강호는 네덜란드다. 네덜란드는 포르투갈이나 스페인의 이민자들과 프랑스의 신교도 등 각국에서 박해받던 인재들을 받아들여 사상을 꽃피우고 경제를 키웠다. 세계 최초의 주식회사, 은행과 같은 혁신적 시스템도 만들었다. 그러나 역사상 최고의 번영이라 할 만큼 막대한 부를 쌓았던 네덜란드도 투기 거품의 시초가 된 튤

와 비앙카 노그래디가 그들의 저서 《제6의 물결The Sixth Wave》에서 앞으로 30년을 지배할 혁신 물결을 표현하기 위해 쓴 용어다. 두 저자에 의하면, 제6의 물결은 버려지는 자원을 재활용하는 기술이 각광받는 시대를 의미한다. 이들은 자원 희소성과 대규모 비효율성이 오히려 시장의 중대한 기회가 될 것이라고 내다본다. 오늘날의 세상이 풍부하고 값싼 에너지원을 마음껏 활용하던 시대에서 점차 부족해지는 자원을 관리하면서 재활용하는 시대로 옮겨가고 있기 때문이라는 것이다.

제6의 물결이라는 용어 자체도 흥미롭지만 이 메시지 안에 담겨 있는 의미가 기후변화, 에너지 신시장의 급성장과 같은 현재의 상황과 잘 맞아떨어져서 많은 공감대가 형성된다. 내가 2013년부터 강의나 언론 인터뷰를 할 때 제6의 물결에 대해 꾸준히 이야기했으니, 이 용어를 대중화시키는 데 어느 정도 기여한 셈이다.

그렇다면 그동안 인류의 삶을 바꿔온 5개의 혁신 물결은 무엇일까? 인류사를 보면 성장 패러다임을 완전히 바꾼 혁신적인 전환기들이 있다. 러시아의 경제학자 니콜라이 콘트라티에프는 산업화 이후 200여 년간 세계경제는 50년 주기로 성장과 쇠퇴를 반복했다고 주장한다. 이른바 '콘트라티에프 파동' 이론이다.

이들의 주장에 의하면, 1780년대 수력과 방적기의 산업혁명이 '제1의 물결'이고, 1840년대 증기기관과 철도로 대표되는 교통혁명은 '제2의 물결'이다. 그리고 1890년대의 전기와 철강, 중공업 대량 생산체제는 '제3의 물결'이다. 20세기 초반 영원히 끝나지 않을 것 같았던 대공황은 석유라는 값싼 에너지와 자동차라는 혁신 상품을 만나면서 탈출구를 찾았는데 이것이 '제4의 물결'이다. 또한 1970년대 두 차례의 오일쇼크로 휘청대던 세계경제는 PC와 가전으로 시작되는 정보통신 혁명이 활로를 열어주었다. 이른바 '제5의 물결'이다. 정보통신 혁명은 인터넷, 무선전화, 스마트폰으로 히트상품을 잇달아 내놓으면서 지난 40~50년간 세계경제에 활력을 불어넣었다. 그리고 이제 지지부진하고 불확실한 세계경제의 중요한 돌파구가 되고 있는 분야가 바로 에너지 신산업 분야다. 제6의 물결, 한국 경제의 한 가지 희망이 되고 있다.

앞으로 신에너지는 어떤 변화의 물결을 일으킬까? 세계경제를 바꿀 혁신에는 반드시 수반되어야 할 것이 있다. 새로운 수요를 자극해야 한다. 그래야 제조업이 살고 소비가 늘고 자본이 돈놀이가 아닌 생산적인 곳에 투자되면서 선순환을 이끌어낼 수 있다.

에너지와 ICT 융합이야말로 이러한 선순환을 이끌어낼 수 있는 분야다. 물론 바이오, 신약, 헬스 분야를 미래 경제를 이끌 차세대 간판주자로 꼽는 사람들도 있고 로봇, 사물인터넷 같은 IT 융합기술을 지목하는 사람들도 있다. 인간의 평균수명 증가와 ICT 기술 발달로 비춰볼 때 이 분야도 유망하기는 하다. 하지만 에너지는 산업 전반에 걸친 연관성이 있고 파급효과가 훨씬 더 크다는 강점이 있다. 무엇보다 중요한 것은 에너지는 인류의 생존과 직결된다는 점이다. 인류가 멸망하지 않는 한 같이 갈 수밖에 없는 산업인 것이다.

온실가스 감축이 지구촌의 화두로 떠오른 지금, 에너지 혁신이 그 해

답이 되고 있다. 에너지 혁신은 자원 한정 시대라는 명제에서 출발한다. 과거 산업혁명 이후의 고성장 시대는 풍요의 시대였다. 풍부한 자원과 기술이 결합되어 새로운 상품이 쏟아져 나왔고, 이 물건들이 날개 돋친 듯 팔려나가면서 세계경제는 호황을 누렸다. 하지만 장기 저성장 시대에는 한정된 자원을 어떻게 효율적으로 투입하느냐가 중요해졌다. 자원 이용 효율화를 위한 혁신이 필요해진 것이다.

우리나라 4인 가족이 한 달간 배출하는 탄소량은 평균 103킬로그램으로, 이 정도의 탄소를 없애려면 매달 소나무 37그루를 심어야 한다. 커피 한 잔을 만드는 데는 132리터의 물이 사용되고 340그램의 탄소가 배출된다. 중형 승용차로 한 달간 1,000킬로미터를 주행한다면 232킬로그램의 탄소가 배출되는데, 이는 소나무 84그루를 심어야 없앨 수 있는 양이다.

에너지 혁신은 이런 무분별한 소비에 의한 자원 고갈을 위기로 인식하고 지구 환경을 보존하면서 동시에 성장을 추구한다. 또한 기후변화에 심각한 영향을 미치고 고갈 위험에 처한 화석연료가 아닌 새로운 청정 에너지원을 대안으로 찾는다.

에너지와 ICT가 융합되어 인류의 생활과 문명을 바꾸고 새로운 수요를 만들어 세계경제의 성장을 견인할 에너지 혁신은 화석연료 시대가 남긴 물 부족 문제와 탄소 감축 문제도 해소할 수 있다. 그렇다면 지금 에너지 시장에는 어떤 일이 일어나고 있는 걸까?

셰일가스, 희망의 에너지인가

셰일가스는 구원투수가 될 것인가? 아니면 '원 포인트 릴리프(한 타자만 상대하기 위해 등판한 구원투수)'에 그칠 것인가? 2012년 초, 미국 버락 오바마 대통령은 연두교서 방송에서 셰일가스로 미국의 제조업이 다시 살아나고 경제가 부흥할 것이라고 말했다.

미국은 미국 전역에 거의 100년간 천연가스를 공급할 수 있으며, 미 행정부는 이것을 안전하게 개발하기 위해 모든 조치를 취할 것입니다. 전문가들은 셰일가스 수출로 미국에 10년간 60만 개 이상의 일자리를 창출할 것으로 기대하고 있습니다.

— 오바마 대통령 연두교서 내용 중

당시 나는 오바마 대통령의 이와 같은 언급을 이해하기 어려웠다. 그런데 그 궁금증은 얼마 후 풀렸다. 셰일가스가 위력을 보여주기 시작했기 때문이다. 실제로 최근 10년 사이에 세계경제에 가장 강력한 충격을 준 것이 셰일가스의 등장이라고 해도 과언이 아니다. 값싼 셰일가스의 등장으로 가스와 석유 가격은 뚝뚝 떨어지기 시작했다. 연료비 부담이 줄어드니 자동차 경기가 살아나고 리먼 사태 이후 죽어가던 미국의 자동차 수도인 디트로이트도 활력을 되찾았다. 원가절감은 'Made in USA'의 경쟁력을 높여줬고 제조업도 다시 부활했다. 미국에서 셰일가스는 분명 성공한 구원투수였다.

최근 미국은 40년 만에 원유 수출을 재개했고 수년 내에 천연가스 순수출국으로 바뀐다고 하니 에너지 안보 측면에서도 셰일가스는 '잘 키운 엄친아'다. 전력산업에도 변화의 바람이 불고 있다. 1990년 미국의 전체 발전량 중 12퍼센트 정도였던 가스 발전량의 비중이 점차 높아져 2040년에는 31퍼센트까지 높아질 것으로 전망된다.

에너지 안보와 자원 확보에 혈안이 되어 있는 각국에게 셰일가스와 셰일오일은 산유국들의 콧대를 납작하게 만들어줄 회심의 반격 카드가 되었다. 2013년 미국 에너지정보청(EIA)의 보고서에 따르면, 미국 천연가스 생산량 중에서 셰일가스 비중은 2000년경 상업적 생산이 시작된 이래 개발이 본격화되면서 2012년에는 40퍼센트까지 훌쩍 뛰었다. 값싼 셰일가스의 등장으로 선택 옵션도 풍부해졌다. 일본과 중국도 중장기적으로 가스 발전의 비중을 높일 계획이라고 한다. 물론 그 배경에는 셰일가스의 등장이 있다.

그렇다면 셰일가스는 세계의 구원투수였을까? 셰일가스는 국제 에너지 가격을 안정시키긴 했지만 석유수출기구(OPEC)를 중심으로 한 석유 진영과 피를 흘리며 싸우고 있다. 이 싸움이 끝나면 장기적인 에너지 가격이 어떻게 될지는 아무도 알 수 없다. 기술력을 확보한 미국 이외의 나라에서는 아직 셰일혁명의 혜택을 보지 못하고 있다. 셰일 자원은 중국이나 캐나다도 보유하고 있지만 기술은 미국을 따라가지 못한다. 따라서 이들 국가가 단시간에 미국처럼 셰일가스를 통해 전체 산업의 경쟁력을 높이기는 어렵다.

셰일가스의 미래가 궁금해진다. 셰일가스는 2013년 현재 확인된 채굴 가능 매장량이 약 1,750억 톤이라고 한다. 중국이나 유럽 국가들이 개발을 시작하면 장기적인 에너지 가격 안정에 도움을 줄 수 있다. 셰일가스로 전기를 생산할 경우 탄소배출량이 석탄 발전에 비해 절반 수준이니 온실가스 감축 측면에서도 장점이 있다.

하지만 수압으로 바위를 깨는 과정에서 수질 오염이 발생하고 메탄가스 같은 대기오염 물질이 배출되어 새로운 환경오염의 원인으로 지적받고 있다. 셰일가스가 세계 에너지 판을 휩쓰는 메가톤급 폭풍이 될지, 아니면 잠시 지나가는 돌풍으로 그칠지는 좀 더 지켜봐야겠다.

에너지 패권, 치킨게임의 끝은 어디인가 ────

2000년대 이후 세계경제에 큰 충격을 줬던 사건이 2001년 9·11 테러와 2008년 글로벌 금융위기다. 그런데 최근 지구촌에 가장 파괴적인 형태로 충격을 주고 있는 사건이 있다. 바로 급격한 유가 하락이다. 에너지 업계에 상상도 못했던 대사건이 일어나고 있는 것이다. 불과 2~3년 전만 해도 100달러대를 오르락내리락했던 유가는 연일 급락해 지금은 30~40달러대를 오락가락하는 상황이다. 금년도 유가 최고가 전망도 50달러를 넘지 않는다. 문제는 유가가 떨어지면서 세계경제에 어두운 그림자를 드리우고 있다는 것이다.

유가가 떨어지면 기업과 경제에 많은 혜택이 있을 것 같은데 최근 세계경제는 오히려 저유가 쇼크에 빠져 있다. 저유가가 일부 산유국들을 제외하면 세계경제에 도움이 된다는 지금까지의 상식이 뒤바뀌고 있는 것이다.

우리 경제만 해도 저유가 흐름이 계속되면서 수출이 곤두박질치고 있다. 정부 발표에 따르면, 2016년 1월 수출이 2015년 같은 달보다 18.5퍼센트나 감소했다. 특히 유가 급락으로 석유 제품과 석유화학 수출이 각각 35.6퍼센트, 18.8퍼센트 급락해 직격탄을 맞았다. 신흥시장의 수요 감소로 자동차 수출도 21.5퍼센트 줄었고 가전과 선박 수출도 30퍼센트 가까이 떨어졌다. 국내 경제를 들여다보면 저물가가 저성장으로 이어지는 디플레이션이 남의 이야기가 아니다.

이처럼 국제 에너지 가격의 변동 폭이 점점 더 커지고 있다. 오일 진영과 셰일 진영은 처절한 치킨게임 중이고 각 진영 내에서도 복잡한 이해관계가 얽히고설켜 있다. 과거에는 이쯤 되면 산유국이 공급량을 줄이면서 유가를 끌어올렸을 텐데 아직 감산이 공감을 얻지 못하고 있다.

에너지는 갈수록 정치 무기화되고, 전쟁의 요인이 되고, 세계 갈등의 원인이 되고 있다. 오늘날 이슬람 무장단체 IS(Islam State)가 이렇게 세력을 키운 것도 결국 탈취한 유전 지역에서 만든 자금력 때문이라는 분석도 있다. 미국 역시 정책 최우선 순위를 에너지 정책에 두고 있다. 외교, 안보, 경제 정책을 짤 때 안정적이고 경제적인 에너지 공급을 가장 먼저 고려한다. 러시아도 가스관을 잠갔다 열었다 하면서 유럽과 우크라이나, 벨라루스 같은 주변국에 정치적 영향력을 행사하고 있다.

다른 수출산업이 마땅치 않은 경제를 생각하면 그나마 석유 수출로 들어오는 외화를 쉽게 포기할 수도 없는 상황이다. 베네수엘라는 석유 수출을 통해 미국의 영향력에서 벗어나려고 했지만 지금은 유가가 떨어지면서 세계에서 가장 불쌍한 나라가 되었다. 터줏대감 중동도 마찬가지다. 셰일 진영과의 치킨게임 속에서 국제 유가를 쥐락펴락하던 모습은 온데간데없다. 여기에 경제 제재에서 풀린 이란도 원유 수출을 재개해 유가 하락에 불을 지폈다.

이러다 보니 마르지 않을 것 같았던 곳간을 자랑하던 사우디아라비아도 국채를 발행하기 시작했다. 정부 재정의 90퍼센트를 의존하던 석유 수익이 줄어들면서 사상 최대의 재정 적자가 예상되었기 때문이다.

최근에는 부가가치세 도입
을 검토하는 등 재정 개혁까지
시도하고 있다. 이는 곧 '무세금 정
책'의 포기를 의미한다. 결국 셰일 진
영과의 주도권 싸움이라고 볼 수 있는데
셰일 쪽도 밀리지 않고 있다. 물론 미국의 많
은 세일가스 개발회사들은 문을 닫았지만 살아남
은 곳들은 오히려 버틸 수 있는 경쟁력이 강해졌다고
볼 수도 있다.

　2013년 대구에서 세계에너지총회가 개막되었을 때 사
우디아라비아 국영 석유회사 아람코의 알 팔리 회장, 네덜란
드계 로열더치셸의 피터 보저 대표, 러시아 가즈프롬의 알렉산드르 메
드베데프 부회장 등 거물급 에너지 수장들이 몰려왔다. 이들은 자신들
의 오랜 오아시스였던 석유와 가스가 더 이상 목마름을 해결해주지 못
한다는 것을 잘 알고 또 다른 오아시스를 찾기 시작했다. 나는 대구에
서 열린 세계에너지총회가 그 안내자 역할을 해줬다고 생각한다.

　앞으로 국제 유가가 이런 추세로 계속 떨어지고 수자원이 점차 고갈
되면 전 세계가 중동 국가처럼 석유 팔아서 물 사먹는 시대가 올지도
모른다. 그렇다면 유가가 더 내려갈 경우 신재생에너지 같은 청정에너
지가 설 자리는 없어지는 것일까? 화석연료와 신재생에너지의 관계는
가격이나 자원 고갈의 문제로 해석해서는 안 된다. 기후변화라는 지구

생존의 문제로 먼저 접근해야 한다.

신재생에너지에 걸어보는 에너지의 내일 ─────

'신재생에너지' 앞에 붙은 '新'자는 언제쯤 떨어지게 될까? 우리나라에 신재생에너지 시범단지가 설치되기 시작한 것은 1990년대 무렵이다. 신재생에너지라는 용어를 사용하기 시작한 것은 이보다 훨씬 더 오래된 것 같은데 아직도 '新'자를 붙이고 있다. 특히 유럽의 덴마크나 독일 같은 곳에서는 신재생에너지 발전 설비 비중이 이미 40퍼센트를 넘어섰고, 신재생에너지의 전력 생산량이 원자력이나 석탄 등 기존 발전소의 전력 생산량을 넘는 날도 있다고 하니 이제 '新'자를 뗄 날도 멀지 않은 것 같다.

신재생에너지 발전의 역사는 다른 에너지원보다 짧지만 많은 부침을 겪어왔다. 과거 신재생에너지 메이저 플레이어 중에서 살아남은 기업은 얼마 안 된다. 독일의 큐셀, 일본의 샤프 등 전통의 강자들을 모두 쓰러트리고 세계 태양광 업계를 평정했던 중국의 선텍 파워는 계속된 태양광 경기 악화를 견디지 못하고 2013년 파산해 업계를 충격에 빠트렸다. 중국 최대 부호 자리까지 올랐던 스정룽 회장은 자신의 회사에서 해고되는 처량한 신세가 되었다.

하지만 탄소 감축 문제가 현실로 다가오고 기술이 발달되면서 신재생에너지의 봄이 다시 찾아오고 있다. 2040년 세계 신재생에너지 시장은 현재보다 2.6배 커질 것으로 보인다(IEA, 〈세계에너지전망 2015〉). 전체

발전 설비 증가분의 54퍼센트를 차지하는 신재생에너지의 비중은 22퍼센트에서 34퍼센트로 높아질 것으로 전망되고 있다. 세계적으로 보면 2015년부터 신재생에너지 부문 증설이 기타 부문을 앞서기 시작했다.

더 자세히 살펴보면, 2015년부터 2040년까지 전 세계의 발전 설비 증가분 중 54퍼센트를 신재생에너지가 차지할 것으로 예상되며 1,451GW의 풍력, 1,127GW의 태양광이 쌍두마차가 될 전망이다. 지역별로 보면, 새로 생기는 신재생에너지 설비의 63퍼센트는 개발도상국에 설치될 것으로 예상되며, 중국이 24퍼센트로 선두를 차지할 것으로 보인다.

심지어는 사우디아라비아, UAE 같은 산유국들도 이제 신재생에너지에 배팅하고 있다. 저유가와 석유 자원 고갈이라는 미래의 위협을 신재생에너지로 대비하고 있는 것이다. 마침 열사의 나라 중동 국가는 태양광의 품질이 훌륭하고 풍력발전소를 지을 부지도 충분하다. 각국의 이런 열의는 필연적인 것으로 보인다. 신재생에너지는 이제 선택의 문제가 아닌 것이다.

신재생에너지의 잠재량은 실로 무궁무진하다. 풍력은 입지의 문제가 있지만 세계 에너지 수요를 모두 충당할 잠재력을 갖고 있다. 풍력발전을 지상에서 100미터 위로만 높여도 두 배 이상의 에너지를 얻을 수 있고, 입지 문제도 해결할 수 있다. 이런 기술들은 이미 실증 단계에 도달해 있다.

여러 가지 견해가 있지만 화석연료의 남은 수명은 잘해야 100년이라고 한다. 석탄이 그나마 제일 많이 남아 있다. 하지만 점차 석탄화력발전을 제한하는 나라가 늘고 있다. 중요한 것은 남은 부존량이 아니라 기후변화 대응을 위한 신재생에너지로의 전환이 이제는 필연적이라는 점이다. 나는 21세기가 요구하는 에너지의 기반 시설을 준비해야 한다고 생각한다. 그것이 바로 에너지의 내일이다. 그리고 그 투자는 지금이 골든타임이다.

제5의 에너지는 '효율과 절약'

지금이야 정확한 뜻을 알고 있지만, 한전에 와서 에너지와 관련한 외부 강의를 할 때 강의 자료에 있던 '네가와트(negawatt)'라는 용어를 '메가와트(megawatt)'로 알고 잘못 말했던 기억이 있다. 그런데 네가와트의 뜻을 들여다보면 참 재미있는 용어라는 생각이 든다. 'negative'에 전기 사용량 단위인 'megawatt'를 결합시킨 말이기 때문이다. '절전이 곧 발전'이라니 참으로 창의적인 발상이 아닌가. 네가와트라는 용어가 생경하게 들리는 사람도 있겠지만 네가와트는 이미 우리 생활 속 깊숙이 들어와 있다.

얼마 전 '지능형 변전소' 수출 계약을 위해 히말라야의 두메산골로 불리는 부탄을 찾았는데 그곳에서도 이 용어를 알고 있을 정도니 에너지 분야에서는 이미 보편적인 용어가 된 것 같다. 그만큼 에너지 절약과 효율은 범지구적 이슈다.

신재생에너지가 친환경에너지라고는 하지만 소음이나 도시 미관을 저해하고, 생산된 전기를 흘려보내는 과정에서 발생하는 환경오염은 피할 수 없다. 하지만 절약과 효율은 거대한 발전소도 필요 없고 태양광이나 풍력처럼 자연 자원을 이용하지도 않는다. 2009년 초, 미국 시사주간지 〈타임Time〉에 '에너지 절약은 제5의 에너지'라는 제목의 기사가 실렸는데 불, 석유, 원자력, 그리고 수소와 태양에너지에 이은 제5의 에너지를 절약과 효율이라고 명명했다. 생각할수록 놀라운 의미를 지닌 제5의 에너지다.

1973년 오일쇼크가 발생하지 않았다면 전 세계는 여전히 석유를 펑펑 써대고 있을지도 모른다. 당시 미국, 유럽, 일본 등 주요 석유 소비국들은 에너지 효율화 사업을 시작하며 위기를 해소해나갔는데, 이때 절약한 에너지의 양이 어마어마한 수준이었다고 한다. 그만큼 탄소배출량도 줄어들었다는 이야기가 된다. 신기후체제 시대에 신재생에너지와 에너지 효율이 더욱 중요해지는 이유다.

최근 전 세계가 국가 우선순위 정책으로 관리하거나 방대한 투자를 하고 있는 분야가 바로 효율이다. 미국은 에너지정책법(EPAct, Energy Policy Act)에 따라 주정부 차원에서 전력과 천연가스 공급자를 대상으로 에너지 효율을 관리하고 있다. EU는 백색인증제도(white certificate)를 통해 에너지 공급자의 효율 향상을 유도하고 있으며, 프랑스는 연간 에너지 판매량이 400GWh 이상인 전기, 천연가스, 가정용 연료, 냉난방 공급업체들을 대상으로 에너지 절약 목표를 의무화하고 있다.

2013년 대구 세계에너지총회 때 참석자들의 관심 속에 가장 활발한 발표와 토의가 이루어졌던 분야도 바로 효율이었다. 전 세계 에너지 효율 시장 규모는 현재 3,600억 달러가 넘고 지금 이 시간에도 기하급수적으로 커지고 있다. 나는 빌딩, 가정, 산업, 수송 등 전반에 걸친 효율 향상이 필요하지만 가장 시급한 분야는 빌딩이라고 생각한다. 우리나라 건물들에서는 에너지가 줄줄 샌다. 오래전에 지어진 한전 지사 건물들이 대표적인 예다.

　그래서 나는 한전 사옥마다 지붕 꼭대기에 작은 태양광발전 설비를 달고 EES와 에너지관리시스템을 설치하도록 했다. 전등도 LED로 바꾸고 효율이 높은 고효율 기기를 들여놓았다. 이것이 바로 스마트그리드 스테이션이다. 이런 시스템을 한전 구리지사 사옥에 가장 먼저 설치했는데 효과가 좋아 전국의 한전 지사는 물론 일반 건물들까지 확대하고 있다. 이는 BEMS(Building Energy Management System, 건물에너지관리시스템)라는 이름으로 크게 확산될 전망이다.

　효율에는 전기의 사용시간을 옮겨 절약하는 '전력 수요관리'도 있다. 우리는 모든 시간대에 일정한 양의 전기를 쓰지 않는다. 여름철 낮 시간 같은 피크시간대에는 전기 사용량이 늘어났다가 나머지 시간에는 줄어든다. 하루 24시간, 1년 365일, 8,760시간 중 잠깐에 불과한 이 피크시간을 위해 새로운 발전소를 건설해야 된다. 이런 피크 전력 수요에 대비해 발전소를 더 짓는 대신 시간대별 전기 사용량을 관리하는 것이 바로 수요관리다. 소비자들이 아낀 전기를 전력회사에 되팔 수

있는 전력 수요자원 거래(demand response)는 미국 등 선진국에서는
활성화되어 있으며, 국내에서도 2년 전부터 운영되고 있다.

탄소 포집기술, 석탄화력발전소에 새 숨을 불어넣다 ────

외국의 에너지 관련 인사가 한국에 오면 꼭 들르는 필수 견학코스가
있다. 서울 근교에 위치한 수도권 유일의 화력발전소인 영흥화력발전
소다. 한전의 자회사인 남동발전이 운영하는 이 발전소는 수도권에서
쓰는 전기의 25퍼센트를 담당할 정도로 규모가 크지만, 배출 물질 최
첨단 처리기술을 적용해 배출 농도 및 총량을 국내 최저 수준으로 유
지하고 있는 친환경 석탄화력발전소다. 또한 태양광을 비롯해 풍력,
ESS, 분산형 전원 설비를 구축하는 등 화력발전과 함께 신재생에너지
발전까지 아우르는 에너지 종합단지다.

우리가 흔히 생각하는 화력발전소의 이미지는 굴뚝에서 뿜어져 나오
는 시커먼 연기다. 그러나 영흥화력발전소를 방문하는 사람들은 굴뚝
에서 시커먼 연기도 나지 않고 자연친화적 외관이 영흥도의 아름다운
풍광과 잘 어우러져 있어 마치 공원에 온 듯하다고 말한다. 개도국의
전력 엔지니어들이나 경영진들이 이곳을 방문해서 시찰을 마친 후에
"그런데 석탄발전소는 어디 있습니까?"라고 묻는 경우도 있다고 한다.

그렇다면 여전히 시커먼 굴뚝 연기로 인식되고 있는 석탄화력발전소
의 미래는 어떻게 전개될까? 에너지 산업은 대표적인 탄소 배출 업종
으로 전 세계 탄소배출량의 약 42퍼센트를 차지하고 있다. 석탄발전은

에너지 산업에 가장 큰 비중을 차지한다.

그렇다고 탄소 감축을 위해서 전 세계의 석탄화력발전소를 당장 문 닫게 할 수도 없는 노릇이다. 원자력 외에는 석탄화력을 대체할 만한 경제성이 높은 에너지원이 아직 없기 때문이다. 그러나 온실가스 감축에 대한 국제적 규제가 더 강력해지면 석탄화력은 설자리를 잃을 수도 있다. 이런 문제를 해결하기 위해 등장한 대표 신기술이 바로 'CCS'와 'IGCC'다. 이 기술들은 석탄을 친환경적으로 사용하면서 탄소배출량도 줄여줄 유력한 대안으로 평가되고 있다.

CCS는 화석연료를 사용할 때 발생하는 이산화탄소를 대기로 배출하기 전에 추출한 후 압력을 가해 액체 상태로 만들어 저장하는 기술이다. 더 쉽게 설명하면 이산화탄소를 선택적으로 분리할 수 있는 기술이다. 최근에는 탄소 포집 및 저장기술과 활용기술을 포함해 CCUS (Carbon Capture Utilization and Storage, 이산화탄소 포집·이용·저장)라고 부른다. CCS는 기존의 석탄화력발전소를 활용하면서도 배출되는 탄소를 저장할 수 있기 때문에 기후변화 대응을 위한 현실적이고도 효과적인 대안 기술로 인정받고 있지만 실용화되려면 좀 더 시간이 필요한 상황이다.

한전에서는 '연소 후 습식아민 이산화탄소 포집기술' 성능을 10MW 파일럿 플랜트에서 성공적으로 입증한 데 이어 상용화를 위한 연구 중이며, 이산화탄소로부터 유용한 화합물을 제조하기 위한 다양한 CCU (Carbon Capture and Utilization) 연구도 수행 중이다.

세계에서는 최초의 상업용 CCS 설비인 캐나다의 바운더리 댐(Boundary dam)을 비롯해 22개의 CCS 설비가 운영·계획되고 있으며, 스위스에서는 세계 최초의 이동형 이산화탄소 포집 설비인 '이산화탄소 제거 상자(carbon removal boxes)'를 개발 중이다.

IGCC(Integrated Gasification Combined Cycle, 석탄가스화복합발전)도 빼놓을 수 없다. IGCC는 석탄을 고온과 고압에서 가스화하는 기술이다. 쉽게 말하면 석탄화력발전소를 온실가스 배출량이 상대적으로 적은 가스발전소로 페이스오프시키는 것인데 기존 석탄화력발전보다 온실가스 배출량이 20퍼센트 정도 적다. 세계적으로 IGCC시장은 2030년까지 250GW 규모의 8,300억 달러까지 성장할 것으로 보인다. 셸, GE 등 원천기술을 보유한 선진국의 특정 업체들이 앞장서고 있지만 우리나라도 맹추격 중이다.

세계 곳곳에서는 CCS와 IGCC 이외에도 석탄에너지를 친환경적으로 다양하게 활용하고 있다. 현재 남아프리카공화국에서는 석탄으로 하루 16만 배럴에 달하는 합성석유를 만들어 쓰고 있고 중국은 최근 청정한 석탄에너지를 만들기 위해 석탄화학, 합성천연가스, 석탄액화 사업 등에 매진하고 있다. 환경오염 배출은 줄이고 에너지 효율은 높일 수 있는 기술을 통해 경제성을 확보하기 위한 노력이다. 신에너지 시장을 맞아 새로운 모습으로 변신하는 석탄 또한 차세대 에너지원 중 하나로 손꼽히고 있다.

앞으로 온실가스 배출량 규제가 더 엄격해지면, 탄소배출권 거래시

장이 활성화되면서 탄소 거래 가격이 높아질 것으로 보인다. 나는 CCS
나 IGCC 기술을 활용한 포집 비용과 탄소 거래 가격이 엇비슷해질 때
쯤이면 이 두 기술의 전성시대가 열릴 것으로 예상하고 있다. 화력발
전이 지구온난화의 주범이라는 주홍글씨를 떼고 청정 화력발전의 미
래를 가져다줄 날이 머지않아 올 것이다. 석탄화력발전의 비중이 비교
적 높은 우리나라의 온실가스 감축 부담에도 이 기술들이 숨통을 틔워
줄 것으로 기대된다.

슈퍼그리드, 전기는 여권 없이도 통한다 ─────

2013년 여름 미증유의 전력대란을 겪을 때 '아무리 비싸도 좋으니 외
국에서 전기를 수입할 수 있으면 좋겠다'는 생각이 간절했다. 모든 절
약 수단을 총동원해도 예비전력이 마이너스로 예상되는 상황이 될 때
마다 나는 '이럴 때 해외에서 전기를 들여올 수 있으면 얼마나 좋을
까?'라는 생각을 많이 했다. 하지만 우리나라는 전력 분야에서 섬나라
와 같다. 삼면이 바다이고 위쪽은 북한이 가로막고 있어서 사실상 그
렇다. 내가 얼마 전 다녀온 부탄은 국내총생산(GDP)이 22억 달러인데
그중 절반은 수력발전으로 만든 전기를 인도에 수출해서 얻고 있다.
우리는 불행히도 그렇게 할 수 없는 처지다.

국가 간에 전력을 사고팔기 위해서는 국가 간 전력을 수송할 수 있는
송전망, 즉 슈퍼그리드가 필수적이다. 슈퍼그리드를 통해 국가 간 전력
을 수송하면 이점들이 많다. 우선 설비투자비를 아낄 수 있다. 다른 나

라와 독립된 전력망일 경우 전력 수요에 맞춰 발전소를 모두 건설해야 하지만, 국가 간에 연계를 하면 이웃 나라 발전소에서 만든 전기를 사서 쓸 수 있다.

발전설비의 경제적 운영도 가능하다. 전기를 사는 쪽은 이웃 나라의 낮은 단가의 발전기를 통해 만들어진 전기를 쓰고, 파는 쪽은 쉬고 있는 발전기의 가동 횟수를 늘림으로써 설비의 이용률을 높일 수 있다.

전력망의 안정성도 높일 수 있다. 설비 고장이나 예기치 못한 일시적 수요 급증 같은 비상 상황에도 유연하게 대처할 수 있기 때문이다. 인근 국가의 전력을 손쉽게 수입할 수 있어 석유, 가스, 석탄의 수입 의존도를 낮추고 에너지 안보에도 도움이 된다.

신재생에너지 자원의 효율적인 이용도 가능하다. 풍력에너지, 태양에너지 등 신재생에너지 자원이 풍부한 지역에서 만들어진 전기를 전력 수요가 많은 지역에 보낼 수 있어 신재생에너지 자원이 적거나 입지가 부족한 곳에서도 신재생에너지의 혜택을 누릴 수 있기 때문이다.

현재 추진 중인 대표적 슈퍼그리드 프로젝트는 '북유럽 슈퍼그리드'다. 북해 연안의 해상 풍력발전 단지에서 생산한 전력을 독일, 영국, 프랑스, 네덜란드 등 유럽 9개국이 공유하기로 했다. 지멘스, 프리스미안 등 이름만 들어도 알 만한 유럽의 에너지 빅네임들이 '슈퍼그리드 친구들'이라는 이름으로 힘을 합쳐 프로젝트를 발족했다. 이들 기업은 2050년까지 약 1GW급 원전 500기에 달하는 500GW의 전력을 공유하겠다는 목표를 갖고 있다.

슈퍼그리드에는 초고압 직류송전, 초전도, 초고압 지중 케이블 같은 첨단 송전기술이 적용된다. 차세대 송전기술로 무장한 슈퍼그리드가 국가 간 에너지의 경계를 허물고, 에너지를 더 효율적이면서도 깨끗하게 바꾸고 있다.

에너지 판의 융합, 경계가 사라진다 ────────

KT는 통신회사로 계속 살아남을 수 있을까? 한전은 전기회사로 계속 살아남을 수 있을까? 나는 매년 신입사원이 들어오면 교육기간 중 한 번은 한전과 에너지의 미래에 대해 강연을 한다. 그리고 그 자리에서 반드시 다음과 같은 질문을 한다. "자네는 20년 후, 어떤 일을 하고 어떤 자리에 있을 것 같은가?" 내 질문에 "저는 한전의 인사 부문에서 일하면서 부장쯤 되어 있을 것입니다"라고 대답하는 사원이 있었다. 나는 그 사원에게 "그런 생각을 하는 자네는 부장 될 꿈도 꾸지 않는 게 좋겠네. 한전의 미래는 지금은 상상도 못할 연관 분야와 융합이 일어나서 전혀 다른 회사가 되어 있을 수도 있네"라고 말해준 적이 있다.

오늘날은 산업 간, 국가 간 경계를 넘어 모든 분야가 합종연횡을 하고 있다. 전력 에너지 분야도 예외는 아니다. 원래 공사체제의 가스회사였던 프랑스 가스공사 GDF는 민영 에너지 기업인 SUEZ와 합병해 'GDF SUEZ'라는 세계 최대 유틸리티 기업 중 하나가 되었고 최근에는 사명을 'ENGIE'로 변경했다. 프랑스의 EDF, 이탈리아의 Enel, 스페인의 Iberdrola와 대형 유틸리티들도 이제는 업태를 다양화해 가스,

신재생에너지, 에너지 트레이딩, 수도, 담수화사업을 한다. IT, 금융, 에너지 컨설팅까지 영역을 확장한 유틸리티 회사도 있다. 에너지저장장치, 스마트그리드, 마이크로그리드, 전기차 충전 같은 에너지 신시장에도 전 세계 유틸리티 회사들이 앞 다투어 뛰어들고 있다.

제품의 정체성도 바뀌어가고 있다. 자동차의 정체성은 무엇일까? 이동하는(moving) 것일까, 저장하는(saving) 것일까? 대부분의 사람들은 당연히 이동하는 것이라고 생각할 것이다. 그러나 앞으로 전기차 시대가 오면 전기차도 전기요금이 싼 심야에 배터리에 전기를 저장했다가 전기요금이 비싼 낮 시간에 쓸 수 있다. 전기차가 '에너지저장장치'가 되는 것이다. 여기서 그치는 것이 아니다. 저장한 전기를 전력회사에 되팔 수도 있다. 이른바 'V2G(Vehicle to Grid, 친환경차의 충전 전력을 외부로 송전하는 기술)' 기술로 전기차 소유자가 수익을 얻을 수 있게 된다.

무인자율주행 기술이 진전되면서 모바일과 전기차의 결합도 더 속도를 내고 있다. 무인자율주행 기술로 운전 부담이 없어지면 자동차에서 게임도 하고 영화도 볼 수 있다. 자동차가 레크리에이션 공간이 되는 것이다.

2016년 초, 미국 라스베이거스에서 세계 최대 가전전시회인 '국제전자제품박람회(CES)'가 열렸을 때 참가자들의 눈길은 온통 전기차 및 자율주행 신기술에 쏠렸다고 한다. 모터쇼를 방불케 했다는 언론 보도와 같이 자동차 분야 전시 규모가 지난 CES보다 약 25퍼센트 늘어났다고 한다. 특히 스마트카 부문에서는 글로벌 플레이어와 손잡을 한국

기업들이 많은 스포트라이트를 받았다. 이 모두가 자동차와 에너지, ICT가 만나서 생기는 변화다. 그렇다면 전기차 혁명을 이끌고 있는 테슬라는 자동차 회사일까? 에너지 회사일까? IT 회사일까? 이제 전통적인 산업분류표는 무의미한 시대가 되었다.

전력과 에너지 제품은 어떻게 바뀔까? 에너지 분야 융합의 대표주자는 전력망에 ICT라는 새 옷을 입혀 에너지 효율을 최적화시키는 차세대 전력망 '스마트그리드'다. 스마트그리드는 전력과 ICT, 가전, 운송을 연결하는 플랫폼이다. 스마트그리드로 전력을 더 안정적이고 효율적으로 공급하게 되면 인류의 생활 곳곳에 다양하면서도 새로운 서비스가 가능해진다. 바야흐로 에너지와 ICT가 융합되는 에너지 신산업의 시대가 오고 있는 것이다. 기후변화와 온실가스 감축이라는 절실한 문제는 새로운 시대를 더욱 앞당기고 있다.

기후변화 대응,
지구촌이 힘을 모으다

에너지 노예의 반란이 시작되었다 ───────

인류 최초의 에너지는 어디에서 시작되었을까? 프로메테우스가 인간에게 준 선물, 즉 '불'이다. 불로 음식을 익혀 먹으면 영양 섭취가 쉬워져 소화기관은 적은 열량만 소비하고 남은 열량은 두뇌로 전달된다. 뇌 용량이 커지면서 똑똑해진 인간은 석기시대라는 인류 문명의 여명기를 열었다. 불의 등장으로 조리가 불가능했던 쌀, 감자 등이 인간의 주식이 되었고 고기를 익혀 먹자 세균과 기생충이 죽어 인류의 수명이 길어졌다. 또 익힌 음식은 날 음식보다 보관기간이 길어 사냥의 부담을 줄여주는 대신 인간에게 생각할 시간을 줬다. 불이라는 에너지가 인류를 생각하는 사람, 즉 '호모 사피엔스'로 만들고 인간은 만물의 영장이 되었다.

처음에 불은 동물의 배설물을 연료로 사용하기도 했지만 주 연료는 나무였다. 인간이 나무를 주 연료로 쓰면서 숯을 사용하게 되었고 장작불보다 몇 배 화력이 좋은 숯을 이용하면서 금속을 녹여 철로 된 물건을 제작할 수 있게 되었다. 철기시대가 열린 것이다.

그러나 무엇보다 인류 에너지 역사의 커다란 전환점은 석탄이었다. 1800년 초 석탄을 연료로 하는 증기기관이 발명되면서 산업혁명이 시작되었다. 석탄으로부터 시작된 산업혁명은 석유의 대중화로 절정을 구가했다. 1950년대에는 중동 지역에서 석유가 대량으로 개발되면서 자동차가 보편화되었고 제조업의 대량생산시대가 본격적으로 열렸다. 이후 가스, 원자력 같은 에너지가 등장해 석탄, 석유와 어깨를 나란히 하고 있다. 특히 원자력에 의한 전력은 값싸고 안정적이어서 반도체 등 정밀 전자기기나 부품 생산을 가능하게 해줬다. 이처럼 인류 문명의 발전을 이끈 동인이 바로 에너지의 진화였다. 더 우월하고 효율이 높은 에너지원을 찾아내면서 인류 문명은 발달했고 화석에너지원의 등장으로 그 속도는 더욱 빨라졌다.

화석에너지가 대중화되면서 세계사를 바꿔놓은 또 하나의 사건이 있었다. 바로 노예 해방이다. 노예에 대한 기록은 기원전 1760년에 만들어진 함무라비법전에도 나오고 고조선의 8조법에도 나온다. 수천 년의 인류 역사 동안 지속된 제도다. 그리스 철학자 아리스토텔레스도 철학적으로 노예제도가 타당하다고 말했을 정도로 노예제도는 그 시대의 상식이었다.

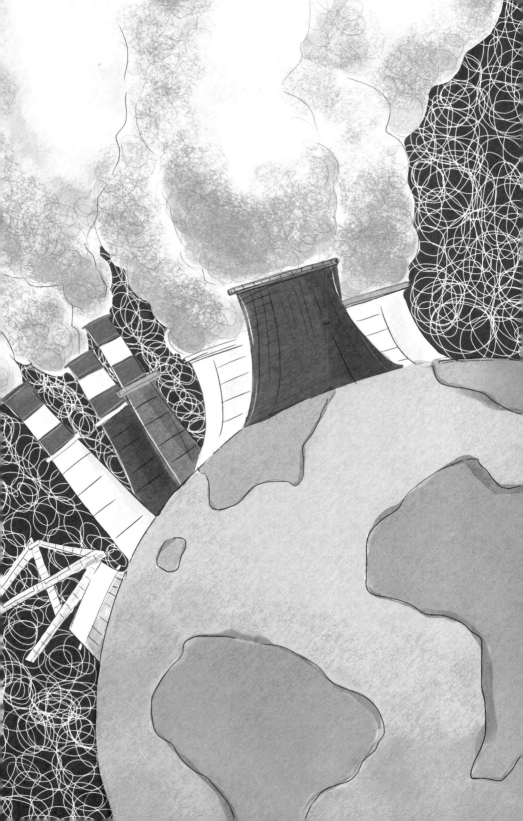

하지만 화석연료를 바탕으로 한 산업화가 진전되면서 인간의 노동력을 기계가 대신하기 시작했고 노예가 필요 없어지기 시작했다. 화석연료가 자리 잡은 1800년 이후 200여 년간 세계 인구는 7배나 늘어났다. 세계 인구가 10억 명에 도달하기까지는 기원전부터 1800년대까지 수천 년이 걸렸지만, 그 후 200여 년 만에 70억을 돌파했으니 그 증가 속도가 엄청나다.

1800년 이후 생산량은 무려 100배나 늘어났다. 인구는 7배 정도 늘었지만 인간의 노동력을 대체한 화석에너지 덕분에 생산량이 비약적으로 늘어난 것이다. 에너지 사용량은 같은 기간 동안 41배만 늘었다. 에너지 한 단위당 생산량이 2.5배 늘어난 것이다. 오히려 노예를 사용하는 것이 비경제적인 시대가 된 것이다. 남북전쟁도 결국 석유를 쓰는 공업 기반의 북부 진영이, 노예를 쓰는 농경사회의 기반인 남부 진영과의 대결에서 이겼다고 볼 수 있다. 화석연료가 노예를 해방시킨 것이다.

최근 200년간 우리가 누리는 문명은 분명히 화석연료 덕분이다. 그렇다면 현대인이 화석연료 없이 지금과 같은 생활을 하려면 몇 명의 노예가 필요할까? 앤드류 니키포룩은 자신의 책 《에너지 노예, 그 반란의 시작 The Energy of Slaves》에서 재미있는 숫자를 제시한다. 미국의 1인당 석유소비량이 24배럴인데 이 석유 없이 현재와 같은 문명을 누리려면 1인당 174명의 노예를 써야 한다는 것이다. 한국은 미국보다 조금 적은 1인당 18배럴을 소비하므로 1인당 130명의 노예를 쓰고 있는 셈이다. 5,000만 명 전체로 보면 총 65억 명의 노예를 써야 한다는 말이다. 세계 인구 거의 모두가 노예가 되어 땀을 흘리며 일해도 화석연료가 만들어내는 생활의 편리함을 누리기에는 턱없이 부족하다.

하지만 산이 높으면 골도 깊다. 화석연료가 인류에게 눈부신 성장과 풍요를 가져다주었지만 기후변화와 환경파괴라는 심각한 문제도 안겨줬다. 화석연료는 더 이상 '말 잘 듣는 노예'가 아니다. 에너지 노예, 화석연료의 반란은 그렇게 시작되었다.

뜨거워지는 지구, 북극곰의 운명은?

애처로운 눈빛의 북금곰 한 마리가 마지막 남은 한 조각 얼음 위에 위태롭게 서 있다. 이처럼 지구온난화의 위험성을 한눈에 보여주는 장면이 또 있을까?

"지난 30년간 북극 얼음의 12퍼센트가 녹은 것으로 추정된다"는 유엔환경계획(UNEP)의 발표도 있었으니 사진 속 장면이 현실이 되는 날이 올지도 모르겠다. 미국 항공우주국(NASA)은 2015년이 지구 역사상 가장 더운 해로 기록되었다고 발표했다. 지난 133년간 지구 평균 기온이 무려 0.85도 정도 높아졌다는 보도도 있었다. 산업화 이후 지구 온도가 이만큼 올랐다는 의미다. 더 위험한 것은 지구 온도 상승이 21세기 들어 극심해졌고 특히 지난 35년간 매우 빠른 속도로 진행되고 있다는 점이다.

지구 온도 1도 상승이 갖는 파장은 어마어마해 재앙 수준의 자연재

해와 극심한 생태계 파괴가 발생할 것으로 관측되고 있다. 과학자들은 온실가스 감축을 위한 노력을 기울이지 않고 이대로 가면 30년 내에 지구 온도가 2도 상승해 기상이변은 물론 일부 동식물이 멸종되는 대재앙이 닥칠 수도 있다고 경고한다.

　이와 같이 지구 표면의 평균 온도가 상승하는 현상을 '지구온난화 (global warming)'라고 한다. 대기 중에 포함되어 있는 수증기나 이산화탄소와 같은 성분이 지구에 도달한 태양에너지가 외부로 복사되는 것을 차단해 지구 온도를 따뜻하게 유지시키는 기능을 '온실효과 (greenhouse effect)'라고 하는데, 온실효과를 일으키는 온실가스가 지

구온난화의 유력한 원인으로 지목되고 있다.

온실효과를 일으키는 기체는 이산화탄소가 대표적이며 메탄과 아산화질소도 있다. 특히 20세기에 들어와서 에어컨, 냉장고, 헤어드라이기의 냉매 등에 사용된 프레온가스는 한 분자당 가장 큰 온실효과를 일으키는 물질로 알려져 있다.

지구온난화의 원인은 화석연료 사용으로 인한 온실가스 배출에서 찾는 견해가 지배적이지만, 지구 온도가 태양의 흑점 활동에 따라 오르락내리락한다는 흑점활동설도 있다. 이 학설에 의하면, 지구의 온도는 주기적으로 변하는데 오늘날과 같은 지구의 온도 상승은 태양 흑점활동 등에 의한 자연스런 현상일 수도 있다는 것이다. 그러나 갈수록 심각해지는 기후변화로 인해 이런 주장들은 점차 설 자리를 잃어가고 있다.

어떤 이유이든 화석연료를 사용하기 시작한 이후 200여 년간 지구가 더워지고 있다는 것은 분명한 사실이다. 화석원료가 낳은 가장 심각한 재앙은 환경오염이다. 1952년의 런던 스모그는 전 세계인을 충격 속에 빠트렸다. 제2차 세계대전 이후 영국 경제를 견인하고 있던 많은 양의 석탄을 태운 연기로 런던의 하늘은 뿌옇게 뒤덮였다. 런던기상청 조사에 따르면, 1만 2,000여 명의 사망자 중 대다수는 노인, 어린이, 만성질환 환자였다. 이후 1960년대 로스앤젤레스도 최악의 대기오염을 겪었고 석탄을 많이 쓰는 철강도시 피츠버그는 사람들이 하나둘씩 떠나버리더니 급기야 미국의 철강산업까지 붕괴시켜버리고 말았다. 최근 중국은 극심한 스모그와 사투를 벌이고 있고 그 영향이 한반도까지 미치고 있다.

교토에서 더반까지, 기후변화 대응의 머나먼 여정 ─────

글로벌 비영리 연구기관인 로마클럽이 1972년 발표한 〈성장의 한계 *Limits to Growth*〉 보고서에 나오는 다음 내용은, 수련에게 점령당한 연못의 처지를 통해 환경오염의 심각성을 잘 보여주고 있다.

> 연못에 수련이 자라고 있다. 수련이 하루에 갑절로 늘어나는데 29일째 되는 날 연못의 반이 수련으로 덮였다. 아직 반이 남았다고 태연할 것인가? 연못이 수련에게 완전히 점령되는 날은 바로 그다음 날이다.

1994년 리우협약이 발효되었을 때 온 인류는 지구 환경문제에 대해 경각심을 갖게 되었고 온실가스 감축을 위한 가시적인 진전이 있기를 기대했다. 그렇다면 그 후 20여 년간 무엇이 이뤄졌을까? 기후변화에 대한 국제적인 관심이 높아지기 시작한 것은 1970년대부터다. 과학이 발달하면서 기후에 대한 정보와 지식이 쌓이기 시작했고, 과학자들 사이에서 온실가스 배출이 지구 표면 온도를 상승시킬 수 있다는 논제들이 퍼졌다.

로마클럽은 〈성장의 한계〉 보고서에서 경제성장과 관련한 다섯 가지 문제를 중점적으로 분석했다. 유한한 환경에서 인구증가, 공업화, 환경오염, 식량감소, 자원고갈이 계속 일어난다면 앞으로 100년 안에 성장 한계에 도달한다는 내용이었다. 로마클럽 보고서에서 제기된 지구온 난화에 대한 논의를 계기로 1992년 브라질의 리우데자네이루에서 열 린 유엔환경개발회의에서 '유엔기후변화협약(UNFCCC, UN Framework Convention on Climate Change)'이 최초로 체결되었다. 리우협약은 160 여 개 국가의 서명과 함께 1994년 3월 21일 공식 발효되었고 우리나라 는 1993년 12월에 47번째 가입 국가가 되었다.

하지만 이렇다 할 구속력이 없는 리우 체제에 대한 회의론이 높아져 갔다. 보다 강력한 국제 규범이 필요하다는 인식이 확산됨에 따라 1997 년 12월, 일본 교토에서 개최된 제3차 유엔기후변화협약 당사국총회 (COP, Conference of the Parties)에서 '교토의정서(Kyoto Protocol)'가 체 결되었다. 당시 대부분의 개도국들은 교토의정서 체결에 참여하지 않 았고, 최대 온실가스 배출국인 미국도 자국의 심각한 경제적 타격과 중국 등 개도국들이 의무 감축 대상국에서 제외된 것을 이유로 탈퇴하 면서 교토의정서 역시 유명무실한 반쪽짜리 협약이 되어버렸다. '설마 내 세대에 무슨 일이 일어나겠는가?'라는 안일한 생각으로 시간을 보 내는 동안 지구는 더 뜨거워졌고, 최근에는 가뭄, 태풍, 홍수 등과 같은 걷잡을 수 없는 자연재해를 불러왔다.

이후 일부 선진국 중심의 기존 교토 체제로는 온실가스 감축에 한계 가 있으며, 선진국 이외의 국가까지 포함하는 범지구적 차원의 새로운 기후 체제의 필요성이 제기되었다. 2010년 멕시코 칸쿤에서 개최된 제

16차 유엔기후변화협약 당사국총회(COP16)에서 각국은 2100년까지 지구의 평균 온도 상승을 산업화 이전 대비 2도 이내로 억제하기로 합의했다. 지구의 평균 온도 상승치가 2도를 초과하면 지구가 스스로 온도를 올리는 악순환에 빠져 온도 상승 억제를 위한 인류의 노력이 무의미해질 것으로 전망해 지구 온도 상승 목표를 2도 이내로 설정한 것이다. 이어서 2011년 남아프리카공화국 더반에서 열린 제17차 당사국총회(COP17)에서는 선진국뿐 아니라 모든 당사국에 2020년부터 적용할 결과물 채택을 위한 협상을 시작해 2015년까지 완료하기로 합의했다.

지구 역사상 가장 중요했던 2주간의 대장정, 파리협정

2015년 11월 13일, IS의 테러로 파리 시내는 아비규환이 되었다. 끔찍했던 세 시간 동안 400여 명의 사망자와 부상자가 나왔다. 프랑스는 곧바로 국가 비상사태를 선포하고 국경 봉쇄 조치를 취했다. 상처가 채 아물지 않기도 전 11월 30일, 삼엄한 경비 속에 전 세계 195개국의 정상과 대표들이 속속 파리를 찾았다. IS 테러의 공포보다 더 중요한 인류의 미래가 걸린 제21차 유엔기후변화협약 당사국총회(COP21) 참석을 위해서였다. 'IS 테러'를 걱정해야 할 바로 그 장소에서 '기후 테러'를 걱정하는 회의가 열렸다는 사실이 아이러니했다.

2015년 12월 12일 오후 7시 30분, 파리 인근 르 부르제 전시장에서 박수와 환호가 울려 퍼졌다. 유엔기후변화협약 당사국총회 의장인 로랑

파비우스 프랑스 외무장관이 2020년 이후의 새로운 기후협약인 '파리협정(Paris Agreement)' 체결을 공식 발표했기 때문이다. 2주간에 걸친 협상 끝에 종료시한을 하루 넘겨 신기후변화체제 합의문이 채택되었으며, 이에 따라 모든 당사국에 적용되는 신기후변화 대응체제가 공식 출범했다. 지구의 환경 역사에서 영원히 회자될 2주일의 마침표를 찍은 것이다. 파리협정은 선진국만 온실가스 감축 의무가 있었던 1997년 교토의정서와 달리 당사국 모두에게 구속력이 있는 첫 기후 합의라는 점에서 역사적인 의미가 크다. 협정문의 주요 내용은 다음과 같다.

"산업화 이전 대비 지구 평균 기온 상승을 2도보다 상당히 낮은 수준으로 유지하는 것으로 하고 온도 상승을 1.5도 이하로 제한하기 위한 노력을 추구한다."

"국가별 기여 방안(INDC, Intended Nationally Determined Contributions)을 5년마다 스스로 정해 상향된 목표를 제출하고, 5년 단위로 국제사회 공동 차원의 이행 점검을 도입해 2023년에 처음 실시한다."

"모든 당사국은 개도국을 지원하기 위해 오는 2025년까지 매년 1,000억 달러를 조성한다."

이제는 기후변화라는 문제 앞에서 선진국과 개도국 간의 입장 차이는 물론 동서양의 입장 차이도 존재할 여지가 없어졌다. 몰디브, 투발루, 나우루 등 기후변화로 수장(水葬)될 위기에 처한 나라의 절박한 호소는 전 세계적인 공감을 이끌어냈다.

나는 코트라 사장 시절인 5~6년 전 몰디브 대통령을 만난 적이 있는데, 그때만 해도 그는 "몰디브의 침수는 그리 심각하지 않고 매우 장기간에 걸쳐 진행되기 때문에 한국의 신혼여행객들이 걱정하지 않아도 된다"고 했다. 그러면서 몰디브는 관광뿐만 아니라 수산업 진흥을 위해 어업 장비를 만드는 산업을 일으키려고 하는데 한국이 협력을 해주었으면 좋겠다는 바람을 내비쳤다. 이미 이때부터 앞으로는 물 위에서 먹고살아야 할지도 모른다는 생각을 절박하게 하기 시작했던 것 같다.

파리총회에서 다른 나라 정상들의 연설은 기후변화에만 초점을 맞춰 '얼마만큼 줄이자', '부담을 얼마만큼 나누자'라는 내용이 대부분이었는데, 박근혜 대통령은 '에너지 신산업을 통해 기후변화를 극복하고 이를 통해 세계경제를 회복시키자'는 생산적 메시지를 던졌다. 박 대통령은 140개국 정상들 앞에서 한 기조연설에서 "전 지구적 의지와 역량을 결집해 신기후체제를 반드시 출범시켜야 한다"고 강조하며 신기후체제 이행을 위해 한국은 2030년까지 37퍼센트의 온실가스를 감축하겠다고 천명했다. 또한 그 과정에서 100조 원의 에너지 신시장을 열어 50만 개의 일자리를 창출하겠다는 계획을 내놓았다. 또 새로운 기술과 비즈니스 모델을 개도국과 적극적으로 공유하겠다는 의사를 밝혀 국제사회에서 '기후변화 리더십'을 넓혀나가겠다는 의지를 보여줬다.

글로벌 플레이어들의 빅매치가 시작되었다 ————

'조(兆)' 위에 '경(京)'이라는 화폐 단위가 있다는 것을 알고 있는 사람은 얼마나 될까? 만 원짜리로 1경 원을 만들면 서울을 20번 가까이 덮을 수 있다고 하니 어마어마하게 큰 액수다. 그런데 1조 원의 만 배인 1경 원이 넘는 시장이 열린다는 분야가 있다. 바로 에너지 신산업이다.

국제에너지기구는 신기후체제 이후 기후변화 대응을 위한 신재생에너지, 에너지 효율화 등 신산업 부문에서 2030년까지 총 12조 3,000억 달러의 투자가 발생할 것으로 전망했다. 이를 우리 돈으로 환산하면 무려 1경 4,000조 원이다. 이러한 에너지 신시장을 향해 가장 발 빠르게 움직이고 있는 곳은 기업들이다. 이들 기업은 전력과 에너지 분야뿐 아니라 전자, 자동차, 금융, 심지어 유통과 식품 분야에 이르기까지 다양하다. 각자의 주 무기를 살려 시장을 선점하고 경쟁자들을 초전에 제압하려는 글로벌 플레이어들의 빅매치가 에너지 신산업 분야에서 시작된 것이다.

언론 보도에 따르면, 이미 2011년부터 7개의 데이터센터를 운영하고 있는 애플은 2015년 초, 17억 유로를 들여 아일랜드와 덴마크에 새로운 데이터센터를 건립하기 시작했다. 2017년 완공을 목표로 하고 있는 두 시설은 다른 애플 데이터센터와 마찬가지로 신재생에너지로 운영될 것이라고 한다.

구글은 2010년부터 태양광, 풍력 등 17개의 신재생에너지 프로젝트를 진행해오고 있는데 투자 총액이 15억 달러에 달한다. 막대한 전기를 쓰는 데이터센터 운영에 필요한 에너지를 자체적으로 확보해서 환경 보전과 비용절감이라는 두 마리 토끼를 잡겠다는 복안이다. 인터넷 상거래의 강자 아마존도 미국 남부 버지니아 주, 인디애나 주, 오하이오 주 등에 태양광, 풍력발전소 등을 건설하면서 전 세계에서 자사가 쓰는 전기의 100퍼센트를 신재생으로 공급하겠다는 계획을 차근차근 실행해나가고 있다.

〈아이언맨〉의 실제 모델로 유명한 일론 머스크가 이끄는 테슬라도 '기가팩토리'라고 불리는 대규모 2차 전지 생산기지 건설에 50억 달러를 투자할 계획이다. 테슬라는 태양광발전 설비를 정수기처럼 대여해 주는 '솔라시티'라는 자회사를 만들어 뉴욕 등 14개 주에서 8만 명의 고객을 확보 중이다. 세계 최고의 괴짜다운 기발한 프로젝트다.

이런 행보는 비단 ICT 기업에만 해당되는 것은 아니다. M&M 초콜릿으로 유명한 미국 기업 마스(Mars)도 캘리포니아 주 서부에 위치한 일본 기업의 풍력발전소와 계약을 맺고 20년간 미국 내에서 자사가 소비할 전력을 공급받기로 했다.

세계 최대 가구 업체인 이케아도 신재생에너지 대열에 동참하면서 2020년까지 이케아에서 사용하고 있는 에너지량과 동일한 수준의 재생에너지를 생산하기로 하고 15억 유로를 투자해 풍력과 태양광발전 설비를 설치하고 있다.

탄소가격제(cabon pricing)를 시행하는 기업들도 늘고 있다. 탄소정보공개프로젝트(CDP, Carbon Disclosure Project) 보고서에 따르면, GM, 네슬레, 닛산, 글렌코어, 엑손모빌, 캐세이퍼시픽 등 많은 글로벌 기업들이 탄소가격제를 운영하고 있다. 탄소가격제는 탄소 배출에 비용을 부과하는 제도로서, 온실가스 감축을 위한 보조 수단으로 탄소배출권을 시장에서 사고팔 수 있는 탄소배출권거래제, 이산화탄소 1톤을 배출할 때마다 자체적으로 설정한 금액을 자발적으로 내는 탄소세 등이 대표적이다.

그런가 하면 미국은 저탄소 경제를 국가적 어젠다로 가져가고 있다. 오바마 대통령은 "기후변화 위협은 IS 테러와 유사하다"며 기후변화에 적극적으로 대응하는 자세를 강조하고 나섰다.

이러한 백악관의 의지에 부응하여 2015년 파리 기후변화협약 당사국총회를 앞둔 여름 백악관이 발표한 1,400억 달러 규모의 '기후변화 이니셔티브'에 애플을 비롯한 구글, 마이크로소프트 등 12개 회사들이 지원을 약속했고, 미국 대기업들이 추가로 동참하면서 '기후변화에 관한 미국기업행동(American Business Act on Climate)'에 서약했다. 마이크로소프트, 코카콜라, 애플, 인텔, IBM, 월마트, 21세기폭스 등 이들 81개 기업은 〈월스트리트저널 Wall Street Journal〉에 저탄소 경제를 지지하고, 파리총회에서 강한 합의를 촉구하는 광고를 게재하기도 했다.

짐 콜린스가 말한 '좋은 기업'을 넘어 '위대한 기업'으로 가려면 지속가능한 성장을 해야 한다. 미래를 내다보는 기업은 늘 원대한 비전을 세우고 눈앞의 이익보다는 인류의 이익과 안녕을 추구하는 위대한 목표를 실천해왔다. 현명한 기업들은 기후변화 대응에도 앞장서서 탄소 배출을 줄이고 신재생에너지 산업을 강화하고 있다. 에너지 신산업이라는 태풍은 지금 산업 전반을 강타하고 있다. 이 바람은 그동안의 추세를 벗어나 메가톤급 태풍이 되어 지구촌을 휩쓸게 될 것이다.

우리는 2030년
에너토피아로 간다

신재생에너지로 다시 떠오르는 태양

기후변화협약 이후 가장 보편적으로 많은 투자를 받고 있는 분야가 태양광 분야다. 태양광은 연료비 부담 없이 무제한으로 사용할 수 있는 에너지원이다. 만약 인류가 태양에너지의 0.07퍼센트만 에너지로 쓸 수 있다면 지구의 모든 에너지 문제와 환경문제는 해결된다고 한다. 글로벌 플레이어들과 각국이 태양광발전사업을 선점하기 위해 많은 투자를 하고 있는 이유다.

'인도 바라기'로 소문난 손정의의 소프트뱅크도 일찌감치 인도 태양광발전산업의 성장을 확신하며 지원을 아끼지 않고 있다. 2016년 초 인도 뉴델리에서 열린 '스타트업 인디아' 출범식에 참석한 그는 한 인터뷰에서 향후 10년간 100억 달러를 투자하겠다는 뜻을 재확인했다.

"늘었으면 늘었지 절대 줄어들지 않는다"며 자신감을 내비치기까지 했다. 나도 일본 도쿄에서 그를 만난 적이 있는데, 러시아의 태양광에너지를 발전시켜 한반도를 거쳐 일본까지 보내는 꿈에 푹 빠져 있었다.

해외사업을 다루는 장에서 좀 더 많은 이야기를 하겠지만 나는 인도를 방문해 나렌드라 모디 총리를 만난 적이 있다. 모디 총리는 태양광발전에 수년간 많은 공을 들여온 것으로 알려져 있다. 이번 파리협정에서도 개도국의 입장을 강력하게 대변하면서 2022년까지 태양광, 풍력 등 175GW 규모의 재생에너지 발전 설비를 도입할 계획을 밝혔다.

중국, 미국에 이어 세계에서 세 번째로 탄소 배출을 많이 하는 나라 인도는 온실가스 감축 목표 제출을 마감이 지난 뒤에야 했는데, 그 이유는 환경문제에 헌신한 마하트마 간디의 생일날 목표안을 발표하면서 윤리적 측면에서 이 목표를 반드시 지키겠다는 의지를 보여주기 위해서였다고 한다.

모디 총리의 한국 사랑은 익히 알려져 있다. 2015년 5월 취임 후 한국을 첫 방문한 그는 아시안리더십콘퍼런스 기조연설에서 '한국은 영감을 주는 나라'라고 표현하면서 한국에 대한 존경심과 애정을 드러내기도 했다. 2016년 1월에는 한·인도 비즈니스 서밋에서 한국 기업인들과 만나 한국 기업들이 인도로 적극 진출해달라며 당부하기도 했다. 또한 인도를 제2의 고향으로 생각한다는 OCI를 극찬했는데, OCI는 일찍이 인도에 진출한 한국 기업으로, 현재 인도에서 대규모 태양광발전 사업 투자를 계획하고 있다. 한국 기업에게 기회를 열어줄 모디 노믹스를 하나하나 실현해나가고 있는 그의 모습을 보며 '스모그로 뒤덮인 인도에서 과연 태양광발전이 가능할까?'라는 의문은 어느새 풀렸다. 한국의 기술과 인재들은 인도의 맑은 하늘을 되찾아주고 태양광발전을 가속화할 수 있을 것이다. 아울러 한국 경제를 살리는 성장동력이 되어줄 것이다.

미래 에너지, 우주로 바다로 하늘로 ————

"우리 과학자들에게는 계획이 있으며 창공을 비워두지는 않을 것이다." 1957년 세계 최초 인공위성 '스푸트니크 1호'를 성공적으로 발사한 소련 부수상 아나스타스 미코얀이 인터뷰 중 한 말이다. 그의 말처럼 인류가 오랫동안 꿈꿔온 미지의 우주가 눈부신 과학기술의 발달로 우리에게 점점 더 가까이 다가오고 있다. 우주에 대한 관심과 몇몇 핵심 플레이어들의 노력으로 앞으로 우주 개발의 목적을 탐사에서 실용화까지 넓힐 수 있게 되었다. 육상 태양광발전에서 한 단계 더 나아가 우주를 무대로 태양광발전을 할 수 있는 날이 머지않았다는 말이다. 소위 '우주태양광발전소(space solar power plant)', 우주를 향한 인류의 첫 번째 신에너지 산업이다.

우주 태양광발전은 전기를 마이크로웨이브 전파로 바꿔서 지상에서 그 전파를 받아서 다시 전기로 변환하는 원리다. 24시간 발전이 가능하고 기후 조건의 영향을 받지 않으며 육상에 비해 10배의 에너지를 생산할 수 있다. 게다가 복사선에 의한 태양광발전 설비의 성능 저하가 늦게 진행되어 수명도 길다. 화석연료 사용에 따른 지구온난화는 물론 지상에 설치할 때 발생하는 환경 파괴를 최소화할 수 있는, 그야말로 최첨단 친환경에너지 기술이다.

우주 태양광발전만큼 매력적인 또 하나의 기술은 '배 위의 발전소'로 불리는 이동식 발전선(mobile powership)이다. 이동식 발전선이란 말 그대로 바다 위를 떠다니면서 전기를 생산하는 배다. 전기 수요는 많은데 송전선이 부족하거나 우리나라처럼 다른 지역에서 전기를 끌어올 수 없는 지역은 이 배를 통해 전기를 공급받을 수 있다. 기존 송전 시설을 이용하는 것보다 전기를 보내는 과정에서 손실이 적고 배 위에 발전소를 짓기 때문에 부지 확보에 대한 부담도 없어 지역 주민과의 마찰이 없다는 장점이 있다.

해외에서는 이미 상용화된 기술로, 우리나라도 2012년 극심한 전력난을 겪으면서 터키 발전선 임차를 검토한 적이 있다. 이후 한국에서도 이동식 발전선 개발이 시작된 것으로 알려져 있다. 머지않아 세계 최고 수준의 한국의 조선과 전력기술이 융합된 초대형 이동식 발전선이 세계의 바다를 누비며 태극기를 펄럭이는 모습을 보게 될 것 같다.

최근에는 풍력발전 기술의 발전 속도도 빨라졌다. 날개 없는 풍력발전, 공중풍력발전, 드론처럼 이동하는 풍력발전 등 그 기술력은 상상력의 한계를 뛰어넘고 있다. 세계에너지기구는 세계 풍력발전 설비가 2013년 304GW에서 2030년에는 약 1,046GW 규모로 성장할 것으로 전망했다.

풍력발전은 이산화탄소 배출을 줄이고 신재생에너지를 사용하는 매우 좋은 에너지원이지만 입지조건이 까다로워 기술적 혁신이 매우 절실하다. 수많은 글로벌 기업과 대학 등은 이러한 단점을 보완하기 위해 발상의 전환과 함께 다양한 형태의 연구 개발을 거듭해왔는데, 2015년에는 미국 매사추세츠공대(MIT) 출신들이 만든 벤처기업 '알트에어로스에너지'가 알래스카에서 비행선형 풍차를 300미터 상공에 띄워 여기에서 생산한 전기를 송전 케이블로 지상에 전달하는 실험에 성공했다. 바람은 높이 올라갈수록 그 세기가 일정하게 유지되고 풍속이 강해지는 특성이 있어 하늘에 떠 있는 풍력발전기는 지상보다 두 배 이상의 발전 능력을 보여준다.

최근 알파고를 통해 인공지능의 위력을 과시한 구글의 에너지 행보도 파격적이다. 일찍부터 태양광산업을 주목하던 구글은 2013년 공중 풍력발전의 미래 가능성을 보고 풍력 터빈을 개발하는 청정에너지 기업 '마카니파워'를 인수한 후 비행 풍력발전기를 개발해왔다. 마카니파워가 개발 중인 비행 풍력발전기는 흡사 소형 항공기와 같은 모습이며 고도 250~600미터에서 전기를 생산한다고 한다. 앞에서 설명한 바와 같이, 고도가 높으면 더 강한 풍압을 이용할 수 있고, 높은 고도에서 얻은 풍력은 밧줄로 연결된 카이트(연)가 비행하면서 더 효율적인 풍력발전을 가능하게 해준다. 항공역학을 융합한 발전기라니, 과연 '구골(Googol, 10의 100제곱)'다운 상상력이다.

나는 눈부신 과학기술의 진보는 무한한 상상력이 원동력이 되어왔다고 생각한다. 인류의 상상력은 에너지 신산업을 더욱 가속화하고 현실화할 것이다. 걸림돌은 시간뿐이다.

지속가능한 에너지를 향한 저탄소 미래 기술 ────────

최근 심각한 기후변화로 기존 에너지 자원을 대체해야 할 필요성이 높아지면서 세계 각국에서 안전성은 물론 온실가스 문제를 동시에 해결할 수 있는 차세대 에너지원들을 속속 개발하고 있다.

이렇게 차세대 에너지원들이 등장하면서 전기를 생산하는 기술도 변화하고 있는데, 앞으로 기대되는 새로운 전력 생산 기술이 많다. 중수소를 이용한 핵융합 발전, 바닷물로 전기를 만드는 조류 터빈, 마이크로미터 규모의 발전소로 에너지를 압축하고 확장시키는 마이크로 스털링 엔진, 달의 적도 표면에 태양광발전기를 설치해 전력을 생산하는 루나링(luna ring), 그리고 우주발전기 등 우주에서 발전한 전기를 마이크로웨이브 전파로 전환해 지구로 송전하는 우주전력송전기술, 버려지는 에너지를 모아서 전기로 재활용하는 에너지 하베스팅(energy harvesting) 등이 대표적이다. 특히 에너지 하베스팅은 다양한 방식으로 생활에 응용되고 있다.

국내에서는 2011년 최초 시범사업으로 부산에서 제일 많은 사람들이 모여든다는 서면역과 지하상가에 '압전에너지블럭'이 설치된 바 있다. 이는 밟으면 전기가 만들어지는 '압전 하베스팅'으로 역 내 소규모 전기설비는 전력을 공급받을 수 있고 누구나 무료로 휴대전화를 충전

할 수 있다. 해외에서는 캐나다 밴쿠버 동계올림픽, 런던 올림픽 등 많은 사람이 모이는 국제 행사에서 'Sustainable Dance Floor'라는 이름으로 압전 하베스팅 기술을 적용한 클럽이 운영된 사례가 있다. 춤을 추며 즐길수록 지속가능성도 높아진다니 일석이조가 아닐 수 없다. 또한 전 세계의 관심이 집중되는 올림픽 행사를 통해 기후변화에 대한 관심을 높일 수 있었다.

최근에는 센서와 웨어러블 디바이스가 발전을 거듭하면서 체온, 운동에너지 등 신체활동에서 발생하는 에너지는 물론 전파, 도로진동, 빗물 등도 에너지로 활용하기 위한 기술 개발이 탄력을 받고 있다. 이렇듯 저탄소에너지를 향한 기술이 주목받으면서 기후변화에 대응하는 지속가능한 기술, '저탄소에너지 신기술의 시대'가 도래했다.

《에너지 혁명 2030 *Clean Disruption of Energy and Transportation*》의 저자 토니 세바는 사우디아라비아 전 석유장관인 세이크 아메드 자키 야마니의 말을 빌려 "석기시대는 돌을 다 썼기 때문이 아니라 더 좋은 기술(청동)이 나왔기 때문에 막을 내렸다"면서 석유시대의 종말이 오는 것은 새로운 기술, 비즈니스 모델이 더 효율적이기 때문이라고 말했다. 그날이 멀지 않았다.

인류 삶을 업그레이드할 스마트에너지 ─────

스마트홈은 가정에서 사물인터넷 기술을 기반으로 가전, 조명, 네트워크 보안 등을 포함한 여러 기기를 서로 연동, 자동제어하는 서비스

172

다. 최근에는 가정용 로봇과 가상현실까지 스마트홈 영역에 포함되면서 갈수록 시장이 커지고 있다. 이처럼 영역이 방대하고 복잡하기 때문에 높은 잠재력과 시장성이 있기는 하지만 기업들이 쉽게 진출하기 어려운 분야이기도 하다.

스마트홈의 성공 여부는 연동성에 달려 있다. 수많은 제품과 제품을 연동시키고 스마트 기기로 제어하는 기술력을 갖춰야 한다. 또한 서로 다른 브랜드 제품들과도 상호 호환되어야 한다. 현재는 기상, 외출, 귀가, 취침 등에 따른 기기 제어의 기본적인 기능에 초점을 맞추고 있지만 앞으로 여기에 국한하지 않고 음성인식과 동작인식 등 폭넓은 스마트 인터랙션과 인공지능기술, 원격 서비스를 위한 클라우드 기술, 빅데이터 기술 등 고도의 소프트웨어의 집적화가 이루어지면 스마트홈 시장은 어마어마하게 커질 것이다. 당연히 가정 내 에너지 사용의 효율을 높여 전기요금 부담도 덜어줄 것이다.

스마트에너지가 건축물로 들어가면 '스마트빌딩(smart building)'이 된다. 스마트빌딩은 건물 내의 태양광, 소형 풍력, 지열 등으로 에너지를 자체 생산하고, 스마트계량기, 에너지저장장치, 전기차 충전시설 등을 연계한 건물에너지관리시스템을 구축한 건물이다. 스마트에너지가 공장으로 들어가면 '스마트 공장(smart factory)'이 된다. 스마트 공장은 제조 공장의 에너지 효율을 향상시키고 온실가스 배출을 최소화할 수 있도록 공정을 바꾸고 버려지는 미활용 열을 재활용하는 똑똑한 공장이다.

또 스마트홈, 스마트빌딩, 스마트 공장의 영역을 도시로 넓힌 것이 '스마트시티(smart city)'다. 스마트시티는 ICT를 기반으로 한 최첨단 에너지 기술이 마치 인간의 신경망처럼 구석구석까지 연결된 도시다. 스마트시티가 구축되면 사무실에 나가지 않고도 집에서 모든 업무를 처리할 수 있는 스마트 워킹이 일반화될 것이다.

EU 국가 중 가장 빠른 속도로 스마트시티를 구축하고 있는 도시는 네덜란드 암스테르담이다. 암스테르담 시는 가정과 빌딩에 실시간 에너지 사용량을 제공해줌으로써 전력 사용량을 감소시키고, 선박을 대상으로 한 전기충전 시범사업을 통해 디젤엔진 사용을 최소화하고, 쓰레기 수거차량을 전기차로 교체하는 등 이산화탄소 발생을 감소시키는 데 주력했다. 암스테르담 시는 이러한 스마트시티 프로젝트로 2025년까지 1990년 대비 이산화탄소 배출량을 40퍼센트 감축하고, 에너지 사용량을 25퍼센트 절감하겠다는 계획을 갖고 있다.

인도의 나비뭄바이에서는 도시 전역에 200개 이상의 안테나를 설치해 와이파이로 도시 전체를 연결하는 대규모의 스마트시티 프로젝트가 진행 중이다. 이 프로젝트를 통해 앞으로 데이터를 효과적으로 수집, 제공할 수 있으며 도시 전체의 도로, 교통, 수도, 전력 등도 손쉽게 제어할 수 있게 될 것이다. 나는 한전이 최근 두바이수전력청 건물에 구축 중인 '스마트그리드 스테이션'이 두바이 전 지역 스마트시티 사업으로 확대되길 바란다. 그렇게 된다면 전 세계의 이목이 집중될 것이다.

2050년, 미리 가본 에너토피아의 하루 ──────

1985년 개봉된 영화 〈백 투 더 퓨처Back to the Future〉가 영화 속 미래의 날인 2015년 10월 21일 재개봉되었다. 전 세계 영화 팬들은 30년 후 미래 과학기술에 대한 상상력에 한 번 놀라고 실제로 이러한 기술들이 우리 앞에 이미 다가와 있다는 사실에 한 번 더 놀랐다.

2015년 한전 주최로 전남 광주에서 열린 국제에너지박람회 '빅스포(BIXPO)' 행사장에서 에너지 분야의 '백 투 더 퓨처'가 눈길을 끌었다. 바로 이정문 화백이 그린 '서기 2000년대 생활의 이모저모'라는 제목의 그림이었다. 이정문 화백이 1965년에 2000년대의 미래를 내다보고 그린 상상도인데 전기차, 휴대전화, 태양광 주택, 개인용 컴퓨터, 원격강의, 원격진료 등 40년도 넘는 미래를 놀랍게도 똑같이 그려내서 행사장을 찾은 관람객들의 감탄을 자아냈다. 이 화백이 1965년에 이 그림을 발표할 당시 황당무계한 만화를 그린다며 사람들에게 많은 항의 전화를 받았다고 한다. 하지만 그의 상상력은 놀랍게도 대부분 현실이 되었다.

그렇다면 지금으로부터 35년 후인 2050년의 에너지 미래는 어떤 모습일까? 나는 이정문 화백에게 에너지 미래를 담은 만화를 그려줄 것을 요청했다. 빅스포 행사장을 찾은 관람객들은 이 화백이 그린 '2050년의 변화된 세상'이라는 그림을 보면서 과연 가까운 미래에 이렇게 놀라운 변화가 일어날 수 있을 것인가를 상상해보는 등 흥미로운 시간을 보냈다고 한다.

나는 학생들을 대상으로 강의를 할 때마다 에너지가 만드는 미래 세상을 이야기해주는데 그때마다 '무척 흥미롭다'는 반응을 보인다. 예를 들면 머지않아 에너지저장장치가 집집마다 필수품이 되어 혼수품 목록 1호가 될지도 모른다는 이야기를 한다. 혹은 '여보, 아버님 댁에 보일러 한 대 놔드려야겠어요'라는 TV 광고가 '아버님 댁에 20kW 에너지저장장치를 놔드려야겠어요'로 바뀔지 모른다는 이야기를 해준다. 집집마다 있는 '냉장고(冷藏庫)'처럼 '전장고(電藏庫)'가 모든 집에 들어갈 날도 멀지 않은 것 같다.

언젠가는 무선송전이 보편화되어 온 도시를 뒤덮던 전력선과 통신선들을 찾아볼 수 없게 될 것이다. 또 가전기기들은 전원코드가 필요 없이 에너지저장장치에 저장된 전기를 무선으로 받아 가동될 것이다. 전

기차와 무인자율 운전이 생활화되어 출근길에 보고서를 작성할 수도 있다. 보고서는 노트북이나 태블릿PC가 아닌 웨어러블 기기와 뇌파헬멧만으로도 작성되고, 자가발전 재킷과 압전 슈즈를 착용하면 무거운 배터리도 필요 없게 된다. 뇌파 헬멧은 생각만으로 인터넷 망에 연결되는 것은 물론 인간의 감정을 인식할 수 있는 시스템을 반영해서 기분전환 등 개인의 컨디션을 최적화해주고 업무의 효율도 높여준다.

가상현실 기술을 통해 아바타가 개발된다면 원자력발전소 내부 예방점검이나 화재진압, 수술현장 등 인간의 생명과 안전을 지키면서 보다 정교하고 세심한 기술을 필요로 하는 곳에서 아바타를 만나게 될 수도 있다.

지금 생각으로는 과연 이러한 기술들이 가능할까 싶지만 새로운 기술은 우리가 가보지 않은 곳, 상상 그 이상의 세상을 늘 우리 앞의 현실로 펼쳐 보여줬다. 이제 우리는 에너지 신산업 빅리그에 진입하면서 에너지 유토피아를 꿈꾼다. 선두권을 따라잡으려면 이 빅리그 시즌 초반 성적이 중요하다.

에너지는 인류 문명의 불을 찬란히 밝히고 인간의 삶을 윤택하게 만들었다. 하지만 인류에게 풍요함이라는 선물을 준 '에너지 노예' 화석연료가 기후변화를 발생시키고 그로 인한 대재앙을 가져오면서 반란을 일으켰다.

　북반구에 '빙하기급' 추위가 몰려오고 섬나라들이 수몰 위기에 처하는 역대급 재난이 지구촌에 속출하면서, 기후변화 대응과 지구환경 보전은 전 세계의 최대 관심사가 되었다.

　이러한 분위기 속에서 체결된 파리협정은 기후변화 대응을 위한 온실가스 감축을 먼 미래의 일이 아닌, 눈앞의 과제로 바꾸었다. 각국의 온실가스 감축 약속만큼이나 큰 의미가 있는 것은 감축 수단으로 에너지 신산업이 부각되면서 거대한 신에너지 시장을 만들어내고 있다는 점이다.

　기후변화 대응과 신산업 육성을 통한 경제성장이라는 두 마리 토끼를 잡는 것이 각국의 궁극적인 목표다. 전 세계 에너지 시장, 에너지 자원 정책도 이제 신에너지를 중심으로 변모되고 있다.

새 시대를 이끌 '제6의 물결'이 우리의 삶을 완전히 바꿔놓고 있다. 이 물결은 지금까지 인류가 한 번도 경험하지 못한 산업, 생활, 사회 전반에 물려오는 엄청난 해일이다. 새로운 혁신의 물결이 몰려올 때는 고정관념을 버리고 새로운 시각으로 다가올 세상을 바라봐야 한다. 세계 각국과 내로라하는 글로벌 기업들이 에너지 빅리그에 앞 다투어 출전하고 있는 지금, 대한민국은 어떤 준비를 하고 있는가?

3
장

한국의 빅리그 진입,
시작은 괜찮다

에너지 신산업, 한국 경제의 차세대 간판투수

電 · 力 · 投 · 球

기후변화협약,
에너지 시장의 판도를 흔들다

온실가스 감축과 에너지 절약 ───────

산업화 이전 대비 지구 온도 상승을 '2도보다 상당히 낮게' 유지하겠다는 파리총회가 열리기 5개월 전, 한국 정부는 심사숙고 끝에 자발적인 온실가스 감축 목표를 세웠다. 2030년까지 온실가스를 배출전망치(BAU) 대비 37퍼센트 줄이겠다고 한 발표에 당시 산업계의 충격은 이만저만이 아니었다. 아직 기업별로 구체적인 할당량은 주어지지 않았지만 기업 환경비용 부담이 크게 늘어나는 것은 자명해 보인다. 우리나라의 감축 목표에 대해서는 엇갈리는 평가도 존재한다. 정확한 예측이 어려운 배출전망치 대비 목표량이 아니라 다른 선진국처럼 절대 감축량을 제시해야 한다는 주장도 있고 너무 과중한 부담을 우리 스스로졌다는 시각도 일부 있다. 그러나 우리나라의 감축 목표에 대한 이런

저런 평가 속에서도 파리총회 이후 온실가스 감축이 피할 수 없는 과제임을 산업 부문에서도 인정하는 분위기다.

〈2015 국가 온실가스 인벤토리 보고서〉에 따르면, 우리나라는 연간 6억 9,000만 톤의 온실가스를 배출한다. 그중 약 40퍼센트가 전력을 생산하고 수송하는 과정에서 나온다. 우리나라 발전량의 약 65퍼센트는 석탄과 석유 같은 화석연료를 태워서 생산한다. 온실가스가 나오지 않는 원자력발전소를 통해 30퍼센트 정도의 전기를 생산하는 게 그나마 다행이다. 값이 상대적으로 싼 화석연료를 비싼 신재생에너지로 바꿀 경우 얼마나 많은 돈이 들어갈지 상상조차 되지 않는다. 현실적으로 볼 때 화석연료를 완전히 포기할 수 없다.

현재의 시스템과 프로세스로는 온실가스 감축을 얼마나 해낼지 장담하기 힘든 실정이다. 때문에 온실가스의 배출을 줄이는 기술 혁신이 지속적으로 요구될 것이다. 이러한 상황에서 배출량의 25.7퍼센트를 국내에서 감축하고 아직 활성화되지 못하고 있는 해외 탄소시장 메커니즘을 통해 11.3퍼센트를 감축하겠다는 전략은 쉽지 않아 보인다. 해외에서 어떤 사업을 해야 감축 실적으로 인정받을지 그 기준이 아직까지 확실치 않은 상황이다. 그렇지만 국내에서 배출량 감축 목표를 채우기 어려운 기업들은 필연적으로 해외에서 부족한 부분을 채워야 하는 만큼, 한국 기업들이 해외에서 벌이는 에너지 신산업을 통한 감축량을 우리나라의 실적으로 인정해주는 것이 필요해 보인다. 물론 국제사회의 논의도 거쳐야 한다.

또한 국내 감축 목표 25.7퍼센트 이행을 위해서는 산업 부문과 발전 부문이 골고루 온실가스 배출을 억제해야 하는데, 산업 부문의 경우 부담 완화를 위해 감축률을 배출전망치 대비 12퍼센트 내로 제한할 예정이다. 그렇게 되면 발전 부문에서 30퍼센트 이상 감축해야 할 것으로 전망되어 발전 부문의 부담이 커질 것으로 보인다. 에너지 신산업 분야의 중요성과 시급성이 더욱 강조되는 이유다.

우리나라는 봄과 가을이 점차 짧아지고 여름과 겨울은 길어지고 있다. 제주도를 비롯한 인근 해역은 기온이 상승해 어종이 달라지고 있다. 사과와 배 등 주로 남쪽에서 재배되던 과일도 북쪽 지역 재배가 가능해졌다. 온실가스로 인해 지난 100년간 지구 평균 온도는 0.7도 높아졌는데, 우리나라는 1.5도나 높아져 한반도 기온이 지구 평균 온도보다 두 배나 더 많이 상승했다는 보도도 있었다. 급격한 산업화를 이루면서 얻은 대가이므로 그만큼 더 많은 온실가스 감축 부담이 있는 것이 사실이다. 연료 연소에 의한 온실가스 배출 세계 7위, 1인당 배출량 OECD 국가 중 6위라는 입장에서는 더욱 그러하다. 하지만 기후변화의 급박한 현실을 감안해 기업들도 범정부적 온실가스 감축 노력에 적극 동참해야 할 것이다.

신재생에너지, 주연배우가 될 수 있나 ─────

우리나라 대기업들이 신재생에너지 사업에 경쟁적으로 출사표를 던지던 시절이 있었다. 불과 6~7년 전쯤의 일이다. 황금이 가득한 엘도라도를 찾아 떠난 이들 중에 무사 귀환한 사람은 드물다. 출사표를 던진 기업들 대부분은 태양광사업을 포기하거나 뼈를 깎는 구조조정을 아직까지 거듭하고 있다. '신재생에너지의 저주'라는 말까지 나왔다.

하지만 신기후체제 파리협정 체결 후 신재생에너지 업계에 부활의 바람이 불고 있다. 우리나라도 예외는 아니다. 한화와 OCI 등 한국 태양광 기업들은 전 세계 태양광 시장에서 종횡무진 활약하고 있다. 정부는 제7차 전력수급기본계획을 통해 신재생에너지 설비 비중을 2014년 7퍼센트에서 2029년 20퍼센트까지 늘릴 계획이라고 밝혔다. 신재생에너지 설비 용량도 6,000MW에서 3만 3,000MW 수준까지 다섯 배 이상 커질 전망이다.

신재생에너지 사업은 부동산 개발사업과 비슷한 특성이 있다. 풍력발전기는 일정한 풍속과 풍량이 있는 곳에 설치해야 하고, 태양광발전은 일사량이 풍부한 곳에 자리를 잡아야 제대로 효율이 난다. 그러나 불행히도 우리나라 신재생에너지의 '입점' 여건은 그리 좋아 보이지 않는다. 국토도 좁은 데다 최근에는 주변 환경을 해친다는 주민들의 반대에 부딪혀 장소 확보가 점점 더 어려워지고 있다. 야외 입지 확보의 어려움 때문에 건물 옥상 등을 활용하기도 하지만 주변 건물들 때문에 햇볕 간섭을 받는 등 한계가 있다.

그러나 나는 전 세계 신재생에너지 시장의 과당경쟁 속에서 살아남은 플레이어들 간의 기술 경쟁이 시작되면서 풍력발전과 태양광발전 설치비용은 빠른 속도로 떨어질 것으로 본다. 여기에 탄소세 부과 등 친환경에너지원 보급 확산을 위한 정책적 노력이 맞물린다면, 신재생에너지는 생각보다 빠른 시간 안에 그리드 패리티(grid parity, 신재생에너지원으로 생산된 전력 가격이 화석에너지로 생산된 전력 가격과 같아지는 수준)에 도달할 수 있을 것이다.

우리나라도 앞으로 해상풍력 등 우리 실정에 맞는 신재생에너지 분야를 서둘러 개척하고, ESS와 에너지관리시스템 같은 에너지 신기술과의 융합으로 발전 효율을 높인다면 신재생에너지 20퍼센트 보급 목표가 달성 불가능하기만 한 목표는 아니라고 본다. 어둠이 깊으면 곧 새벽이 온다는 징조다. 신기후체제 파리협정 체결 후 신재생에너지 업계에도 서광이 비치고 있다.

분산형 전원, 에너지 자급자족 도시를 꿈꾸다 ───────

'송전선로를 조금이라도 짧게 하고, 송전탑을 덜 만들 수 있는 방법은 정말 없을까?' 밀양 송전탑 건설 현장을 마흔 번이나 드나들면서 내가 수도 없이 했던 질문이다. 깊어진 갈등의 골을 벗어나기 위해서는 소통도 중요했지만 미래 기술에 의한 기술혁신만이 근본적 해결 방안이라 생각했다. 그 해결책 중 하나가 분산형 전원에 있다. 분산형 전원(DR, Distributed Resources)이란 대규모 집중형 전원과는 달리 소규모로 전력소비 지역 부근에 분산 배치가 가능한 발전 설비를 말한다. 즉 일정 지역이 외부 전력 공급 없이 자체적으로 전기를 생산 공급하는 시스템이다. 대표적인 분산형 전원은 신재생에너지, 자가용 발전 설비,

집단 에너지 등을 들 수 있다.

분산형 전원의 매력은 생각보다 크다. 우선 전기를 생산해서 소비하는 장소까지 장거리 송전이 필요하지 않다. 최근 송전 설비를 둘러싼 지역사회와의 갈등을 생각한다면 더욱 매력적이다. 대도시에 인접해야 하는 특성상 대규모로 건설하기가 어렵고 비용이나 입지 선정에 현실적인 어려움이 있다. 이 때문에 2013년 기준 총 발전량의 7퍼센트 수준에 그치고 있지만 2029년에는 12퍼센트를 넘어설 것으로 전망된다.

분산형 전원의 대표 주자는 역시 신재생에너지다. 앞에서도 이야기했지만 우리나라 신재생에너지의 여건은 만만치 않다. 풍량과 일사량 등 자연 조건은 물론 지역사회의 수용성까지 고려해야 하는 처지다. 신재생에너지 확산을 더디게 만드는 이유다. 하지만 신재생에너지가 ESS와 같은 에너지 신산업과 결합되면 이야기가 달라진다. 불규칙하게 생산되는 전기를 저장해두었다가 필요할 때 꺼내 쓸 수 있기 때문에 신재생에너지의 불완전함을 채워준다.

미국은 지난 2010년 ESS 설치 의무화 법안을 만들어 투자세액을 감면해주고 있다. 일본은 2011년에 자가발전량이 전체 발전량의 20퍼센트를 넘어섰다. 독일도 2020년까지 마이크로그리드의 비중을 전체 전력 생산량의 25퍼센트까지 높이겠다는 계획을 가지고 있다. 분명한 것은 분산형 전원이 늘어나고 에너지 신산업이 확산되면서 다양한 에너지 플레이어가 생길 것이라는 점이다. 우리나라의 경우는 섬이 많은 서남해안이 일조량이 좋아 태양광 단지로서 적합한 조건을 갖추고 있다. 이 지역에서 분산형 전원 시스템이 성공적으로 구축될 경우 우리나라에도 에너지 자립 도시와 마을이 점차 늘어날 것이다.

에너지 분야의 변화는 우리가 상상하는 것 이상이다. 스마트폰이 처음 나왔을 때 전 세계인이 모두 스마트폰을 들고 다닐 것을 예상했을까. 아마 오늘날과 같은 대변화를 몰고 오리라고는 예상하지 못했을 것이다. 앞으로는 전기차가 대세가 될 것이다. 이미 글로벌 대기업들은 전기차 개발에 뛰어들어 시장 선점을 위한 치열한 경쟁을 시작했다. 에너지 빅뱅 속에서 삼성만 한 기업들이 속속 탄생할 가능성도 배제할 수 없다. 인터넷 혁명이 그랬던 것처럼 에너지 혁명도 대변화를 이끌며 우리를 또 다른 세계로 데려갈 것이다.

동북아를 하나로 이어줄 국제전력망 '동북아 슈퍼그리드' ─────

슈퍼그리드의 사전적 의미는 '큰 전력 공급을 위해 구축하는 대륙 규모의 광역 전력망'이다. '메가그리드(Mega Grid)' 또는 '대륙망(Continental Grid)'으로 불리기도 하는데, 2개 이상의 국가가 서로의 전력망을 연계해 전력의 생산과 공급을 관리하는 기술이라고 할 수 있다. 북유럽 슈퍼그리드(Nordic-EU SuperGrid), 남유럽과 북아프리카-중동 슈퍼그리드(Sud EU-Maghreb SuperGrid), 남부 아프리카 그리드(Grand Inga Project) 등이 현재 추진되고 있는 대표적인 슈퍼그리드들이다.

아시아 지역에서도 슈퍼그리드가 논의된 바 있는데 그것이 바로 '동북아 슈퍼그리드'다. 한국, 중국, 일본, 러시아, 몽골 등 동북아 국가들의 전력망을 연결하는 이 프로젝트는 사업의 장기성과 동북아시아의 특수한 정치 지형 등으로 인해 아직까지 연구만 계속되고 있는 상황이다.

앞에서도 잠깐 언급했지만 나는 2013년 일본 소프트뱅크 본사에서 손정의 회장을 만나 대화를 나눈 적이 있다. ICT가 본업인 소프트뱅크를 이끌고 있지만 에너지 분야에도 관심과 조예가 깊어 보이는 손 회장은 몽골의 신재생에너지 단지에서 풍력발전과 태양광발전 등의 설비를 통해 생산한 전기를 한국, 중국, 일본 등이 전력망을 통해 공유하면 좋겠다는 구상을 밝혔다. 나 역시 비슷한 구상을 하고 있던 터라 많은 공감 속에서 아시아 지역의 슈퍼그리드 구축에 대해 이야기를 나눴다. 에너지 사업에 대한 그의 플랜은 최근 한일관계와 소프트뱅크의 재무 상황 때문에 주춤하고 있지만 아시아 지역의 많은 나라들이 공감하고 있었다.

같은 해에 중국 산시성에서 만난 리샤오펑 성장과 궈밍 격맹국제 동사장도 산시성에서 생산되는 전력을 한국과 중국 간 전력 계통을 연결해 송전한다면 장기적인 관점에서 양국에 큰 이익이 될 것이라며 관심을 보였다. 이날의 대화 이후 초고압직류송전 등 송전 방식에 대해 양사 실무진 차원의 구체적 논의가 진행된 바 있다.

이와 같이 아시아 지역의 슈퍼그리드에 대한 각국의 이해와 공감이 확산되면서 2016년 3월 말에는 한·중·일·러 4국간 계통연계 협력 방안을 논의하는 자리가 마련될 예정이다. 이 자리에서 나는 중국국가전망공사, 일본 소프트뱅크, 러시아 로세티의 대표들과 함께 동북아 전력

사업 공동 발전을 위한 협력 방안을 논의해나가기로 했다.

동북아 지역은 전력 분야에서 상호 경쟁과 보완을 하면서 성장할 수 있는 매력적인 지역이다. 우리 한전은 동북아 슈퍼그리드를 실현하는 과정에서 매우 중요한 역할을 할 것이라고 본다.

앞에서 잠깐 언급했지만 1998년 나는 미국 국제전략연구센터 객원연구원 파견근무를 마치고 귀국해서 북한 경수로사업지원기획단에서 일했다. 북한 경수로 사업은 지금은 해체되었지만 당시 제네바 협약에 따라 한반도에너지개발기구(KEDO)에서 추진했던 사업으로, 북한에 경수로원자력발전소(물을 감속재로 이용하는 원자로) 100만 kW급 2기를 건설해 북한의 전력난을 해결해주고 북한의 핵 위협에서 벗어나 한반도 평화를 지키고자 했던 프로젝트다. 총규모 40억 달러가 넘는 대규모 사업이었는데 설계, 기자재, 부품 등이 건설 업계에 활기를 불어넣었다.

그러나 경수로사업이 한창 진행되고 있을 때 안타깝게도 북한이 대포동 미사일을 발사한 데 이어 2002년에는 국제원자력기구(IAEA)의 감시를 무시하고 플루토늄 추출을 시도해 경수로사업은 결국 파국으로 치닫기 시작했다. 급기야 2002년 KEDO는 북한에 약속했던 중유 공급을 중단했고 이후 공사 속도를 늦추면서 2005년에는 발전소 건설이 완전히 종료되었다. 이미 원자로 설비와 터빈 발전기 등에 약 11억 달러를 투입한 상태였다.

그동안 지어진 원자로 건물과 각종 철 구조물들은 흉측하게 변해버렸고, 당시 북한 신포 지구에 설치하려고 만들었던 원자력발전소 핵심 설비인 원자로는 현재 고리원자력발전소 내 한국전력 국제원자력대학 원대학교에 우두커니 남아 있다. 북한이 근본적으로 바뀌지 않는 한 이곳에 전시된 원자로는 남북 단절의 상징물로 남게 될 것 같다.

내가 이 책을 쓰는 동안에도 북한은 또다시 핵 실험과 미사일 도발을 단행했다. 정부는 개성공단 가동 전면 중단 조치를 발표했고, 기업과 인력이 철수하면서 문산변전소에서 보내는 전력도 끊어졌다. 얼마 전에는 유엔안전보장이사회의 대북제재 결의안이 만장일치로 채택되었다. 변화해야 할 때 문을 닫아걸고 있는 북한은 참으로 많은 기회를 잃고 있다.

에너지 정책의 핵심은 에너지 믹스다 ───────

내가 산업자원부 차관으로 있을 때 가장 고민했던 정책 과제 중 하나는 바로 '어떻게 하면 에너지 원료를 싼 가격에 안정적으로 확보할 수 있는가?'였다. 우리나라는 대표적인 자원 빈국으로서 에너지의 해외 의존도가 96퍼센트나 되어, 2014년 세계에너지총회의 평가에서 정치, 경제, 사회 분야의 평가는 상위권인 데 반해 에너지 안보는 하위권으로 나타났다.

에너지는 국가 경제, 나아가서는 국가 생존과 직결되는 만큼, 발전소 구성을 시대적 상황에 맞춰 가장 저렴하고 효율적인 에너지원으로 짜는 '에너지 믹스(energy mix)'는 매우 중요한 국가적 과제가 되어왔다.

신에너지의 시대에도 비용과 효율, 에너지 안보를 고려한 에너지 믹스는 전력 당국의 정책 우선순위에 놓일 수밖에 없다.

통계에 따르면, 우리나라의 발전 설비 규모는 2005년 6만 2,258MW에서 10년이 지난 2014년에는 9만 3,216MW로 가파르게 증가했다. 총 발전 설비 규모는 세계 13위 수준으로 세계 9위인 전력수요 규모에 비해 작은 편인데, 이는 발전 설비의 이용률이 다른 나라보다 높기 때문이다. 2014년 기준 에너지원별 발전 설비 용량은 쓰리 톱인 LNG, 석탄, 원자력이 각각 28.7퍼센트, 28.2퍼센트, 22.2퍼센트였다. 10년 전인 2005년에는 각각 26.4퍼센트, 28.9퍼센트, 28.5퍼센트 순이었지만 환경과 탄소 배출 우려 등으로 석탄 발전 비중은 줄어들고 LNG 발전은 늘어났다.

그렇다면 신에너지 시대가 도래하는 2029년에는 발전 설비 구성이 어떻게 변화될까. 제7차 전력수급기본계획에 따르면, 2014년 기준 LNG 28.7퍼센트, 석탄 28.2퍼센트, 원자력 22.2퍼센트, 신재생 6.7퍼센트로 되어 있는 발전 설비 구성이 2029년에는 LNG 20.6퍼센트, 석탄 26.8퍼센트, 원자력 23.4퍼센트, 신재생 20.1퍼센트로 바뀌게 된다. 신재생에너지가 주력 에너지원의 하나로 자리매김하고 원자력은 현재의 위상을 유지하는 반면, 석탄과 LNG의 비중은 점차 줄어드는 것이다. 석탄의 비중을 대폭 줄이자는 여론도 있지만 연료의 경제성 문제도 무시할 수 없다. 하지만 온실가스 감축을 위한 저탄소 전원믹스 강화 정책에 따라 앞으로 화석연료에 대한 의존도는 갈수록 낮아질 것으로 보인다.

제7차 전력수급기본계획은 파리협정이 체결되기 이전에 발표된 것이기 때문에 신기후체제 하에 온실가스 감축 목표 달성이라는 상황을 고려해 조정될 필요가 있다. 나는 결국 신재생에너지, 원자력 같은 청정에너지와 에너지 절약이라는 '제5의 에너지' 비중이 필연적으로 높아질 것이라고 생각한다. 에너지 믹스를 통해 에너지원의 한계를 어떻게 극복하느냐에 따라 우리 경제의 앞날이 달라질 것이다.

신에너지 시대, 전기의 본질은 변하지 않는다 ──────

철커덩! 미국 뉴욕 지하철이 갑자기 멈춰 선다. 유·무선 전화가 모두 먹통이 된다. 거리의 조명까지 꺼지면서 도시는 온통 암흑으로 변하고 겁에 질린 사람들이 거리로 뛰쳐나온다. 신호등이 꺼지자 차량이 뒤엉켜 아수라장이 된다. 엘리베이터에 갇힌 사람들은 영문을 몰라 불안해한다.

이는 재난영화 속에 나오는 장면들이 아니다. 2003년 미국 북동부 광역 대정전(블랙아웃) 때 실제로 일어났던 일이다. 이 정전 사태로 뉴욕 주를 포함한 8개 주와 캐나다 온타리오 주와 퀘벡 주 등에 길게는 5일 동안 전력공급이 중단되었으며 약 5,500만 가구와 상점 등이 정전 피해를 입은 것으로 집계되었다.

이날의 정전은 미국 오하이오 주의 전선에 거대한 나무가 걸리면서 선로 고장이 일어났는데, 이때 전력을 대체 공급할 송전 시스템을 갖추지 못한 것이 가장 큰 원인으로 지목되고 있다. 한 작업자의 단순한 실수에서 초래된 일이라고 하기에는 그 충격이 너무 컸다. 전기가 소중하면서도 얼마나 위험한 것인지 보여준 단적인 사례다.

2011년 늦여름에도 LA에 태풍이 불어 정전 사태가 발생했다. 당시 강연을 위해 LA를 찾았던 나는 사람들이 출근을 못하고 우왕좌왕하는 모습을 보게 되었다. 자동차를 타고 출근하면 되지 왜들 저러나 의아했다. 그런데 나중에 그 이유를 듣고 나는 실소를 금할 수 없었다. 정전되는 바람에 차고 자동문을 열 수 없었다는 것이다.

블랙아웃은 아니었지만 2011년에 있었던 9·15 순환정전도 '전기는 늘 우리 곁에 있다'는 생각을 완전히 바꾸게 했다. 나는 9·15 순환정전 이후 계속된 '전력 보릿고개' 시절 한전 사장으로 왔고 사상 초유의 전력난을 극복하기 위해 한파와 폭염 속을 이리저리 뛰어다녀야 했다. 전 국민이 '금 모으기'를 하는 마음으로 절전운동에 동참해준 덕분에 전력난을 극복할 수 있었지만, 그 후 만나는 사람마다 내게 "올여름 전력 사정은 괜찮습니까?", "올겨울에는 블랙아웃 걱정을 안 해도 될까요?"라는 질문을 던졌다.

9·15 순환정전 이후 전력난이 계속 발생한 이유는 여러 가지가 있겠지만, 나는 근본적인 원인을 값싼 전기요금 때문에 수요가 급증한 데서 찾고 있다. 비현실적인 요금으로 인한 소비 증가가 전력난을 부채질했던 것이다. 실제로 소비자들은 경쟁 에너지원인 등유나 가스보다 전기값이 저렴하자 가정은 물론 축사, 작물을 위한 난방까지 전기를

사용하게 되었다. 온풍기, 에어컨은 매년 날개 돋친 듯 팔려나갔다. 상황이 이러하니 에너지 피크시간대에 전력예비율이 급격하게 떨어질 수밖에 없었던 것이다. 하지만 급증하는 전력 수요를 해결해줄 발전소와 송전탑을 건설하기도 쉽지 않다.

그렇다면 앞으로의 전력 사정은 어떨까. 2015년 7월 확정된 '제7차 전력수급기본계획'에 따르면, 2015년 말 기준 12퍼센트 내외인 전력예비율이 2017년에는 26.3퍼센트, 2022년에는 27.7퍼센트 2029년에는 21.6퍼센트 수준으로, 매년 20퍼센트를 넘을 것으로 보인다. 전력난이 한창이던 2011년부터 2013년 사이 5~10퍼센트 내외로 아슬아슬했던 예비율이 높아지면서 안정적인 전력공급이 가능할 전망이다.

이런 전망이 빗나가지 않도록 하려면 전력 설비 확충과 합리적인 에너지 요금체계를 통해 전력예비율을 떨어뜨리는 돌발 변수들을 없애야 한다. 나는 앞으로 전력예비율이 20퍼센트 내외로 안정적인 추세를 보이고 선진국형 전력 수요 패턴인 성장 둔화 현상을 보이면, 전력회사의 경영 방식도 수요관리나 수요억제에서 수요창출과 신규사업 개발로 패러다임 전환이 이뤄져야 한다고 생각한다. 새로운 고객 개발을 위한 적극적인 영업활동도 필요하다. 과거에는 전력회사가 지속적인 전력수요 증가로 특별한 수요 창출 노력 없이 안정적인 수익원을 확보해왔다면, 앞으로는 안정적인 전력공급에 지장이 없는 수준에서 새로운 전력수요를 창출하기 위한 전략이 요구되는 것이다. 전력회사의 사업구조도 전력 생산 및 판매라는 단순한 구조가 아니라, 전력과 ICT가

융·복합된 에너지 신산업을 기반으로 하는 새로운 비즈니스 모델로 바뀌어야 한다.

그러나 신에너지 시대에도 한전의 기본 책무는 바뀔 수 없다. '업(業)'의 변화를 추구한다고 해도 안정적인 전력공급이 가장 기본적인 책무다. 에너지 혁명이 일어나 전기 소비자가 전기 판매자가 되는 프로슈머가 등장하고 1인 기업이 나와 전기를 공급한다 해도 전기는 멈추지 않고 계속 흘러야 한다. 그 본질을 잊어선 안 된다.

한국 에너지 산업, 해외로 나가야 할 골든타임이다 ─────

2016년 초에 열린 다보스포럼의 주제는 '4차 산업혁명'이었다. 3차 산업혁명인 ICT 기술을 기반으로 사물인터넷, 인공지능, 빅데이터, 무인자동차 등이 결합된 신기술 혁명이 어떤 변화를 가져올지에 대해 치열한 논의가 펼쳐졌다. 세계경제의 미래를 논의하는 이 자리에서도 빠질 수 없었던 어젠다는 바로 에너지였다. 주최자인 세계경제포럼(WEF, World Economic Forum)이 2016년 세계의 정치, 경제, 산업에 가장 큰 충격을 줄 글로벌 리스크 중 1위를 '기후변화 대응 실패'로 꼽고 '에너지 가격 충격'을 5위, '생태계 파괴'를 6위로 선정했을 정도로 에너지는 뜨거운 이슈가 되었다.

국제에너지기구에 따르면, 글로벌 전력시장은 앞으로 꾸준한 성장세를 보일 것으로 전망되지만 미국과 EU 등 OECD 국가 전력수요 성장은 둔화되는 반면 비OECD 국가는 3퍼센트 수준의 견고한 성장이 기대되고 있다. 특히 인도와 중동 지역의 전력수요는 가파르게 증가할 것으로 전망된다.

이에 따라 투자 규모도 2040년까지 19조 7,000억 달러의 신규 투자 중에서 비OECD 국가가 65퍼센트 이상 차지할 것으로 보이며 그중에서도 중국은 4조 1,400억 달러로 21퍼센트 수준에 달할 것으로 전망된다(IEA 〈세계에너지전망 2015〉). 반면 우리나라 전력수요는 선진국 패턴으로 성장이 둔화될 전망이어서 국내에서는 더 이상 과거와 같은 에너지 산업의 급격한 성장은 기대하기 힘들 것으로 보인다.

나는 우리나라 에너지 산업이 본격적으로 해외시장에 진출할 골든타임이 왔다고 본다. 개도국을 중심으로 활발히 성장하는 에너지 시장은 앞으로 우리 기업들의 도전 무대가 될 것이다.

그동안 발전사업 중심의 전통적인 해외 전력사업은 적지 않은 성과를 거둬왔다. 단군 이래 최대라고 불리는 UAE 원전 4기 수주를 비롯해 다양한 프로젝트 수행을 통해 '신뢰할 수 있는 파트너'로서의 브랜드를 차곡차곡 쌓아올렸다. 우리나라는 우수한 기술력과 사업 모델을 갖추고 있어 스마트그리드, 마이크로그리드, ESS 같은 에너지 신산업 분야에서도 수출 전망이 밝은 편이다.

그동안 전력 부문에서 해외 전력사업을 주도한 한전도 오랜 기간 적자에 허덕이다 최근 재무구조를 완전히 탈바꿈시키고 투자 여력이 있는 회사로 부활했다. 에너지 신사업은 초기에 막대한 규모의 투자가 필요하고 투자 회수기간이 긴 사업이다. 한전은 국내에서 이러한 사업에 투자가 가능한 몇 안 되는 기업이 되었다. 앞으로 우리 기업의 해외 시장 진출은 공기업과 민간기업이 함께 손을 잡고 동반 진출하는 방식도 바람직하다. 5년마다 새로 내놔야 하는 탄소 감축 목표 때문에 신기후체제가 기업들에게 위기가 되고 있지만 그 결과가 실보다는 득이 될 가능성이 많다. 각국이 신재생에너지에 대한 대규모 투자계획을 밝히면서 오히려 새로운 시장 진출의 기회를 만들어주고 있기 때문이다. 우리 기업들에게는 지금이 바로 그 기회를 잡아야 할 골든타임이다.

에너지 신산업,
100조 원 신시장이 열린다

시장으로, 미래로, 세계로 가는 에너지 신산업 ─────

파리총회가 열리기 1년 전인 2014년 가을, 나는 서울 한전 구 본사에서 열린 '에너지 신산업 대토론회'에 참석했다. 이날 박근혜 대통령을 비롯해 270여 명의 에너지 전문가들이 한자리에 모여, 에너지 신산업 창출을 위한 그동안의 노력들에 대해 서로 허심탄회하게 이야기하면서 우리나라 에너지 산업이 앞으로 나아가야 할 방향과 각자의 역할에 대해 심도 있는 논의를 했다.

이 자리에서 대통령은 "에너지 신산업 육성을 위해 민간에도 진입장벽과 규제를 과감히 풀어줘야 한다. 정보기술을 통한 스마트한 전기절약이 생활화될 수 있도록 낡은 제도와 규정을 개선해야 한다"고 강조했다. 마지막에 대통령은 에너지 신산업 육성을 위해 직접 만든 구호

리 사진들도 전시해 참가자들의 흥미를 끌었다. 되돌아보니 이날의 에너지 신산업 대토론회는 역사적인 날이었다. 우리나라는 글로벌 신기후체제가 출범하기도 전에 에너지 신산업 빅리그로 가는 길로 먼저 한 걸음 내딛었으며 이를 발판삼아 2015년 12월 파리에서 열린 제21차 유엔기후변화협약 당사국총회에서 우리나라의 2030년 에너지 신산업 100조 원 신시장 창출을 위한 전략이 선언되기에 이르렀다. 전력, 수송, 산업 등 전 분야에 걸쳐 에너지 신산업 과제를 도출하고 에너지 신시장의 치열한 글로벌 패권을 거머쥐기 위한 위대한 첫 걸음이었던 것이다.

누구나 전기를 생산하고 파는 프로슈머 시장이 열린다 ————

세계적인 미래학자 제레미 리프킨은 앞으로 에너지도 인터넷처럼 망으로 공유하는 인터그리드, 즉 '에너지 인터넷' 시대가 열릴 것이라고 내다보았다. 오늘날에는 수많은 사람들이 인터넷 공간에서 스스로 콘텐츠를 생산해 유튜브나 페이스북, 인스타그램 등에 올리기도 하고 언론이나 포털이 생산하는 다양한 정보를 소비한다. 정보화 시대에는 소비자가 곧 생산자이고 생산자가 곧 소비자인 셈이다. 리프킨의 주장대로라면 앞으로 에너지도 이렇게 된다는 것인데 이는 수많은 '에너지 프로슈머'의 출현을 예고한다.

프로슈머(prosumer)는 생산자(producer)와 소비자(consumer)를 합친 용어로 에너지를 직접 생산하면서 소비도 하는 주체를 의미한다. 누구나 전기를 생산하고 판매하는 시장이 에너지 프로슈머 전력시장이다. 다른 말로는 '분산자원 중개시장'이라고도 한다. 멀지 않은 미래에 개인이 혹은 개별 빌딩에서 소규모의 전기를 직접 생산해 사용한 뒤 남은 전기는 팔 수 있는 시장이 열리는 것이다.

선진국에서는 에너지 프로슈머 전력시장이 확대되고 있는 상황이다. 신재생에너지가 보편화되고 전력의 단가가 떨어지면서 미국, 호주, 독일 등에서는 가정과 마을에서 소규모 태양광이나 풍력발전 설비를 설치해 전기를 생산한 뒤 쓰고 남은 전기를 전력회사에 파는 사례가 늘고 있다. 미국, 호주, 독일에는 각각 30만 개, 100만 개, 140만 개의 태양광 설비가 이미 구축되어 있다.

앞으로는 태양광과 풍력 같은 신재생에너지, ESS, 전기차 등 다양한 발전 설비를 이용해 만든 전기를 시장에서 사고팔 수 있을 것이다. 또 이와 관련한 사업자도 마이크로그리드, 제로에너지빌딩, 친환경에너지타운, 수요자원 거래 등 다양한 형태를 띠게 될 것으로 보인다.

우리나라에서도 2030년까지 에너지 프로슈머 사업이 전국으로 확산될 전망이다. 정부는 마이크로그리드 사업을 대폭 확대하고 2025년부터 신축 건물에 제로에너지빌딩을 의무화하기로 했다. 친환경에너지타운도 100곳까지 늘릴 예정이다. 정부의 계획대로 에너지 프로슈머 전력시장이 열린다면 이 시장과 산업의 성장은 급물살을 탈 것이다.

2016년 3월 프로슈머가 생산한 전력을 이웃끼리 거래하는 실증사업에 정부와 한전이 발 빠르게 착수했다. 지붕 위 태양광 등 분산형 전원을 통해 전력을 생산한 후 스스로 소비하고 남은 전력을 한전을 통해 이웃에 공급하게 된다. 수원과 홍천의 2개 마을을 시작으로 연말까지 20개 마을에 시범사업을 확대할 예정이다. 이른바 에너지 '십시일반'의 국민 발전소가 만들어지는 것이다.

나는 2013년 전력 보릿고개를 넘기고 각종 송전선로 건설 민원을 해결해나가는 과정에서 이제는 전기를 대량으로 생산하고 공급하는 방식이 점점 더 힘들어질 것이고 수요 쪽에서도 길을 찾아야겠다는 생각을 하게 되었다. 특히 파리협정으로 출범한 신기후체제에서는 에너지 수요를 효율적으로 관리하는 것이 국가적으로 매우 중요해졌다고 생각한다. 때마침 2014년에 우리나라에도 수요자원 거래시장이 개설되었다. 2030년까지 정부는 LNG발전소 12기에 해당하는 630만 kW의 전력을 네가와트 산업을 통해 확보할 계획이라고 밝혔다. 이제는 한전과 발전 자회사가 비싼 발전소를 지어 전기를 생산하는 게 아니라 전기 소비자가 전기를 아껴 마치 발전소를 지은 것과 같은 효과를 내는 시대로 서서히 넘어가고 있는 것이다.

네가와트 시장은 공장, 대형마트, 빌딩 등에서 소비자가 아낀 전기를 모아 판매해 수익을 창출하는 전력시장인데, 2015년 기준 LNG발전소 5기가 생산하는 발전량과 맞먹는 수준의 수요자원을 등록하고 있다.

나는 수요자원 거래시장이 커지면 에너지 신산업도 크게 성장할 것으로 보고 있다. 우선 수요자원을 거래하기 위해서는 스마트계량기 기술이 필요하고, 여기에 쌓이는 엄청난 규모의 에너지 사용량에 대한 빅데이터를 ICT 기술과 융합해 분석하고 처리하는 기술도 필요하다. 이를 바탕으로 다양한 네가와트 비즈니스 플랫폼을 구현하는 사업도 주목받을 것이다. 에너지를 담는 그릇인 ESS도 필요할 것이고, 전기차 배터리에 담긴 에너지도 V2G 기술을 활용해 '달리는 수요자원'으로 활용할 수도 있다. 또한 가정에서 H2G(Home to Grid) 방식으로 절약된 전기를 전기 사업자에게 다시 되파는 시스템도 조속히 보급되어야 할 것이다.

에너지 프로슈머 전력시장은 이제 우리 곁에 다가와 있다. 2030년이 되면 개인이 절약한 전기를 되파는 에너지 프로슈머 사업이 우리나라 전역으로 확대될 전망이다. 에너지의 신세계가 열리는 것이다.

전기차 100만 대와 ESS 10GWh의 신시장 ────

더 이상 전기차는 미래의 기술이 아니다. 이제 곧 기름값 걱정하지 않고 전기차를 마음껏 탈 수 있는 날이 오게 될 것이다. 글로벌 자동차 기업들도 하나둘 전기차를 공개하고 있다. 국내에서는 아직까지 전기차 보급대수가 많지 않지만 인식 변화로 판매가 꾸준하게 증가하고 있다. 2015년 12월에는 테슬라가 '테슬라코리아'를 설립하고 국내 시장에 진출했다. 북미 시장에서 이미 선풍적인 인기를 끌었던 테슬라 전기차는 동북아시아 시장 진출도 꾀하고 있다.

제주도는 2030년까지 섬 안의 모든 차를 100퍼센트 전기차로 바꾼다는 '카본 프리 아일랜드' 계획을 내놓았다. 주행거리가 짧은 제주도는 전체 면적이 그리 넓지 않아 1회 충전시 주행거리가 120~150킬로미터가량 되는 전기차로 달리기에 적당하다. 또한 풍력발전과 연계해 '바람으로 달리는 전기차'라는 이름의 관광상품 개발도 가능해 보인다. 연료비 절감 효과가 높은 대중교통과 공공기관을 중심으로 전기차를 보급하고 서서히 민간으로 확대해나가면 37만 대에 달하는 제주도 전 차량을 전기차로 바꾸는 것도 꿈만은 아닐 것이다.

전기차는 짧은 주행거리도 문제이지만 충전 인프라가 매우 부족하다. 따라서 2020년까지 1회 충전시 운행거리를 현재보다 2~3배 늘리는 기술혁신이 이루어져야 하고 전국 단위의 충전소도 대폭 늘려야 한

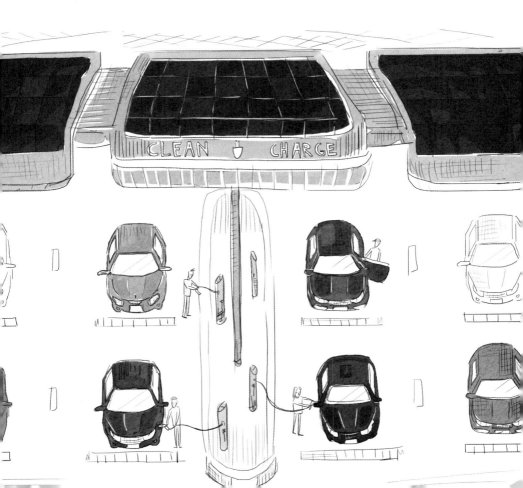

다. 민간과 공공이 다 같이 사업에 참여하면 해결될 수 있는 과제다.

국민생활과 밀접한 시내버스를 전기차로 바꾸는 계획도 가능성이 있어 보인다. 정부는 2030년까지 총 3만 3,000대의 시내버스를 전기차로 바꿀 계획을 가지고 있다. 만약 우리가 사는 시내에 청정에너지 전기차가 달리면 일석이조의 효과를 얻을 수 있다. 깨끗한 환경을 만드는 데 일조할 뿐만 아니라, 전기차 급속충전 시설의 충전비가 휘발유 차량 대비 약 40~60퍼센트 수준으로 책정될 예정이어서 경제적으로도 큰 이익이 되기 때문이다.

2016년 3월부터는 전기차 충전사업자 전용 전기요금제가 도입되어 공공주차장, 마트, 아파트 등의 충전사업자가 자신이 할인을 많이 받을 수 있는 요금제를 스스로 선택할 수 있도록 했다. 이렇게 되면 충전사업자의 전기요금 부담도 완화되고 전기차 운전자도 합리적인 가격에 충전 서비스를 이용할 수 있게 될 것이다.

전기차 산업의 핵심은 엔진이 아니라 배터리에 있으며 배터리 산업의 성장과 궤를 같이한다. 특히 테슬라는 전기차와 ESS 배터리 모두에서 혁신적인 가격의 사업모델을 내놓고 있어 전기차 시장에 충격을 주고 있다. 이에 질세라 구글은 무선 충전이 가능한 자율주행차 기술개발을 선도적으로 진행하고 있고, 애플도 전기차 배터리 문제 해결을 위한 기술개발에 뛰어들었다.

2030년까지 전력설비에 10GWh 규모의 ESS를 적용하여 약 5조 원의 ESS 시장을 열겠다는 정부 계획과 함께, 전기차 배터리 사업에서

ESS는 더욱 다양하게 쓰일 것이다. 평상시에 전기를 저장해뒀다가 부족할 때 예비전력으로 활용하는 것은 물론 신재생에너지원과 결합시켜 수익 창출 효과와 함께 온실가스 감축이라는 국가의 목표를 동시에 충족시켜줄 수 있기 때문이다.

국제에너지기구는 2014년 말 전 세계 전기차 보유대수를 약 66만 대로 집계했다. 하지만 2030년에는 전기차 시장이 1,000만 대로 급성장할 것으로 보인다. 이 숫자대로라면 2030년 전 세계 자동차의 10대 중 1대가 전기차가 된다는 말이다. 더 늘어나면 늘어나지 줄어들 숫자는 아니다. 전기차가 기후변화의 매력적인 솔루션일 뿐 아니라 신기후체제의 고성장산업군에 속하기 때문이다.

우리나라도 2030년까지 순수 전기차 100만 대 보급을 목표로 하고 있다. 나는 기후변화의 위협이 수면 위로 올라올수록 전기차와 배터리 산업의 기회도 함께 수면 위로 올라올 것으로 본다. 우리 기업들은 미래 성장동력에 사활을 걸겠다는 의지로 위기를 역전의 기회로 만들어내야 한다. 일찍 일어나는 새가 먹이도 먼저 먹는 법이다.

스마트 공장이 탄소 프리 시장을 연다 ─────

공장 하면 '굴뚝'이 떠오르고 굴뚝에서 나오는 시커먼 연기와 쉴 새 없이 돌아가는 작업장 컨베이어 벨트를 연상하는 사람들이 많을 것이다. 공장은 엄청난 에너지를 소비하고 뿜어내는 이산화탄소의 양도 막대하다. 통계자료에 의하면 철강, 석유화학 등 국내 산업 분야에서 직접 배출되는 온실가스는 전체의 약 3분의 1에 달한다.

하지만 최근 스마트 공장이 떠오르고 있다. 스마트 공장이란 에너지와 ICT 기술을 융합해 제조업장의 에너지 효율을 높이는 기술이다. 이 기술은 생산 공정에 대한 실시간 모니터링과 분석을 통해 각종 고장 및 사고를 예방할 수 있게 해준다.

해외에서는 이미 스마트 공장 시장 규모가 2012년에 1,500억 달러가 넘었다. 국내 시장 규모는 24억 달러 정도에 불과하지만 연평균 11퍼센트의 고성장을 기록하며 앞으로 달려 나가고 있다. 2030년이 그리는 스마트 공장은 4만 개에 달한다. 즉 10인 이상 제조업체의 3분의 2가 스마트 공장이 되는 셈이다.

하지만 세계 각국의 스마트 공장과 같은 효율화 사업은 활성화되어 있지만 온실가스를 줄이는 친환경 공정 사업은 아직 걸음마 수준이다. 친환경 냉매나 친환경 원재료를 사용하는 친환경 공정은 기업 입장에서 많은 비용이 든다. 또한 드는 비용에 비해 성공에 대한 확실성은 낮은 편이다. 당연히 투자 리스크가 크므로 뛰어들기를 꺼려한다.

정부는 대기업이 중소기업의 온실가스 감축 및 에너지 절약을 자금 또는 기술력으로 지원할 경우 동반성장 평가에서 우대해줄 계획이다. 여기에는 에너지 부문 대기업과 중소기업 간 상생 프로그램을 다양하게 만들어 동반성장 투자 재원을 온실가스 및 에너지 부문으로 늘려가는 계획도 포함되어 있다. 효율성 제고 차원에서 스마트 공장의 구축은 생존을 위한 필수요건일 수밖에 없다.

우리나라 제조 부문의 에너지 효율은 낮은 편이다. 전기 사용량의 절반 이상을 산업용이 차지하고 있을 정도로 소비량도 절대적으로 많다. 따라서 미래 공장의 경쟁력은 에너지 절약에서 찾아질 것이다. 신기후 체제에서의 공장은 온실가스 배출소라는 그동안의 불명예스런 이름표를 떼고 에너지 절약의 장이 되어 우리나라 경제의 경쟁력을 높여주는 큰 주춧돌이 될 것이다. 우리가 스마트 공장을 성공적으로 구축한다면 우리나라의 첨단 IT기술로 전문성과 효율성을 높여 세계의 공장들을 변신시킬 날들도 그리 머지않았다.

신기후체제,
에너지 분야 국가대표 선수들

에너지 신시장, 결투는 이미 시작되었다 ————

조만간 에너지 신시장에서 글로벌 기업들이 격렬한 접전을 벌일 것으로 예상되고 있다. 세계 IT 시장과 자동차 시장을 누비던 LG와 현대차그룹도 이 분야를 주력 사업으로 성장시키겠다는 포부를 드러냈고 10대 기업들도 속속 입장하면서 한국 선단을 구성하기 시작했다. 물론 그 중심에는 세계 4대 전력회사로 성장한 한전이 있다.

가장 큰 결투가 시작된 전장은 전기차 시장이다. 현대차그룹은 물론 삼성과 LG까지 이른바 '국내 빅3'가 모두 출전했다. 먼저 치고 나간 곳은 LG다. 수년 전부터 자동차 부품 사업을 신성장동력 사업으로 선정하고 다양한 연구개발과 사업화에 매진해온 LG는 많은 부문에서 상당한 사업 진척을 이뤄내고 있다. 2013년 VC(vehicle component, 자동차 부품) 본부를 설립한 뒤 GM 전기차에 배터리팩, 모터를 포함한 11개 종류의 핵심 부품을 공급하고 있으며, 최근에는 크라이슬러와 전기차 배터리 공급 계약을 체결해 수천억 원의 매출을 확보하는 등 글로벌 전기차 시장 공략을 더욱 강화하고 있다.

상대적으로 출발이 늦기는 했지만 삼성도 최근 야심차게 출사표를 던졌다. 삼성전자는 2015년 12월 자동차 전장사업팀을 신설하고 우선 차량용 인포테인먼트, 자율주행 전기차 기술개발 쪽으로 역량을 집중하기로 했다. 차량용 반도체 부문과 스마트카 부품사업으로도 영역을 확대할 계획이다. 이미 전자와 반도체 부문의 최고수인 삼성에게 전기차는 필살기를 제대로 펼칠 수 있는 분야다.

국내 자동차산업의 터줏대감 현대차그룹은 자율주행차, 전기차, 수소차 등 미래형 자동차 시장 공략을 위해 공격적으로 투자 행보에 나섰다. 최근에는 자율주행기술 상용화에도 적극 나서는 모습이다. 오는 2020년까지 하이브리드 12개 차종, 플러그인 하이브리드 6개 차종, 전기차 2개 차종, 수소연료 전기차 2개 차종 등 친환경 차량을 총 22종으로 확대할 계획이다.

전기차의 핵심인 배터리 시장에서는 우리 기업들이 국내를 넘어 해외 문파의 고수들과 겨뤄 우세한 국면을 점하고 있다. 전 세계 전기차 배터리 시장은 과거 파나소닉 같은 일본 업체들이 70퍼센트를 독식하고 있었다. 하지만 최근 LG화학과 삼성SDI 같은 국내 기업들이 전기차 전지 부문에서 일본 기업들과 대등한 경쟁을 벌이고 있다. SK 역시 전기차 배터리와 리튬이온 2차 전지 소재인 리튬이온전지 분리막을 생산하고 있다. 최근에는 그룹 차원에서 신에너지를 차기 주력사업으로 선정하고 '에너지 신산업 추진단'을 발족했다. 향후 배터리 사업은 물론 친환경 발전, 에너지 효율화 사업으로 영역을 확대할 것으로 보인다.

한국 대표 고수들의 활약은 전기차 종목에만 국한된 것이 아니다. 활용 분야가 많아 에너지 신산업의 '약방의 감초'격인 ESS 분야에서는 삼성SDI와 LG화학이 단연 돋보인다. 태양광 분야에서는 2015년 한화 큐셀이 한화 솔라원과 통합하면서 세계 1위의 태양광 셀 생산업체로 올라섰다. 계속된 태양광 업계의 불황으로 와신상담 끝에 멋지게 권토중래한 것이다. 2015년 4월에는 미국 전력회사 넥스트에라와 1.5GW 규모의 초대형 태양광 모듈 공급 계약을 맺었다. 삼성SDI, LG전자, OCI 등도 글로벌 태양광 시장에서 갈고 닦은 무공을 선보이며 왕성한 활약을 펼치고 있다.

독립형 마이크로그리드 사업의 일환으로 전개되고 있는 친환경 에너지 자립섬 사업 분야에서는 LG, 포스코, KT 등이 적극적으로 움직이고 있다. 한화그룹은 계열사 한화S&C가 독자적으로 충남 홍성의 죽도에 에너지 자립섬 사업을 펼치고 있다. SK도 효율시장에 뛰어들며 거대한 투자를 시작했다. 주로 빌딩이나 공장을 타깃으로 ICT 융합기술을 반영한 에너지관리시스템을 구축하고 있다. 최근에는 사물인터넷 및 빅데이터 분야에도 큰 관심을 갖고 사업 모델을 개발하고 있다. KT도 우리나라 스마트그리드 태동기 시절부터 자체 브랜드인 K-MEG 사업을 키우면서 내공을 쌓아왔다. 포스코는 포스코에너지와 포스코ICT를 통해 스마트 공장과 에너지 관리사업을 추진하고 있는데, 발전에서 에너지 소비까지 전 과정에서 최적화를 이루겠다는 목표를 갖고 있다.

LS그룹도 에너지 신산업을 신수종 사업으로 집중 육성하고 있다. 차세대 송전기술인 초고압직류(HVDC, High Voltage Direct Current) 송전 기술을 선도하고 있으며 친환경 에너지 자립섬, 스마트계량기, 주파수 조정용 ESS 사업에도 참여하고 있다.

히든 챔피언, 에너지 신산업의 스펙트럼을 넓히다 ─────

에너지 신산업에 참여하는 기업들은 대기업뿐만 아니라 1인 기업에서 스타트업, 중소·중견기업까지 스펙트럼이 꽤 넓다. 전통의 에너지 시장은 자본과 설비 집약적이어서 진입 문턱이 높았다. 하지만 에너지가 ICT와 융합되면서 소프트웨어는 물론 하드웨어 쪽으로도 기회의 문이 활짝 열렸다.

2014년 개설된 전력수요관리 자원시장이 대표적이다. 수요관리 자원 시장 사업의 성패는 전력 감축 지시를 성실히 이행하는 수요자원을 얼마나 많이 확보하느냐에 달려 있다. 즉 회사의 영업력 제고가 성공의 관건이다. 그러다 보니 기업 규모를 가리지 않고 남들보다 빠르게 발품을 더 많이 파는 영업력 좋은 회사가 돋보이고 있다. 실제로 2015년에 '올해의 전력수요관리사업자'로 선정된 한국엔텍은 직원 10명 남짓

규모의 중소기업이었다. 한 신생 중소기업은 찜질방, 축사 등 틈새 수요자원 400곳을 발굴해 주목을 받았다. 이 기업이 발굴한 수요자원은 남들이 지나쳐버린 곳들이었다.

전기차 분야에서도 강소기업들의 활약이 빛을 발하고 있다. '시그넷'이라는 중소기업은 닛산의 전기차 사업 파트너인 마루베니상사와 독점계약을 맺고 미국 닛산과 BMW 전기차를 위한 충전기를 공급하고 있다. 성지기업은 '쓰리윙'이라는 초소형 3륜 전기차를 만들어 치킨 프랜차이즈 기업인 BBQ에 납품했다. 덩치는 작지만 한 번 충전으로 50킬로미터를 주행하고 일반 220V 플러그로도 충전할 수 있어 가까운 거리 배달에 최적화되어 있다. 만약 전국 1,800개 BBQ 매장에 두 대씩만 공급되더라도 3,600대의 소형 전기차가 달리게 된다.

한전의 주파수 조정용 ESS 설치 사업에는 ESS 분야 세계 5위권 안에 들어가는 한국의 중소기업 코캄을 포함해 인셀, 보성파워텍, 우진산전, 이엔테크놀로지 등 많은 중소기업들이 파트너로 참여하고 있으며, 국내는 물론 해외시장 동반 진출을 노리고 있다. 한전의 스마트그리드 확산사업에도 누리텔레콤, 옴니시스템즈, 비츠로시스, 광명전기, 피에스텍 등 많은 중소기업들이 함께 참여해 확실한 실적을 쌓으며 해외시장을 노리고 있다.

앞으로 에너지 소비자가 에너지를 생산하는 에너지 프로슈머 시대가 본격적으로 열리면 1인 기업들도 에너지 시장에 뛰어들어 스펙트럼이 더욱 넓어질 전망이다. 이제 태동기인 에너지 신산업에 뛰어든 중소기업들이 히든 챔피언으로 성장할 수 있도록 정부와 지자체가 함께 힘을 모아야 할 때다.

전력과 통신, 신에너지로 접속하다 ─────────

2015년 11월 29일, 제21차 유엔기후변화협약 당사국총회를 기념해 나무와 숲의 모습을 형상화한 희망의 푸른색 등이 파리 에펠탑에 켜졌다. 신기후체제의 성공적인 출발을 기원하는 퍼포먼스였다. 전 세계 국가들은 지구 운명이 걸린 제21차 총회에 참석해 국제 공조를 약속했다.

나는 앞으로 파리협정을 기회로 삼아 기후변화 대응을 견인할 에너지 신산업을 더 많이 육성하고 확산시켜나가야 한다고 생각한다. 최근 기후변화 대응을 가장 빠르게 실현하고 있는 분야는 바로 에너지와 ICT의 융합이다. 전력과 통신은 마이클 패러데이와 제임스 맥스웰이라는 두 천재 과학자가 정립한 전기와 자기라는 과학 현상을 바탕으로 하고 있다. 형제 사이와도 같은 둘이 만나는 것은 자연스런 일이다.

2014년 말, 한전이 나주로 내려가고 얼마 지나지 않아 황창규 KT 회장 일행이 나주 한전 본사 30층의 내 집무실을 찾았다. 이날 한전과 KT는 광주전남 혁신도시를 중심으로 추진하고 있는 에너지밸리 구축을 위해 협력하고 전력과 ICT를 융합한 신사업 모델 개발을 보다 효율적으로 추진하기 위한 양해각서를 체결했다. 이후 나주 본사에 양사가 공동으로 융합센터를 설립하고 스마트계량기, 스마트홈, 전기차 충전, 카셰어링, 마이크로그리드 등 다양한 분야에서 협력을 진행하고 있으며, 협력사업 성공모델을 기반으로 해외시장 공동진출을 모색 중이다.

한전은 LG유플러스와도 손을 잡았다. 두 회사의 강점을 융합해 스마트그리드 모델을 개발하고 스마트그리드 시장을 활성화하기로 의견을 모은 뒤 체결한 사업 협력 MOU(양해각서)의 효율적인 실행을 위해 빛가람 혁신도시에 '전력-사물인터넷 융합사업센터'를 공동으로 개설하고 각 사의 분야별 전문가들이 참여한 워킹그룹을 구성했다. 앞으로

전력-사물인터넷 융합사업센터 개설을 발판으로 LG 유플러스와 한전이 역량을 결합해 융합기술 기반의 신사업 모델을 발굴하는 등 새로운 성장동력을 창출해나갈 계획이다.

2016년 초에는 SK 텔레콤과 스마트시티, 마이크로그리드, 전기차 충전 인프라 등 에너지 신산업 분야 공동투자에 나섰다. 한전이 3,000억 원, SK 텔레콤이 2,000억 원을 투자하는 메가 프로젝트다. 이는 2015년에 사물인터넷과 빅데이터에 기반한 융·복합기술 및 사업 개발에 협약한 이후 이어진 공동투자 협약이다. 이를 기반으로 SK 텔레콤과는 중소기업 동반성장과 지역사회 상생을 위한 '빛가람 에너지밸리' 조성 협력, 차세대 인프라 구축을 통한 스마트그리드 확산, 사물인터넷 및 빅데이터를 기반으로 한 창조경제형 신사업 공동개발, 전력·ICT 융합 기술 기반의 해외시장 동반 진출 등 4대 분야를 협력 과제로 선정하고 지속적으로 추진해나가기로 했다.

한국은 ICT 분야에서 세계 선두를 달리고 있다. 전력 분야도 효율성이나 품질 면에서 역시 세계 최고 수준이다. 나는 이 두 산업 부문이 융·복합을 통해 세계로 뻗어나가면 가공할 만한 시장 지배력을 갖출 수 있다고 본다.

정부가 앞장선다 ─────

2016년 초, 정부가 발표한 '전력 분야 10대 프로젝트'는 우리나라 에너지 신산업의 본격적인 빅리그 진입을 알리는 신호탄이었다. 2016년에만 에너지 신산업 분야에 6조 4,000억 원을 투자하기로 했다. 이는 2015년 투자금액인 2조 5,000억 원보다 두 배 이상 늘어난 규모다. 또한 2017년까지 2조 원 규모의 '전력신산업 펀드'를 조성해 에너지 신산업 분야 중소 벤처기업 육성 및 신기술 개발을 위해 활용할 계획이다. 전기차 분야에서는 충전 인프라 확충을 위해 전국 20곳에 전기차 충전기 500기를 설치해서 민간 사업자와 공동으로 이용할 수 있도록 할 방침이다. 110곳의 한전 지사에도 660기의 전기차 충전기를 설치해 공용 충전소로 개방할 계획이다. 이처럼 전국 곳곳에 있는 한전 지사를 충전소로 활용 개방하면 전기차의 전국적인 보급 및 확산에 큰 도움이 될 것으로 보인다.

한전과 발전 자회사는 공동 출자법인을 만들어 2,000곳 이상의 학교 옥상에 태양광을 설치하는 등 신재생에너지 분야에서도 공격적인 투자를 계획하고 있다. 한전은 일찌감치 뛰어든 주파수 조정용 ESS 사업 분야에도 2016년 한 해 1,800억 원을 추가 투자해 확산을 가속화할 방침이다. 중소기업들과 함께 에너지 효율 향상 사업(ESCO, Energy Service Company)도 구상하고 있다.

그동안 다소 늦어졌던 스마트계량기 구축 사업도 속도를 내기로 했다. 2016년 중 200만 가구에 스마트계량기를 추가로 설치할 계획인데, 이렇게 되면 전력망과 ICT의 융합이 가속화되어 다양한 전기 관련 편의 서비스 제공이 가능해질 것으로 보인다. 전력 분야의 방대한 빅데이터 중 공공성이 있는 정보는 일반에게 공개해 생활 편의를 높이고 민간 비즈니스에 도움을 줄 계획이다.

　정부는 이 밖에도 에너지 신산업 생태계가 온전히 뿌리내릴 수 있도록 각종 규제를 완화하고 새로운 제도를 만들면서, 우리 기업들의 해외 진출 경쟁력 확보를 위한 지원을 해나갈 계획이다. 이와 같은 정부와 공기업들의 선도적인 투자는 민간 부문의 대응 투자를 가져와 에너지 신산업을 본격적으로 꽃피우는 마중물이 될 것이다. 2016년은 2030년 에너토피아로 가는 문을 다 함께 여는 해가 되기를 기대한다.

신기후체제 대응, 지자체도 함께 뛴다 ──────

　정부와 기업이 신기후체제에서 가장 활발한 움직임을 보이고 있지만 지자체도 또 다른 핵심 플레이어로 등장하고 있다. 과거 공급 위주의 에너지 시대에는 국가 차원의 전력수급기본계획 아래 발전소를 만들어 전력을 생산하는 것이 상식이었지만 신에너지 시대에는 환경 친화적이며 분산된 에너지 시스템을 구축하는 패러다임의 변화가 급속도로 이뤄지고 있다. 이는 에너지의 생산과 보급, 절약에 있어 지자체들의 역할이 커졌음을 의미한다.

　독일은 시민과 지역 공동체에 의해 에너지 전환이 실현되면서 지역 경제를 강화시키고 새로운 일자리를 창출하고 있다. 니더작센 주 윤데 마을은 독일의 첫 바이오 에너지 마을로 2006년부터 가축의 분뇨와 목재 등으로 전기를 생산하고 있다. 쓰고 남은 전기를 판매해 수익도 얻고 에너지 자립 마을의 명성이 알려지면서 관광수익도 얻고 있다.

인구 10만여 명이 거주하는 일본 이이다 시는 1990년 중반부터 저탄소 도시로의 전환 정책을 꾸준히 추진해왔는데, 시민 스스로 법인과 주식회사를 만들고 시민 펀드까지 조성해 에너지 자립 마을을 만들어 가고 있다.

우리나라도 최근 친환경에너지타운, 에너지 자립섬, 에너지자립마을 등을 통해 주민 참여와 공동체에 의한 새로운 에너지 생태계 구축에 나서고 있다. 서울, 수원, 홍천 등지에서는 친환경에너지타운, 제로에너지빌딩 등 주택과 빌딩의 에너지 효율을 높이고 신재생에너지를 활용한 에너지 자립을 높이는 사업들이 추진되고 있다. 가장 많은 섬이 있는 전남 등지에서는 에너지 자립섬 사업을 적극적으로 펼치고 있다. 일사량이 좋은 대전, 대구, 창원 등지에서는 태양광발전에 힘을 쏟고 있다.

중소기업과 손잡고 전기차 서비스와 유료 충전사업에 박차를 가하고 있는 지자체도 있다. 현재 전기차 충전사업은 중소기업 적합 업종으로 지정되어 있기도 하다. 제주도에서는 전기차용 전지 대여사업이 시범사업으로 진행되고 있다. 최근 언론 보도에 따르면, 부산은 '부산 이니셔티브 선언'을 통해 부산을 사물인터넷 기반의 스마트시티로 조성할 것을 선언했다. 특히 1인 창조기업, 스타트업, 영세 중소기업들이 개발과 테스트, 시뮬레이션 등을 할 수 있는 개발 환경과 리빙랩(living lab)을 구축하고 전문인력 양성과 글로벌 공동 서비스 발굴 전략을 내세웠다.

충청남도는 한전과 손을 잡고 도내 신도시에 스마트그리드 망을 구축하는 사업을 하고 있다. 이 시스템이 구축되면 아파트에 설치된 스마트계량기를 통해 가구별 전력소비 패턴을 분석할 수 있다. 이를 통해 에너지 사용량이 많을 때는 스마트폰으로 안내를 해주는 등 주민들이 스마트한 에너지 소비를 할 수 있도록 도움을 줄 수 있다.

대구 역시 한전과 함께 사물인터넷을 적용한 전력 시설을 시험적으로 구축 중이다. 이 시스템이 완성되면 전력 설비 고장을 자가 진단해 예방할 수 있고, 상권 분석이나, 방범, 재해 예방 등 시민들의 삶의 질을 높일 수 있는 다양한 부가 서비스가 가능해진다.

나는 에너지 신산업이 국가 경제의 화두이자 새로운 성장동력으로 떠오른 이때 지자체가 앞장서 지역사회의 에너지 자립화에 동참하고 있는 것은 매우 반가운 일이라고 생각한다. 이미 지역사회의 에너지 자립화 여부는 지역 경쟁력의 주요 변수로 등장했다. 이러한 측면에서 볼 때 지역시민의 에너지 프로슈머로서의 역할은 매우 중요하다. 지역 중심의 에너지 자립은 지역 단위에서 불이 붙고 타올라야 한다. 그래야 진정한 변화를 이끌어낼 수 있다.

기후 환경은 점점 낯설게 변해가고 있다. 이러한 변화 속도는 점점 더 빨라지고 있다. 우리는 위기가 될지도 모르는 이 변화 속에서 기회를 찾아야 한다. 그것만이 우리가 살 길이다.

1인당 국민소득이 600달러에 불과했던 1970년대의 우리나라 수출 상품은 가발이었다. 이후 1980년대에는 의류, 1990년대에는 TV, 그리고 2000년대에는 자동차, 반도체, 선박을 수출하며 '한강의 기적'을 일 궈냈다. 단기간에 2만 달러 시대 진입은 세계적으로 유례가 없다.

　하지만 불행히도 우리나라가 과거처럼 단품 수출로 먹고사는 시대는 끝나가고 있다. 2007년 2만 달러 시대로 진입한 이후 성장은 정체되고 저고용, 저출산, 고령화가 진행되면서 성장 잠재력마저 떨어지고 있다. 중국은 G2로 부상하면서 개도국과 함께 거센 가격 공세를 취하고 있고 오랜 잠에서 깨어나고 있는 일본 경제의 부활 조짐도 퍽이나 어려운 상황을 만들고 있다.

　이러한 여건 속에 한국 경제의 돌파구로 기대되는 것이 바로 에너지 신산업이다. 에너지 트렌드의 변화와 글로벌 기후변화는 우리에게 큰 기회로 다가오고 있다. 우리나라는 전력 분야에서 세계 최고 수준의 효율과 경험을 보유하고 있고, ICT 분야에서도 세계와 겨룰 수 있는 인프라와 기술 경쟁력이 있다. 또한 이러한 기술들을 잘 혼합해 새로운 가치를 만들어내는 능력도 있다. 우리나라는 이미 수년 전부터 제주 스마트그리드 실증 단지를 선도적으로 구축해 전 세계의 주목을 받은 바 있다. 한국 선단을 이끄는 대통령은 에너지 신산업에 관한 해박한 지식과 비전을 갖고 있으며, 이 분야에서 최고의 전도사 역할을 하고 있다. 대기업, 중소기업, 스타트업 등 우리 기업들도 단단히 준비를 하고 빅리그로 뛰어들고 있으며 성과도 하나둘씩 나오고 있다. 이제는 팀 코리아로 새로운 시장에서 챔피언이 되어야겠다.

4
장

에너지 신산업 선봉에 선 한전

에너지 빅리거의 대망

電　·　力　·　投　·　球

한반도에 에너지 신산업의
포석을 다지다

2030년 한전이 사라진다? ──────

　미국 스탠퍼드대 교수이자 미래학자인 토니 세바는 《에너지 혁명 2030》에서 태양광과 풍력, 에너지 저장, 전기차 등이 중심이 된 에너지 산업의 재편이 이루어지면 앞으로 현재와 같은 전력회사는 없어질 것이라고 단언했다. 즉 한전 같은 대규모 전력을 공급하는 회사는 사라지고 소규모 단위 또는 개인이 전력을 생산하고 소비하는 유형의 신산업 시장이 활성활될 것이라는 주장이다.

　나는 유엔미래포럼 박영숙 대표에게서도 비슷한 이야기를 들은 적이 있다. 2015년 한전 국정감사 때 증인으로 나온 박 대표는 "한전은 없어질 수도 있습니다"라는 말을 해서 나를 어리둥절하게 만들었다. 전기를 생산해서 파는 것을 주업으로 하는 한 한전은 지속가능할 수 없고,

에너지와 ICT가 융합된 에너지 신산업 시대라는 새로운 환경에 적응해야만 살아남을 수 있다는 말이었다. 박 대표의 말대로 세계 에너지 환경이 급변하고 있는 상황 속에서 전통적인 형태의 사업에만 매달려 있을 경우 한전이 지금과 같은 모습을 유지하기 힘들 수 있다. 그만큼 글로벌 신기후체제는 에너지 생태계를 바꿔놓고 있을 뿐만 아니라 우리의 삶까지 변화시키고 있다.

나는 한전에 오자마자 산더미같이 쌓여 있는 현안들부터 해결해야 했다. 하루 24시간이 모자랄 정도로 바쁜 스케줄이었지만 미래의 먹거리를 찾으려는 고민과 노력도 게을리할 수 없었다. 국내에서는 시급한 현안을 챙기고 해외에서는 신시장 개척에 주력했다. 세계 각국의 에너지 기업과 수장들을 만나면서 에너지 시장의 새로운 흐름과 해외 바이어들이 무엇을 원하는지 자연스럽게 이해하고 파악할 수 있었다.

가까운 아시아에서는 중국의 중국국가전망공사 동사장, 발전회사인 화능집단공사와 대당집단공사의 동사장, 일본의 동경전력 사장, 필리핀 에너지부 장관과 전력공사 사장, 베트남 산업부 장관, 말레이시아 전력공사 사장, 인도 전력청장, 파키스탄 전력청장, 부탄 전력청장 등을 만났다. 우리의 수출 전진기지인 중동에서도 두바이 수전력청장, 사우디아라비아 수전력부 장관, 요르단 에너지광물자원부 장관과 전력회사 사장, 이란 전력공사 사장 등을 만났다. 미국 웨스팅하우스 사장, 캐나다 배전회사 파워스트림 사장, 미국 전력연구소장, 페루 국영 전력회사 사장, 칠레 에너지진흥청장, 브라질 원자력공사 사장 등 북미와

중남미는 물론 유럽과 아프리카의 에너지 산업을 책임지는 수장들과
도 적극적인 만남을 이어갔다. 내가 조직위원장으로 주관한 대구 세계
에너지총회와 아시아·태평양 전력산업콘퍼런스(CEPSI)와 같은 국제
에너지 행사에서도 수많은 에너지 거물들과 에너지 산업의 오늘과 내
일에 대해 머리를 맞대고 함께 고민하는 시간을 가졌다.

각국의 에너지를 책임지는 수장들과 만나는 과정에서 에너지 신산업
의 미래를 갈망하는 그들의 눈빛을 읽을 수 있었다. 그들은 한국의 수
준 높은 기술과 노하우를 부러워했으며 어떻게든 한전의 선진기술에
대해 하나라도 더 배워가려고 한전 사장과의 만남을 매우 중요하게 생
각했다. 특히 우리나라 송배전 손실률이 세계 최저 수준이라는 사실에
대해서는 거의 기적이라며 놀라워했다. 그들은 점점 늘어가는 에너지
수요에 비해 에너지 시설이 많이 부족한데 신규 투자비가 막대하고 공
사기간도 오래 걸리는 등 녹록지 않은 현실에 한계를 느끼고 있었다.
그래서인지 새로운 플랜트 건설도 중요하지만 에너지를 덜 쓰면서 효
율을 높일 수 있는 방법, 즉 '에너지 세이빙'에 대한 관심이 컸다.

우리나라는 이미 철강, 조선, 석유화학, 전자 등으로 대표되는 국가의
간판 수출산업이 글로벌 시장에서 흔들리기 시작했다. 이제 새로운 간
판을 달아야 할 시점에 온 것이다. 그리고 바로 이때 에너지 신산업이
무대의 전면으로 등장했다. 하지만 에너지 신산업은 초기에 막대한 투
자비용이 들어가며 투자비의 단기적인 회수가 어렵다. 그래서 신산업
창출 초기에는 에너지 공기업의 역할이 매우 중요하다.

다행스럽게도 에너지 공기업의 대표주자인 한전은 대규모 흑자 전환으로 투자 여건이 성숙해져서 이미 스마트그리드, 마이크로그리드, 전기차 충전 인프라, ESS, 신재생에너지 등 에너지 신산업과 관련한 다양한 사업 아이템에 대한 과감한 투자를 해나가고 있다. 이른바 국가 에너지 신산업의 마중물 역할을 하고 있는 것이다.

때마침 한전 본사가 광주전남 혁신도시로 이전한 이후 에너지 신산업을 집적해 해외 진출을 꿈꾸는 '빛가람 에너지밸리'의 초기 조성이 성공적으로 진행되면서 에너지의 미래를 그려나갈 홈그라운드도 만들어졌다. 일이 제대로 되려면 하늘이 때를 내려야 하는 천시(天時)와, 주변 상황이 잘 돌아가야 하는 지리(地理), 사람의 마음을 합하는 인화(人和)가 이뤄져야 한다. 에너지 신산업을 향한 골든타임이 이러한 천시, 지리, 인화에 딱딱 맞아 떨어져서 바로 눈앞으로 다가온 것이 아닌가 하는 생각이 든다. 이 모든 것이 국운으로 이어졌으면 하는 바람이다. 한전은 이제 에너지 빅리거의 대망을 품는다.

에너지 저장이 미래를 담는다 ─────

제주도 스마트그리드 실증 단지 인근에 가면 조천변전소가 있다. WEC나 CEPSI 같은 국제 에너지 행사에 참석하기 위해 방문한 외빈들에게 팸투어를 시켜줄 때 조천변전소로 데리고 가면 다들 눈이 휘둥그레진다. 변전소 건물 옆 부지에 컨테이너 8개가 좌우로 길게 늘어서 있는데 컨테이너 한 개당 1MW짜리 ESS다. 8개의 컨테이너가 있으니 총 8MW에 달하는 대용량 ESS다. 2011년에 우리나라 최초로 설치된 ESS는 외국에서도 보기 힘든 사례라 외빈들은 인근 관광지보다 더 깊은 인상과 감동을 받고 돌아간다.

2015년 7월에는 경기도 서안성변전소와 신용인변전소에 각각 28MW, 24MW급 ESS를 준공했다. 나는 이날 준공식에 참석하기 위해 서안성변전소에 갔다가 한 무리의 시위대를 만났다. 서안성변전소와 평택 송전선로 건설을 반대하는 시위자들이었다. 앞으로 ESS로 대표되는 에너지 저장시설이 우리나라 곳곳에 설치된다면 이러한 사회적 갈등을 해결해줄 수 있으리라는 생각이 든다.

2016년 2월에는 48MW 경산변전소 등 7개 변전소에 총 184MW의 ESS를 추가로 설치해 기존 설비와 합쳐 총 236MW를 운영하고 있다. 주파수 조정용 ESS로는 세계에서 제일 큰 규모다.

인류의 역사는 '저장'의 역사와 함께 진화해왔다고 해도 과언이 아니다. 그러나 전기의 특성 중 하나는 '생산과 동시에 소비가 이뤄진다'는 것이다. 다시 말하면 저장이 불가능하다. 물론 건전지를 통해 전기를 저장할 수는 있지만 저장할 수 있는 양이 매우 제한적이라서 저장기술이 없는 것이나 마찬가지다. 하지만 이제는 전기의 특성이 바뀌고 있다. 바야흐로 ESS의 등장으로 에너지 저장 시대가 열리고 있는 것이다.

우리나라 전기는 1초에 60번의 파동이 있는데 이를 일정하게 유지해야 한다. 전기를 충전하는 배터리인 ESS를 활용해 1초에 60번의 파동(주파수)을 일정하게 유지할 수 있도록 하는 것이 '주파수 조정용 ESS'

다. 앞에서 소개한 서안성변전소, 신용인변전소, 경산변전소에 설치된 ESS가 바로 이런 역할을 해준다.

ESS 설치사업은 한전이 주도하고 있으며 2017년까지 약 6,000억 원을 들여 500MW 규모로 키울 계획이다. 이를 통해 기존 석탄화력이 담당하고 있는 주파수 예비력을 ESS로 대체할 수 있게 되며, 500MW 운전시 연간 약 1,200~3,000억 원 이상의 전력 구입비를 절감할 수 있을 것으로 전망된다. 또한 전력 품질과 발전 효율을 높일 수 있음은 물론 ESS 설치사업에 함께 참여한 LG화학, 삼성SDI, 코캄 등 국내 기업들에게 기술적 경험을 제공해 해외 수출에도 기여할 계획이다.

친환경 에너지 자립섬, 그 섬에 가고 싶다 ──────

2014년 4월, 우리 국민 모두가 기억하고 싶지 않은 세월호 침몰 사고가 있었다. 사고가 발생했을 때 나는 '한전 119 재난구조단'과 함께 진도 팽목항으로 내려가 구조 지원을 하고 발전차를 긴급 공수해 대책본부 현장에 전기가 차질 없이 공급될 수 있도록 지시했다. 당시 실종된 가족이 돌아오기만을 바라며 넋을 잃은 채 바다를 바라보고 있던 유족들의 모습을 보면서 참으로 먹먹했다.

그로부터 몇 달 뒤 마이크로그리드, 즉 에너지 자립섬 준공식에 참석하기 위해 다시 진도 팽목항을 거쳐 가사도를 찾았다. 인구 400명 남짓이 사는 이 섬의 이름은 마을 산의 모습이 부처의 옷처럼 생겼다 해서 가사도(袈裟島)라 불린 데서 유래되었다. 이 섬에는 총 4기의 풍력발전기가 돌아가고 있고, 저수지 위에는 태양광발전 설비가 떠 있다. 좁은 섬의 특성을 감안해 물 위를 이용한 것이다.

준공식장으로 들어서니 농악대의 풍악소리가 구성지게 들려왔다. 행사장 입구에는 축하용 아치도 설치되어 있었다. 그런데 바람이 너무 거세 아치가 자꾸 넘어졌다. 준공식 행사를 축하하기 위해 참석한 이낙연 전남 도지사는 이런 상황에 무척 당황해하는 모습이었다. 나는 축하 연설을 할 때 "이 섬의 바람이 풍력발전을 하기에 매우 좋은 조건인 것 같습니다"라며 전력회사 사장 티를 냈다. 그러자 행사 관계자들은 안도의 미소를 보였다.

배가 하루에 한 번밖에 들어오지 않는 조용한 이 섬은 이날 천지개벽과 같은 변화를 시작했다. 준공식을 지켜보며 주민들의 얼굴은 기대감으로 가득 차 있었다. 가사도 주민들은 그동안 어업보다 농업으로 생계를 꾸려가고 있었다. 바다 양식을 하기에는 전기 공급이 불안정했기 때문이다. 하지만 마이크로그리드가 구축된 뒤 전기가 안정적으로 들어가자 주민들이 바다 양식 등 어업에 종사하기 시작하면서 섬 경제에 큰 도움이 되고 있다. 가사도는 최근 친환경 에너지 자립섬의 랜드마크로 떠오르면서 관광객이 부쩍 많아졌고 섬 이미지도 개선되어 주민들은 새로운 희망에 부풀어 있다.

우리나라에 있는 섬 3,237개 가운데 사람이 사는 곳은 470개 정도 된다고 한다. 하지만 이 섬들은 육지와 조금만 멀리 떨어져 있어도 전기를 받아쓰지 못하고 비싼 석유를 사용하는 발전기에 의존할 수밖에 없다. 원가가 전기요금의 4~5배나 되는 비싼 전기다. 파도가 높을 때는 석유 공급선이 출항하지 못하는 문제도 안고 있다. 매연과 환경오염이라는 불편함도 발생한다. 지난 50년간은 이렇다 할 기술적 대안이 없어 이러한 상태가 지속되어왔다.

그런데 최근 섬에서 변화가 일고 있다. 태양광, 풍력 등 신재생에너지로 생산된 전기를 저장했다 쓰는 마이크로그리드 시스템을 기반으로 한 친환경 에너지 자립섬이 등장했기 때문이다. 태양광이나 풍력 등 신재생에너지가 출현한 것은 어제오늘 일이 아닌데 왜 지금까지 이러한 사업이 제대로 추진되지 못했는지 의아해할 수도 있다. 맑은 날도 있고 흐린 날도 있듯이 기상상황이 일정하지 못하면 발전량이 불규칙하기 때문이다. 그런데 이제는 이러한 문제점을 해결할 수 있게 되었다. 그 해결책은 바로 에너지저장장치인 'ESS'다.

ESS는 전기 생산이 많을 때는 전기를 저장하고 전기가 부족할 때는 저장된 전기를 방출해 늘 일정한 전류가 흐르도록 해주는 장치다. 또한 전기의 송출과 방출이 필요할 때 원하는 양만큼만 정확히 이루어지도록 자동 조절하는 에너지관리시스템을 가동시켜 이를 통해 전송되는 전기가 섬 내에 낭비 없이 효과적으로 공급되도록 하는 전력공급 시스템이 마이크로그리드다. 이러한 기술들이 바로 생태친화적 에너지 자립섬을 가능하게 해준다.

마이크로그리드는 성장 가능성이 매우 크다. 미국 시장조사기관인 파이크리서치에 의하면 마이크로그리드 시장은 2020년까지 무려 400억 달러 규모로 성장할 것으로 보인다. 국내에서는 제주도의 가파도, 전남의 가사도에서 이미 실증을 완료해 시스템이 가동 중인데 새로운 관광 자원으로서의 가치는 물론 해외 진출 사업의 모델로 부각되고 있다.

서해의 덕적도, 동해의 울릉도에서는 이보다 더 큰 규모의 에너지 자립섬 프로젝트가 진행되고 있다. 울릉도는 연간 방문객만 40만 명이나 되는 섬으로, 오는 2020년까지 현재 운영되고 있는 9개의 디젤 발전기를 없애고 오로지 신재생에너지에 의한 세계적 생태공원으로 거듭나기 위한 준비를 착실히 해나가고 있다.

앞으로 친환경 에너지 자립섬 모델이 전국의 섬 지역으로 확대되면 섬 주민들의 생활과 삶의 질도 근본적으로 바뀔 것이다. 탄소를 배출하지 않는 무공해 전기차가 운행되는 섬, 전기 어선이 만선의 깃발을 올리고 들어오는 섬을 꿈꾸는 에너지 자립섬은 청정에너지의 섬으로 거듭나 많은 사람들에게 '그 섬에 가고 싶은 욕구'를 불러일으킬 것이다.

스마트그리드, 에너지 혁신을 시작하다

한전 구리지사 사옥에 들어서면 우리나라 최초로 설치된 스마트그리드 스테이션(smart grid station)을 볼 수 있다. 나는 이 시스템이 향후 국내외 스마트그리드 시장 진출에 중요한 역할을 할 것이라고 생각한다. 2014년 2월에 설치된 스마트그리드 스테이션은 건물 내의 태양광발전기, 스마트계량기, ESS, 전기차 충전 시설을 따라 흐르는 에너지를 실시간 모니터링하고 통합 관리하는 시스템이다. 이른바 건물에너지관리시스템의 진화된 모델로 한전이 독자적으로 개발했다.

현재 한전 구리지사는 에너지 견학코스로 인기몰이 중이다. 2015년 연말 기준으로 국내에서 약 1,600명, 해외 30개국에서 약 500명이 방문했다. 특히 두바이 수전력청, 카타르 수전력공사, 사우디아라비아 전력청, 미주개발은행, 이라크 전력청, 필리핀 전력청 등 전력사 관계자와 멕시코, 인도, 요르단, 사우디아라비아, 칠레 등 각국 에너지 관계자들이 줄을 이어 방문했다. '2015 빛가람 동반성장 페스티벌(KEPCO Electric Fair 2015)' 기간 중에는 스페인, 에콰도르, 미얀마 등 10개국 해외 바이어들도 다녀갔다.

나는 직원들은 물론 신입사원들에게도 이곳을 꼭 한 번 들러 에너지 신산업이 생생하게 발현되는 현장을 직접 체험해볼 것을 주문하고 있다. 스마트그리드는 에너지와 ICT가 만나 만들어내는 제6의 물결 중 가장 핵심적인 분야라 할 수 있다. 똑똑한 에너지 소비사회가 되기 위해서는 전체 에너지를 효율적으로 제어할 수 있는 에너지 망과 시스템이 필요하다. 스마트그리드 기술을 건물에 적용해 에너지를 효율적으로 관리하는 스마트그리드 스테이션은 이런 면에서 매우 중요한 시스템이다.

스마트그리드의 또 하나의 주춧돌은 스마트 계량기다. 이 계량기는 전기소비량을 실시간으로 제공해 에너지 소비자로 하여금 에너지를 절약할 수 있는 유인을 제공해준다. 또 값싼 시간대에 전기를 쓰고 값비싼 시간대에는 아껴 쓰는 등 '똑똑한' 소비자로 탈바꿈시켜준다. 전력회사 입장에서도 기존 전력망이 '똑똑해져' 더 안정적이면서도 유연한 전력 시스템을 운영할 수 있다. 뿐만 아니라 계량기에 디지털로 쌓인 데이터는 빅데이터로 활용할 수 있다. 빅데이터는 에너지 신산업을 창출하는 또 하나의 중요한 밑거름이다.

이러한 스마트그리드를 세계에서 주목하지 않을 리 없다. 정부도 2030년에 110조 원 시장으로 확대될 것이라는 전망을 내놓고 있다. 글로벌 저성장 기조 속에서 신기후체제가 출범하면서 스마트그리드가 구현하는 효율적 에너지 소비는 점점 더 중요해지고 있다.

한전은 스마트그리드 사업의 중심에 우뚝 서 있다. 스마트그리드 사업이 그동안 축적한 한전의 기술력을 십분 발휘할 수 있는 분야이기 때문이다. 한전은 전력망을 단순히 '똑똑하게' 만드는 일에 그치지 않고 에너지 신산업의 근간이 되어 국가 창조경제를 실현할 수 있도록 전력기술 개발과 사업화를 꾸준히 추진하고 있다. 또한 에너지 신기술을 가정, 빌딩, 공장 단위로 시범 적용하고 비즈니스 모델을 하나둘 갖춰나가고 있다.

2015년에는 이러한 기술력을 인정받아 스마트그리드 양대 국제기구인 GSGF(Global Smart Grid Federation)와 ISGAN(International Smart Grid Action Network)이 주최하는 '국제스마트그리드대회'에서 세계 유수 선진국들과 치열한 경쟁 끝에 우수상을 거머쥐기도 했다. 한전 구리지사에서 처음 구축한 스마트그리드 스테이션은 100여 곳의 사옥으로 활발하게 확대되고 있다. 최근에는 수원시청 등 공공건물들도 스마트그리드 스테이션을 설치해 에너지 절약을 시작했다. 앞으로는 민간건물들에도 빠른 속도로 보급될 전망이다.

전기차의 첨단 변신은 '무죄'

최근 기후변화 대응이 글로벌 주요 이슈로 부각되고 있는 가운데 전기차 배터리 가격이 경제성을 서서히 갖춰나가고 있다. 자동차의 대세가 가솔린차에서 전기차로 넘어가는 일은 이제 꿈이 아니다. 우리나라는 세계 최고 수준의 자동차 제조기술과 배터리 생산기술을 가지고 있다. 전기요금도 OECD 국가 중 제일 저렴하다.

그러나 이것만으로는 전기차에 대한 소비자들의 구매 욕구를 충분히 자극할 수 없다. 만약 전기차가 에너지를 싣고 나르는 에너지 캐리어, 즉 ESS가 되면 전기차에 대한 소비자들의 인식은 획기적으로 바뀔 것이다. 전기차를 타면서 에너지를 팔아 지갑까지 두둑해질 수 있기 때문이다. 나는 이런 현실이 곧 가능해질 것이라고 본다. 토니 세바도 앞으로 전기차는 바퀴 달린 자가 발전소가 될 것이라고 말했다.

전기차 사용자가 한전과 전기를 주고받으면서 사고파는 시스템, 즉 V2G를 만든다면 한전과의 계약을 통해 요금이 낮은 심야시간에 전기를 충전시켰다가 다음 날 쓰고 남은 전기를 전력 피크시간대에 한전에 되팔아 이윤을 남길 수 있다. 또 V2G 서비스를 활용해 충전 요금도 최소한으로 줄일 수 있다. 전기차 사용자는 전력을 사용하면서 판매도 하는 생산형 소비자(프로슈머)가 되고, 한전은 전기차를 예비전력으로 활용할 수 있으니 그야말로 일거양득이다. 또한 카셰어링, 충전소 운영사업, 홈 충전사업 등 전기차 충전 인프라를 기반으로 한 부가사업과 일자리 창출도 가능해진다.

이러한 사업은 우리나라에서 더 특별히 실현성이 있다. 전국적으로 통합된 매우 촘촘한 단일 전력망을 갖추고 있고, 전력망 운영이 투명해서 소비자 접근성이 매우 좋기 때문이다. 일본 등 다른 선진국들은 지역별로 독립된 전력망을 운영하고 있고 각각의 주파수 등도 통일되어 있지 않아 V2G 서비스가 불안정하고 접속 접근성이 우리나라에 비해 부족한 편이다.

2015년 한전은 현대기아차, KT 등 민간기업과 함께 전기차 유료충전 서비스 회사인 한국전기차충전서비스(주)를 설립해 전국에 약 3,000기 이상의 충전 인프라를 설치하고 있다. 먼저 서울, 제주 등 전기차 선도 도시의 1,000호 이상 아파트 50여 곳에 전기차 충전기를 설치해 '홈 충전 서비스'를 시작할 계획이며, 전국 250여 개 한전 지사에도 전기차 충전기를 설치해 민간에 개방할 예정이다.

2016년 1월 말 기준 120개 한전 지사에 340기의 충전기가 설치되었고, 110개 지사에도 660기를 추가로 설치할 예정이다. 또한 업무용 차량도 2017년까지 전기차로 모두 교체해 전기차 확산을 선도할 계획이다. 전국의 충전소를 별 모양으로 연결하자는 의미에서 이 계획을 'Star Project'라고 이름 붙였는데, 앞으로 밤하늘의 별처럼 빼곡히 충전소가 들어서면 전국 어디에서든 전기차 충전이 가능해질 것이다.

응답하라, 신재생에너지 ─────

스페인의 전력회사 Iberdrola는 신재생에너지 시장의 미래 가능성을 보고 대대적인 투자를 해 다른 전력회사들보다 일찌감치 성과를 내고 글로벌 5위권 전력회사로 자리매김했다. 다른 전력회사들이 기존의 화력발전과 원전사업에만 매달려 있을 때 과감한 사업 전환으로 선두 주자로 나선 것이다.

국내에서도 2014년 전력 공기업들이 오는 2020년까지 국가 신재생에너지 목표의 70퍼센트 이상을 담당하겠다고 발표한 바 있다. 한전은 공익성 및 사회적 수용성 위주의 사업을 하고, 발전사는 RPS(Renewable Portfolio Standard, 신재생공급의무화제도) 사업을 진행해 2020년까지 총 11.5GW의 신재생에너지를 구축하겠다는 구상이다.

그 일환으로 한전과 발전사는 서남해 2,500MW 해상풍력 개발사업에 참여하고 있다. 첫 단계 사업은 전북 부안과 고창 일대에 2018년까지 80MW 규모의 실증 단지 조성이며 실증단계를 마치면 2020년까지 400MW 규모의 2단계 시범사업을 거쳐 2020년 이후에는 약 2,000MW의 대규모 단지로 개발할 계획이다. 이 사업이 계획대로 진행되면 신재생에너지 보급 확산은 물론 온실가스 감축 목표 달성에도 기여할 것으로 기대된다.

이와 함께 전남 지역에서는 사회복지시설 옥상의 유휴공간을 활용한 태양광 보급사업을 펼치고 있으며, 밀양에서도 지역 주민들과 공동으로 '밀양 희망빛 태양광발전사업'을 추진하고 있다. 또한 2017년까지 4,000억 원을 투입해 총 200MW 규모의 태양광 설비 2,000개를 학교 옥상에 설치해나갈 계획이다. 학교는 전기요금을 절약하고 한전은 신재생발전을 확대할 수 있으니 일석이조인 셈이다. 특히 이 사업은 연초 정부가 발표한 에너지 신산업 10대 프로젝트 추진 계획 중 하나로 선정되면서 더욱 힘이 실리고 있다.

나는 이 사업들이 지역 주민과 전기회사가 함께 투자해 발생하는 수익을 공유한다는 점에서 최근 주목받고 있는 공유가치창출(CSV, Creating Shared Value)과도 일맥상통한다고 본다. 이러한 투자를 마중물 삼아 민간 태양광 업계도 투자 효과를 거둘 수 있을 것으로 기대한다. 아울러 미래의 꿈나무들이 학교에서 태양광의 가치를 직접 경험하면서 신재생에너지를 자연스럽게 알아가는 교육적 효과도 거둘 수 있다.

그러나 우리나라가 신재생에너지로 가는 길은 아직 멀다. 특히 일부 민간기업과 발전회사들만이 그 길을 걸어가기에는 힘이 부쳐 보인다. 신재생에너지 사업에 참여하기를 원하면서도 수익성 등을 이유로 주저하는 분위기도 없지 않다. 이럴 때 자금력과 사업 경험이 풍부한 한전이 적극 참여하면 에너지 시장에 큰 활력을 불어넣을 수 있을 것이다.

사물인터넷과 빅데이터, 이제 꿈이 아니다 ————

전 세계적으로 고령화가 빠르게 진행되고 있다. 우리나라도 본격적인 고령화사회로 접어들면서 독거노인과 치매 환자들이 급증하고 있다. 에너지 신기술을 활용해 이들을 도울 방법은 없을까? 스마트계량기에 모인 빅데이터를 활용하면 그 방법을 찾을 수 있다.

가령 독거노인일 경우 전기 사용 패턴을 분석해 정상적인 생활 여부를 판별할 수 있다. 만약 어긋난 패턴을 보이면 곧바로 알림 서비스를 보내 특별한 상황을 파악할 수 있다. 치매 환자는 손목에 웨어러블 팔찌를 착용시킨 뒤 스마트계량기와 연결해 일정 활동 반경을 벗어나면 알림 및 위치 확인 서비스를 받을 수 있다. 이러한 기술들은 최근 한전에서 개발해 광주 지역에서 시범 운영되고 있는 사회안전망 서비스 중 하나다.

최근 사물인터넷은 기존의 산업 분야에서 혁명을 일으키고 있으며 개인의 삶과 생활방식은 물론 사회와 산업 전체의 변화를 이끌고 있다. 사물인터넷은 일상생활의 사물을 네트워크로 연결해 인지, 감시, 제어하는 정보통신망으로서 이미 2~3년 전부터 우리 주변에서 뿌리를 내리기 시작했다.

전 세계는 현재 데이터 기반의 신가치를 창출하는 사물인터넷의 주도권 선점을 위해 치열한 경쟁을 벌이고 있다. 시장 규모도 점점 커지고 있다. 산업연구원(KIET)은 전 세계 사물인터넷 시장이 2022년까지 1조 2,000억 달러 규모가 될 것이라고 전망하고 있다.

2015년 11월, 나는 SK텔레콤 본사 직원들을 대상으로 신에너지에 대해 강연할 기회가 있었다. 아무래도 ICT를 본업으로 하고 있는 사람들인 만큼 강연장 분위기가 좀 썰렁했다. 나는 "한전이 갖고 있는 전주가 전국에 몇 개나 될 것 같아요?"라는 질문으로 포문을 열었다. 이어서 "한전은 전국 4만 2,000개의 철탑과 890만 개의 전주를 가지고 있다.

여기에 사물인터넷을 설치하면 습도, 온도, 진동, 기울기 같은 데이터를 모두 알아낼 수 있다. 이것으로 한전은 교통정보, 기후정보, 지진감지, 지역별 전기 사용량 등의 데이터를 얻고 이를 활용한 새로운 비즈니스를 시작하려고 한다"고 말했다. 그러자 그 자리에 앉아 있던 내로라하는 ICT 전문가들의 눈빛이 달라지기 시작했다. 에너지와 ICT가 결합된 후 생기는 무궁무진한 사업 기회를 동물적 감각으로 알아차리는 듯했다.

SK텔레콤 사장단은 강연을 다 듣고 난 뒤 내게 "철퇴로 한 방 얻어맞은 느낌을 받았다"고 말했다. 우연의 일치일까? 그 후 SK텔레콤 내에 에너지 신산업단이 생기고 최태원 회장이 다보스포럼에 참여해 신에너지 관련 세션과 회의에 참석하는 등 많은 관심을 보였다는 이야기를 들었다. 뿐만 아니라 2016년 초에는 한전과 에너지 신산업 분야에 5,000억 원을 공동 투자하는 협약으로까지 이어졌다.

그렇다면 에너지 부문, 특히 그중 핵심인 전력 분야에서 사물인터넷은 어떻게 구현될까? 전력망 분야에서는 송배전제어(SCADA, Supervisory Control and Data Acquisition), 부하 감시, 디지털화 설비, 센서 등에서 적용이 가능하고 전력 판매 분야에서는 스마트 계량, 검침 데이터 분석, 홈 가전 및 모바일 등에서 적용을 기대해볼 수 있다. 특히 생활 속 사물들이 네트워크로 연결되는 사물인터넷 스마트홈을 들여다보면 대단히 흥미롭다. 구글은 스마트 온도조절 장치 기술을 보유한 네스트라는 작은 벤처기업을 무려 3조 원이 넘는 가격에 인수하면서 스마트홈 디바이스 공급자로 진출했다.

전력회사와 통신회사는 스마트계량기를 설치하고 통신망을 구축해 에너지 소비 데이터를 활용한 서비스를 스마트홈에 제공하고 있으며, 가전회사도 집 안의 가전기기가 에너지 소비를 똑똑하게 할 수 있도록 제품을 만들어 스마트홈에 제공하고 있다. 이 밖에 헬스케어, 안전보안 등 다양한 서비스의 융합 시도도 이루어지고 있다.

전력 빅데이터도 주목할 만하다. 한전은 연간 약 580억 개의 방대한 전력 데이터를 갖고 있어 실생활에 유용하게 활용할 만한 데이터가 많다. 이 데이터를 통해 외부에 90퍼센트 이상 노출되어 있는 전력 설비 고장 패턴 분석과 기상기후 상관 분석을 통해 기상이변에 따른 설비 고장을 사전에 예측하고 조기에 탐지할 수 있다. 또한 80퍼센트 이상이 산악지대에 분포해 있는 송전탑의 GPS 위치정보를 활용한다면 소방 방재청의 119 구조 서비스를 연결해 응급 및 재난 발생시 구조 골든 타임을 확보해 조난 위기에 재빨리 대처할 수 있다.

서울 소재 골목상권 살리기 일환으로 2015년 서울시와 체결한 '빅데이터 업무협력협약'도 유용한 전력 빅데이터 활용 사례다. 이는 서울시 골목상권의 최근 2년간 전력 사용량 정보를 제공해 상권 분석에 활용할 수 있도록 해주는 공공 서비스로서, 창업 또는 전업을 원하는 자영업자들은 이 서비스를 통해 창업 위험도, 3년 내 폐업신고율, 평균 폐업까지 걸리는 기간, 점포 증감률 등을 확인할 수 있다.

2015년 국내 빅데이터 시장은 2,623억 원 정도로, 전년 대비 30퍼센

트 이상 성장했다고 한다. 전력사용 현황, 원격검침, 설비정보 등 전력
사업과 관련한 빅데이터를 활용한 비즈니스 경쟁력은 가까운 미래에
전력회사 경쟁력의 바로미터가 될 수도 있다.

빛가람 에너지밸리,
신에너지 수도를 꿈꾸다

배 밭의 반전 드라마가 시작되다 ─────

　2014년 겨울은 유난히 춥고 을씨년스러웠다. 나는 이삿짐을 꾸리며 한전이 116년 동안 단 한 번도 하지 않았던 본사 지방 이전, 그것도 서울에서 300킬로미터 이상이나 떨어진 낯선 곳에서 새 집 살림을 꾸려야 한다는 책임감 때문에 어깨가 무거웠다. 게다가 한전은 직원 수가 2만여 명에 계열사까지 포함하면 5만여 명에 이르는 국내 최대 공기업이다. 이 많은 식솔들을 챙기려면 수장으로서 새로운 전략과 비전을 갖고 있어야 했다. 혁신도시에서의 성공적인 안착을 위해 큰 그림을 미리 준비해두기는 했지만 막상 나주에 도착하니 기댈 곳 하나 보이지 않는 허허벌판뿐이었다. 하지만 새 둥지에서 새로운 한전의 모습을 보여주고 싶은 의지만큼은 뜨거웠다.

나는 2013년, 취임 이듬해부터 본사 이전에 대한 구상을 시작했다. 먼저 나주 이전을 기점으로 대대적인 변신을 모색하기로 했다. 그동안 세계를 누비며 수많은 글로벌 기업들의 수장들을 만나면서 세계와 지역이 서로 협력하는 동반자적 관계가 그 어느 때보다 중요함을 느꼈다. 미국 변두리 지역에서 혁신의 코드가 된 실리콘밸리처럼 한전도 새로운 지방 본사 시대를 맞아 글로컬(global+local) 기업, 즉 '글로컬리제이션(glocalization)'을 실현하는 큰 그림을 그려야겠다는 생각을 했다. 한전이 나주에 와서 세금 내는 것으로 지역에 도움을 주는 정도가 아니라 지역과의 상생 속에서 에너지 분야의 기업들을 글로컬 기업으로 키워 세계에서 주목받게 하는 것, 그것이 바로 내가 생각하는 빛가람 에너지밸리의 청사진이었다.

에너지밸리 구상은 한전의 미래에 대한 고민으로부터 시작되었다. 한전이 정부의 지역균형 정책에 따라 116년 동안 둥지를 틀고 살았던 서울을 떠나 광주전남 혁신도시로 이전하게 되면 '단순한 지방 공기업으로 추락하고, 우수한 인재들이 회사를 떠나고, 신입사원도 못 뽑아 쩔쩔매는 회사가 되는 것 아닌가?' 하는 걱정도 솔직히 있었다. 그렇다고 지방 본사 근무를 기피하는 직원들을 억지로 잡아두겠다는 발상으로는 앞날이 보이지 않았다. 모두의 걱정과 불안을 잠재울 비전이 절실했다. 직원들이 근무 여건이 좋은 곳을 원한다면 새 둥지를 새로운 열정과 활력을 불어넣을 수 있는 일터로 만들어주면 되었다. 이곳에서 글로벌 '빅4' 유틸리티인 KEPCO의 새로운 백년을 시작하고, 빛가람이 에너지 분야의 브로드웨이 같은 꿈의 무대가 되어 모두가 주연배우가 될 수 있는 코드 네임이 바로 에너지밸리였다.

나는 혁신도시 조성사업의 성공과 지역사회 발전이라는 숙제를 에너지밸리라는 큰 그릇에 담아 풀어보고 싶었다. 한전은 전국 154개 이전대상 기관 중 가장 규모가 큰 공기업이다. 한전의 성공이 다른 혁신도시의 성패를 좌우한다고 해도 과언이 아니다.

혁신도시가 성공하기 위해서는 단순히 본사 건물을 옮기고 직원들이 이사 와서 밥 사먹고 상가가 몇 개 생기는 정도로는 한계가 있다. 지역경제 활성화를 위해서는 혁신도시에 기업을 유치해 키우고 일자리를 만들어 다른 지역에서 사람들이 몰려오게 하는 선순환 구조를 만들어야 한다는 게 내 지론이다. 광주전남 혁신도시를 전력 허브, 세계적인 에너지 중심지로 만들겠다는 꿈이 실현되면, 혁신도시가 자생적 발전을 통해 제대로 된 도시기능을 할 수 있을 것이다.

또한 에너지밸리 조성의 가장 중요한 목적은 '에너지 관련 기업의 집적화'에 있었다. 에너지 신산업이라는 빅리그가 개막되면 에너지와 ICT 분야의 하드웨어, 소프트웨어, 콘텐츠 관련 기업 같은 산업체는 물론 연구기관, 교육기관, 행정기관, 각종 금융기관들이 모두 모여 있어야 한다. 에너지와 ICT가 융합되어 무궁무진한 비즈니스 모델을 만드는 것이 에너지 신산업이기 때문이다.

그런데 국내는 물론 해외에서도 이런 사례를 찾아보기 힘들다. 우리가 혁신도시를 이런 곳으로 만든다면 에너지 빅리그를 선점하는 데 유리한 고지를 갖게 될 것이 분명하다. 미국 실리콘밸리가 성공할 수 있었던 비결도 소프트웨어와 하드웨어회사, 투자회사와 벤처금융사 및 창업 인큐베이팅 시스템, 스탠퍼드대와 캘리포니아공대 같은 명문대가 한군데에 모여 자생적인 생태계를 만들었기 때문이다.

광주전남 혁신도시도 전력·에너지 분야에서 세계적으로 역량을 인정받는 한전이 중심이 되어 이곳에 입주한 한전 자회사와 소프트웨어 관련 기관, 광주전남권의 산학연과 힘을 모은다면 충분히 집적효과를 발휘해 성공할 수 있다고 본다. 나는 이런 취지를 광주와 전남 지자체는 물론 경제단체, 교육기관, 기업들을 일일이 찾아다니며 열심히 설명했다. 그러다 보니 이제는 지역 공무원이나 경제인들이 에너지 신산업에 대해 나보다 더 많은 관심과 기대를 보이고 있다.

일찍이 광주전남 지역에는 다산 정약용과 같은 개혁자가 머무르면서 이용후생과 실사구시 정신으로 앞선 기술을 받아들이고 혁신을 거듭해온 전통이 있다. 또 문화예술 중심 도시이고 정책적으로도 청년들이 일할 수 있는 도시를 지향하면서 새로운 혁신이 일어나고 있는 곳이다. 융·복합형 에너지 신산업의 허브로 매우 적합한 지역인 것이다. 어찌 보면 전국 10개 혁신도시 중에서 한전이 광주와 전남이라는 두 지역의 품에 안긴 것 또한 알 수 없는 숙명의 힘이라고 할 수 있을 것 같다.

에너지 프론티어, 77명의 원년 멤버를 영입하다 ─────

자동차 하면 미국 디트로이트 시나 일본 도요타 시, IT 하면 실리콘
밸리를 쉽게 떠올린다. 하지만 에너지 분야는 딱히 '여기가 에너지 도
시'라고 할 만한 곳을 찾기 어렵다. 만약 빛가람 에너지밸리를 성공적
으로 구축한다면 광주전남 혁신도시는 전 세계적으로 독보적인 지역
이 될 것이다. 빛가람 에너지밸리 조성은 짧게는 5년, 길게는 10년 이
상이 걸리는 중장기 프로젝트다. 기업을 유치하고 사람을 키우고 자본
을 끌어 모아 성과를 만들 수 있는 인프라를 하나둘씩 갖춰나가야 하
기 때문이다. 우주 로켓이 대기권으로 진입하려면 강력한 추진체가 필
요하듯, 에너지밸리를 성공적으로 구축하려면 초기에 방향을 제대로
잡고 확실하게 뿌리를 내리도록 해야 한다. 나는 강력한 드라이브를
걸었다.

그러나 밖에서는 물론 한전 내부에서도 에너지밸리 구상에 대해 반
신반의하는 분위기였다. "황량한 배 밭에 공공기관 건물만 달랑 몇 개
들어선 곳에서?", "이사하고 얼마 안 되었으니까 지역 민심 달래기나
언론 홍보용이겠지", "조금 저러다 말겠지" 하는 말들이 떠돌았다. 하지
만 나는 그럴수록 '에너지밸리 전도사', '에너지밸리 디자이너'라는 별
명이 붙을 정도로 모든 에너지를 쏟아 부으며 열심히 뛰어다녔다. 처
음 나주에 와서 6개월 동안은 바쁜 일정을 쪼개 기업들을 찾아다니고
행사를 열고 언론 관계자들을 만났다. 거의 초인적 행보였다.

내가 무엇보다 공을 들인 것은 기업 유치였다. 기업들이 부족하고 인

프라도 미약한 상황에서 2020년까지 에너지 관련 기업 500개를 유치하겠다는 야심찬 목표도 세웠다. "50개의 오타가 아니냐?", "과연 달성할 수 있겠냐?"라는 주변의 회의적인 시선도 있었지만 내 생각은 달랐다. 앞으로 에너지 신산업의 폭발적인 성장 가능성을 볼 때 충분히 도달할 수 있는 목표였다. 목표를 좀 더 높이 잡아야 더 열심히 뛰고, 그러면 80~90퍼센트는 달성할 수 있지 않을까 하는 생각도 내심 있었다. 그러나 첫 번째 옥동자는 쉽게 탄생하지 않았다. 다들 마음은 있는데 참고할 만한 사례가 없다 보니 확신을 못하고 주저하는 모습이었다.

그렇게 공을 들인 지 100여 일 만에 드디어 낭보가 터졌다. 2015년 3월 9일, 연매출 1,000억 원 규모의 중견기업인 보성파워텍을 에너지밸리로 유치하게 된 것이다. 원래 전력기자재 제작 전문기업인 이 회사는 전 세계적인 신에너지 시장 태동에 발맞춰 신재생에너지, ESS 등의 분야로 사업을 확장하려던 차에 최적의 입지로 빛가람 에너지밸리를 택한 것이다. 이날 나와 보성파워텍 대표는 투자유치 협약서에 서명을 마치고 두 손을 굳게 마주 잡았다. 마주 잡은 두 손으로 희망의 전류가 흐르는 듯했다.

한 번 물꼬가 터지니 후속 기업 유치는 봇물 터지듯 이어졌고 나주 이전 후 첫 해에만 77개의 기업을 유치할 수 있었다. 원래 목표였던 50개 기업 유치를 훌쩍 넘기는 '초대박'이 터진 것이다. 투자 유치액은 4,261억 원으로 고용 창출 효과 3,037명에 달할 정도로 그 효과가 어마어마했다. 에너지밸리에 들어온 77개 기업은 국내 굴지의 대기업, 외국계 기업, 중견기업, 창업기업 등으로 절반 이상의 기업이 전력 ICT, ESS, 신재생에너지 등 에너지 신산업 관련 회사여서 에너지 신산업의 메카로 도약하기 위한 기초를 튼실하게 다진 셈이 되었다.

이렇게 기업들이 몰려오다 보니 이제는 입장이 바뀌어서 아직 입주하지 않은 회사들이 자신들만 소외되는 것은 아닌가 하며 불안해했다. 심지어는 실무진에게 먼저 상담을 해오는 기업도 있었다. 기업 유치는

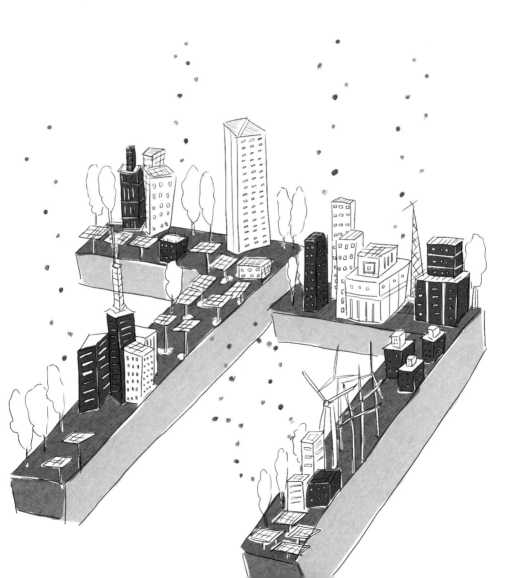

이제 본 궤도에 진입한 만큼 업체들이 속속 몰려올 수밖에 없는 분위기가 되었다. 원래 계획은 2016년 말까지 100개 기업 유치가 목표였는데 2016년 초 현재 105개 기업 유치를 마쳤다. 거의 1년을 앞당겨 목표를 초과 달성하게 된 것이다.

나는 이 기업들이 한전의 유치 전략 아래, 또 내가 찾아가 요청했다는 이유만으로 에너지밸리로 왔다고는 생각하지 않는다. 물론 한전의 노력도 큰 힘을 발휘했겠지만, 기업을 운영하는 분들이므로 비즈니스 측면에서 심사숙고한 뒤에 결정을 내렸을 것이라고 본다.

2015년 12월, 나는 에너지밸리의 원년 멤버인 '에너지 프론티어 77개 기업'의 대표들을 초청해 애로사항을 듣고 에너지밸리의 미래를 위한 의견을 청취하는 자리를 마련했다. 그러고 보니 유치된 기업의 숫자가 행운의 숫자 '7'이 두 개 겹친 '77'이었다. 일부러 맞추려고 한 것도 아닌데 상서로운 조짐이 아닐 수 없었다.

에너지 인큐베이터, 사람은 모으고 기업은 키우고 ──────

스웨덴의 시스타 사이언스 시티. 원래 스톡홀름 서남부에 있는 군사 훈련지였던 이곳은 모바일 통신기업인 에릭슨이 옮겨오면서 첨단 IT와 생명과학 단지로 재탄생했다. 1976년 에릭슨 연구소가 먼저 이곳으로 옮긴 후 2003년에는 본사도 이곳으로 왔다. 이후 협력업체와 대학교, 연구기관이 들어와 오늘의 모습을 갖추게 되었다. 일반인들에게는 많이 알려져 있지 않지만 실리콘밸리 다음으로 큰 IT 도시다. 에릭슨

이외에도 마이크로소프트, 애플, IBM 등 글로벌 IT 기업 700여 개가 몰려 있고, 도시의 어떤 곳에서든 무선 인터넷이 가능해 '모바일밸리'로 불리기도 한다.

나는 이곳 외에도 농촌에서 IT 도시로 탈바꿈한 대만의 신주 과학단지, 칭화대와 북경대 등 대학 주도로 창업 열풍이 불고 있는 중국의 중관춘, IBM 같은 대기업을 유치한 후 농촌 관광도시에서 테크노폴리스로 변신한 프랑스의 소피아 앙티폴리스 같은 지역의 성공 사례를 면밀히 분석했다. 직원들과 지자체 담당자들, 연구원들에게 팀을 짜서 이 지역들을 벤치마킹하도록 주문하기도 했다. 나는 특히 기업 이전을 계기로 첨단도시로 탈바꿈한 시스타 사이언스 시티와 소피아 앙티폴리스 같은 지역의 사례들에 주목했고, 에너지밸리의 성공 가능성을 확인했다.

에너지밸리가 에너지 신산업의 물결을 이끄는 에너지 허브로 성장해나가기 위해서는 정부, 기업, 대학, 연구기관이 자생적 생태계를 이루는 복합 클러스터로서의 인프라를 조성해나가는 것이 시급하다. 빛가람 혁신도시가 아직은 공공기관 몇 곳과 편의시설 정도만 있는 황량한 곳이지만 실리콘밸리도 계곡의 포도밭에서 출발하지 않았는가.

나는 '우보천리(牛步千里)'의 마음으로 지자체와 대학, 연구기관들과 함께 한 걸음 한 걸음 내딛기 시작했다. 우선 에너지밸리에서 기업활동을 하기 위해 필요한 모든 것을 원 스톱으로 해결할 수 있는 곳이 필요해 보였다. 철저한 준비를 거쳐 2015년 5월 에너지밸리에 들어오는 기업들의 이전을 지원하고 창업 인큐베이터 역할을 할 지하 1층 지상 5층 규모의 '빛가람 에너지밸리 센터' 건립에 착수했다. 2017년 9월 준공을 목표로 하고 있는 이 센터는 창업보육실 20개와 에너지 신산업 발굴을 주도할 R&D 연구실 15개 등을 갖추게 된다. 이와 함께 자금력이 취약한 우수 중소기업들의 기술개발 투자를 지원하기 위해 2,000억원 규모의 에너지밸리 중소기업 육성펀드도 조성했다.

"빛가람 에너지밸리와 광주전남 혁신도시의 성공을 위해서는 인도공과대학(IIT) 같은 세계적인 학교가 광주·전남 지역에서 나와야 합니다." 지난해 한 언론 인터뷰에서 내가 했던 말이다. 인도의 16개 지역에 캠퍼스를 갖고 있는 인도공과대학은 구글, 페이스북 등 세계적인 기업에서 모셔가고 싶어하는 초봉 2~3억 원의 글로벌 인재들을 배출하는 학교다. 나는 빛가람 에너지밸리에도 글로벌 무대를 주름잡을 우수한 인재를 양성할 수 있는 교육 인프라가 절실하다고 생각한다. 이곳에서 배출된 인재들이 에너지밸리에 자리 잡은 우량 기업에 취업하게 된다면 '우수 인재 양성 → 기업의 인재 영입 → 기업 성장 → 새로운 일자리 창출'이라는 바람직한 선순환이 일어날 수 있다.

나는 이와 같은 계획을 추진하기 위해 나주에 오자마자 지역의 7개 대학 총장을 일일이 만나 인재양성의 필요성을 설명하면서 전력 분야 신기술 관련 학과 신설을 제안했다. 또한 전남대에 빛가람 혁신도시 공공기관 직원들을 위한 '전남대-KEPCO MBA 과정'을 개설했으며, 광주시 및 광주과학기술원(GIST)과 함께 에너지밸리 기술원을 설립하고 한전 전력연구원의 에너지밸리 분원도 신설했다. 뿌리가 튼튼해야 나뭇가지가 무성하고 샘이 깊어야 물이 길게 흐른다. 나는 이러한 노력들을 기반으로 100년 동안 자랄 에너지숲 나무들이 튼튼하게 뿌리 내리기를 기원했다.

빅스포 2015, 에너지 미래로 가는 타임머신에 오르다 ————

내게는 에너지밸리를 구상하며 품었던 한 가지 꿈이 있었다. 세계 에너지 신기술과 최신 트렌드를 공유하며 미래 전력산업의 방향을 제시하고 젊은 학생들에게는 발명을 통해 용기를 얻을 수 있는 창조의 장을 빛가람 혁신도시에 마련하고 싶다는 꿈이었다. 이러한 교류의 장을 만들면 에너지밸리를 세계에 알리는 동시에 기업들에게는 해외사업 기회가 생기고 해외 에너지 기업을 유치할 수 있는 계기도 될 수 있을 것이라고 생각했다.

나는 매년 초 전 세계의 이목을 라스베이거스로 집중시키는 최대 규모의 가전박람회인 소비자가전박람회(CES), 스페인 바르셀로나에서 열리는 세계 최대 모바일전시회인 모바일월드콩그레스(MWC)처럼 도시를 기반으로 하는 세계적인 박람회를 꿈꾸고 있었다. 에너지 분야에서는 세계에너지총회(WEC)가 있지만 전 세계 도시를 순회하며 총회를 연다. 에너지를 주제로 한 지역에서 정기적으로 열리는 대규모 국제박람회는 전 세계 어디를 찾아봐도 없었다.

마침 대구 WEC와 WEC의 아시아판인 CEPSI(아시아·태평양 전력산업

콘퍼런스)를 연속적으로 또 성공적으로 개최하면서 어느 정도 자신감도 생겼다. 두 행사를 통해 느낀 것은 이제 에너지 분야는 에너지 생산에 대한 관심보다는 에너지를 얼마나 효율적으로 소비하느냐가 새로운 테마가 되었다는 점이다. 또한 이런 시대적 상황이 신기술과 신산업을 새로운 성장동력으로 만들어내고 있었다. 나는 이럴 때 에너지의 미래를 한눈에 보여주는 박람회를 연다면 전 세계의 이목을 집중시킬 수 있을 것이라고 생각했다. 아울러 한전 본사가 이전한 광주전남 혁신도시에서 열면 지역사회를 알리는데도 큰 역할을 할 것이 분명했다.

빅스포는 이런 고민과 기대 속에서 개막된 행사다. WEC나 CEPSI가 거대한 에너지 정책과 트렌드, 이슈를 논의하는 자리였다면 새롭게 탄생한 빅스포(BIXPO, Bitgaram International EXPOsition of Power Electric Technology, 빛가람국제전력기술엑스포)는 이러한 정책들과 트렌드의 실물을 직접 체험하는 행사였다. 나는 이 행사의 세부 구상을 하며 에너지 신기술 전시회, 국제 발명대전, 국제 콘퍼런스가 한곳에서 동시에 열리는 세계 유일의 행사로 판을 키웠다.

그러나 처음 열리는 행사이다 보니 준비 과정에서 어려운 일이 많았다. 6개월 남짓의 빠듯한 준비기간 동안 행사 조직위원회를 만들고 국내는 물론 해외 기업들을 초청하고 발명품을 공모하고 해외 저명연사들을 초청하는 등 WEC와 CEPSI 때의 경험과 노하우를 최대한 활용하며 바삐 움직였다.

빅스포가 성공하기 위해서는 국내외 전력 관계자들만이 즐기는 '그들만의 잔치'가 아니라 일반 관람객들이 많이 와서 즐기는 '축제의 장'이 될 수 있도록 다양한 볼거리, 체험거리를 마련하는 것이 중요했다. 그래서 행사 홍보를 할 때 2050년 미래 에너지 세상을 미리 생생하게 체험할 수 있다는 내용을 강조하며 '전력기술의 현재와 미래'를 주제로 한 다양한 전시 및 체험 공간을 마련했다. 에너지 신기술의 발달로 달라지는 현대인의 생활을 한곳에서 체험할 수 있도록 '스마트홈'과 '스마트 오피스'라는 이름의 전시공간도 조성했고, 2050년 에너지 미래 세상을 동영상을 통해 미리 보면서 하늘을 나는 자동차, 우주발전소, 움직이는 건물, 해저 주택을 체험할 수 있도록 했다. 또 세계 로봇경진대회에서 1등을 차지한 카이스트의 휴보(HUBO)를 초청해 행사장 입구에 전시하기도 했다. 관람객들은 자유자재로 움직이는 휴보를 보며 연신 감탄사를 쏟아냈다.

빅스포에 초대된 인공지능 로봇 휴보는 2016년 스위스 다보스에서 열린 세계경제포럼에도 참가했다고 한다. 주최 측으로부터 공식 출입증까지 받은 휴보는 다보스포럼 역사상 최초로 인간이 아닌 참가자가 되어 사람들을 깜짝 놀라게 했다. 세계 각국의 언론들까지 한국산 로봇 휴보를 상세히 보도했다고 하니 이제 휴보는 국내뿐 아니라 전 세계 유명 인사(?)로서 손색이 없는 것 같다.

빅스포는 대성황이었다. TV와 책 속에서나 보았던 에너지 신기술을 직접 체험한 관객들의 입소문을 타고 3일간의 행사기간 동안 3만여 명의 관객들이 구름처럼 몰려왔다. 지역에서는 이 행사장이 만들어진 이래 가장 많은 관객이 다녀갔다며 놀라워했다. 관람객들은 빅스포 행사장을 다녀간 후 "이런 '미래 볼거리'는 처음이다", "우리도 변화되는 세상에 눈뜰 기회가 되었다"며 호평했다.

빅스포의 또 다른 목표였던 국내외 기업 간 다양한 형태의 네트워킹과 비즈니스 기회 창출 효과 또한 기대 이상이었다. 전 세계 40개국에서 2,000명에 달하는 에너지 분야 기업인들과 전문가가 참가했고 200개가 넘는 기업과 단체의 전시부스도 운영되었다. 행사기간 중 국내외 기업 간에 진행된 54건의 비즈니스 미팅은 총 6억 7,232만 달러의 수출 상담 성과로 이어졌다. 또 브라질 발전·송전 공기업 FURNAS, 중국 국영송전망 회사인 중국남방전망공사, 르완다 에너지 그룹 REG, 미국 전력연구소(EPRI) 등과 8건의 MOU가 체결되었으며, 세계발명가협회(IFIA)로부터 국제발명전으로 공식 인증을 받기도 했다.

빅스포는 에너지 신산업 분야의 선두가 되기 위한 꿈과 열정이 담긴 행사였다. 준비기간은 짧았지만 에너지밸리와 우리나라 에너지 신산업의 경쟁력을 해외에 충분히 소개하는 기회가 되었으며 지역사회와도 일체감을 느끼며 커뮤니티의 일원으로 가까워지는 장이 되었다. 나는 무엇보다 많은 꿈나무들이 에너지에 관심을 갖고 창의성을 키울 수 있는 무대를 마련했다는 데 보람을 느낀다. 빅스포에 다녀간 꿈나무 중 한국의 노벨상 수상자, 한국의 에디슨이 나오는 미래를 그려본다.

빅뱅, 에너지로 동반성장의 사다리를 놓다 ————

'엘리베이터 피치(elevator pitch)'라는 말이 있다. 만나기 어려운 상대를 기다렸다가 엘리베이터에 함께 타서 짧은 시간 동안 자신의 아이디어를 설명하는 것을 의미한다. 기업 입장에서는 투자를 받기가 그만큼 힘들다는 것을 대변해주는 말이기도 하다. 나는 정부와 코트라에 있을 때부터 중소기업 앞에 놓인 이런 장벽들을 허물어야 우리 경제가 장기적인 경쟁력을 갖출 수 있다고 생각하고, 중소기업이 대기업 및 공기업과 함께 윈윈할 수 있는 방안을 꾸준히 모색해왔다.

앞으로 신에너지 시대가 오면 과거 어느 때보다도 중소기업, 스타트업, 벤처기업, 1인 기업 등 히든 챔피언의 역할이 중요해질 것이다. 에너지와 ICT가 융합된 다양한 비즈니스를 창출하려면 덩치가 큰 쪽보다 작은 쪽이 비교우위를 갖게 되는 영역이 생겨나기 때문이다.

나는 WEC, CEPSI, 빅스포라는 에너지 국제행사를 개최할 때마다 에너지 산업의 '숨은 주역'인 중소기업들이 행사의 주인공이 될 수 있도록 각별히 신경을 썼다. 2013년에 열린 대구 WEC에서는 공식 행사와는 별도로 전력 분야의 중소기업들에게 전시공간을 지원해 기업 홍보 기회를 마련해주는 등 할 수 있는 방법을 총동원했다. 이를 통해 기술력을 홍보할 기회를 얻지 못해 어려움을 겪는 중소기업들은 국내는 물론 해외 글로벌 에너지 기업들과 만날 수 있었다. 또한 1,000여 개에 달하는 전시부스가 마련되었고 2만여 명에 이르는 국내외 참관객들이 방문해 새로운 에너지 기술을 체험하고 돌아갔다.

이들 행사에서 나는 특히 ESS, 마이크로그리드, 스마트그리드, 전기차 충전, 신재생에너지 등 에너지 신산업 분야의 기업들을 적극적으로 참여시키고 전시 준비를 지원하는 등 우선적으로 배려했다. 아직 사업 초창기라 판로를 개척하는 데 어려움을 겪고 있는 이들 기업들의 제품을 대규모 전람회에서 적극적으로 알려 비즈니스 기회를 갖게 해주려는 의도였다.

국내 전력산업계의 기술 교류와 사업화를 위한 소통의 장도 마련되었다. 2013년부터 한전이 개최해오던 '전력산업 동반성장 박람회'는 전력산업에 종사하는 수많은 대·중소기업들의 많은 관심을 이끌어냈다. 그해 열린 박람회에는 32개국의 해외 바이어와 주한 외국 대사관 상무관 관계자, 대기업, 전국경제인연합회, 중소기업중앙회, 중소기업의 우량 수요처인 발전 자회사 등 전력그룹사, 전력기자재 생산 및 공사 관련 협회 등이 참여했다. 행사에 참여한 중소기업은 수도권 97개 기업, 지방 50개 기업이나 되었다.

2014년에는 한전 구 본사 앞마당에서 '전력기술 사업화&동반성장 박람회'로 확대해 성대한 막을 올렸다. 2013년에 따로 개최되었던 전력기술 거래장터와 동반성장 박람회를 하나로 묶어 더 큰 사업적 시너지를 얻기 위해서였다. 이 행사에는 국내 130여 개의 중소·중견기업과 대기업, 21개국 해외 바이어 및 주한 외국 대사관 상무관 등이 참여했다. 이 행사를 통해 약 3,000만 달러에 달하는 수출 상담 및 300만 달러 이상의 수출 계약이 성사되었고 약 90여 건의 기술 이전 상담이

264

진행되는 성과가 이뤄졌다.

　2015년 5월에는 '전력산업 동반성장 박람회'를 '빛가람 동반성장 페스티벌'로 새로 브랜딩하고 본사의 나주 혁신도시 이전을 기념해 규모도 키우고 프로그램도 다양하게 마련했다. 특히 200개 부스로 구성된 국내 최대의 전력기자재 전시장인 빅몰(Big Mall)은 2014년 67개 부스의 3배 규모로 늘려 우수 기자재를 소개하고 기술을 상담했다. 그야말로 일신우일신이었다.

　나는 글로벌 네트워크가 부족한 전력기자재 중소기업의 해외시장 진출을 돕기 위해 공기업 최초로 '중소기업 해외 상설 홍보관'도 개설했다. 국내 중소기업의 해외시장 진출을 위해 본격적인 현지 지원에 나선 것이다. 필리핀 현지 법인과 인도네시아 현지 법인에서 잇따라 홍보관을 열고 전력량계, 변압기, 계전기 등 국내 전력 기자재 중소기업

제품에 대한 전시 및 홍보를 시작하면서 현지 마케팅 전담 인력을 붙여 효과적으로 지원했다. 2014년 9월에는 베트남 하노이에도 홍보관을 열어 수출 지원을 상시화했다. 이 과정에서 수출 역량이 있는 우수 중소기업을 선정해 수출 촉진을 위한 특화 서비스도 제공했다.

중소기업이 해외시장에서 가장 어려움을 겪는 것 중 하나가 낮은 브랜드 인지도와 트랙 레코드(track record)인데 나는 이러한 장벽을 허물기 위해 심사숙고 끝에 'KEPCO Trusted Partner'라는 제도를 마련했다. 국내 공기업으로서는 최초로 도입한 제도였다. 중소기업 지원책의 일환으로 마련된 이 제도를 통해 기술력은 있으나 수출에 어려움을 겪는 중소기업들은 해외 전력시장에서 한전의 높은 브랜드 인지도를 적극 활용할 수 있게 되었다.

한전은 뛰어난 기술력을 가진 우수 중소기업에 대해 인증서를 발급하면서 한전이 인증하는 로고를 제품 홍보시 쓸 수 있도록 했으며, 이를 위해 KTP에 선정된 기업을 위한 영문 홈페이지를 개설하고 각 사에 대한 제품 설명과 홍보는 물론 레퍼런스북을 발간해 한전이 해외 사업 파트너와 면담할 때 공유하도록 했다.

한 중소기업 대표는 이러한 제도가 많은 도움이 되었다면서 "전력 분야뿐만 아니라 여러 산업 분야로 확대되어 대한민국을 대표하는 CSR(Corporate Social Responsibility, 기업의 사회적 책임) 프로그램이 되었으면 좋겠다"고 말했다. 에너지밸리 1호 기업인 보성파워텍도 한전이 우수협력기업임을 인증하는 KTP 출신 회사 중 하나다. 이러한 행사와

제도는 에너지 신산업 분야의 히든 챔피언을 찾아 키우는 큰 무대가 되고 있다.

최첨단 에너지 신산업의 아레나를 꿈꾸며 ————

나주의 한전 본사 신사옥은 광주전남 혁신도시에서 제일 높은 31층 건물이다. 영산나루를 드나들던 배(船)를 형상화한 외관도 위풍당당하다. 하지만 진짜 자랑거리는 따로 있다. 바로 최첨단 에너지 신기술이 살아 숨쉬는 '인텔리전트 빌딩'이다.

한전 사옥의 지붕은 햇빛을 잘 받도록 비스듬히 깎아 만든 후 태양광 집열판을 설치했다. 옥상 위의 소형 풍력기는 평소에는 몸을 숨겼다가 바람이 좋을 때 세상으로 나와 에너지를 만든다. 옥외 주차장에는 따가운 햇살을 온몸으로 받고 있는 태양광 집열판들이 가로수처럼 서 있다. 냉난방은 사옥 200미터 아래에 설치된 330개의 지중열교환기로 하고 겨울에는 남은 전력으로 융설설비를 운영하고 있다.

한전 사옥은 이렇게 옥상의 풍력, 건물 전체의 태양광, 지열 등 신재생에너지원을 통해 에너지의 42퍼센트를 자체 생산한다. 에너지 관리도 실시간으로 소비를 모니터링해서 효율을 높일 수 있는 스마트그리드 스테이션으로 한다. 반짝반짝 빛나는 건물 유리창은 햇빛을 최대한 많이 받도록 했고 이중 외피를 입혀서 겨울 난방 걱정을 덜게 했다. 한전 본사 건물은 밖으로 새어나가는 에너지가 없을 정도로 효율이 높아 미국 그린빌딩위원회의 친환경 건축물 평가에서 최고 등급을 받으며 국내 방문객은 물론 많은 해외 바이어들이 찾는 혁신도시의 랜드마크가 되었다.

이외에도 빛가람 에너지밸리에 온 국내외 방문객들이 에너지 신산업의 모든 것을 한눈에 보고 생생하게 체험할 수 있는 홍보시설의 필요성을 느끼고 광주시와 손잡고 에너지 테마파크를 조성하기로 했다. 에너지 테마파크는 광(光)엑스포 주제영상관이 있는 상무시민공원 내에 조성될 계획으로, 총 80억 원을 투입해 에너지 신기술 전시관과 다양한 체험 시설들이 들어설 예정이다.

빛가람 에너지밸리는 지금 이 시간에도 신에너지의 DNA를 주입하고 있다. 한전 본사 주차장에 있는 전기차를 타면 빛가람 혁신도시와 광주의 어디든 다닐 수 있다. 전기차 충전 시설은 광주 송정역, 광주공항, 광주시청 등에 이미 구비되어 있고 인근 지역까지 확대하고 있다. 지역 대학을 마이크로그리드 시스템이 결합된 스마트에너지 캠퍼스로 꾸미는 사업도 진행되고 있다. 대학 캠퍼스에는 강의실과 연구실험 시설 등이 많아 전기수요가 많지만 건물이 오래된 탓에 효율성이 낮아 대표적인 '전기 먹는 하마'로 알려져 있다. 이러한 캠퍼스를 '전기 잡는 하마'로 탈바꿈시키기로 한 것이다. 에너지 캠퍼스의 성공적인 구축이 이루어지면 전 세계로 수출할 수 있는 독창적인 비즈니스 모델이 탄생될 것이다.

또한 독거노인이나 치매노인을 대상으로 원격검침 인프라와 연동된 위치 정보를 이용해 실종을 예방하는 서비스를 광주전남 지역에서 시행하고 있으며, 사회복지시설 건물 지붕에는 태양광 발전기를 설치해 에너지 복지에도 기여하고 있다.

2015년 4월, 박근혜 대통령은 혁신도시의 성공적인 출발을 점검하기 위해 나주 한전 신사옥을 찾았다. 혁신도시의 전경이 한눈에 보이는 31층 스카이라운지에서 대통령은 "혁신도시가 들어서면서 나주가 새로운 모습으로 발전할 것 같다"면서 "에너지 공공기관의 대표주자인 한전이 들어오고 500여 개 기업을 유치해서 에너지밸리를 만든다고 들었다. (…) 이제는 전기를 단순히 공급하는 차원이 아니라 에너지 신산업을 통해 부가가치를 창출하고 있다. 외국에서 한국을 방문했을 때 나주 혁신도시가 에너지의 모든 것을 배울 수 있는 지역으로 소개될 수 있으면 좋을 것"이라며 에너지밸리의 성공에 대한 기대감을 표시했다.

이러한 기대에 부응하듯 혁신도시는 빠른 속도로 변모해갔다. 매일매일 변화하는 모습이 경이로울 정도였다. 배 밭으로 가득 했던 나주에 상전벽해와 같은 변화가 찾아온 것이다. 나주는 고려 때인 983년 나주목이 된 후 호남의 중심지로 영화를 누렸다. '전라도(全羅道)'라는 명칭은 당시 호남의 두 곳의 목(牧)인 전주(全州)와 나주(羅州)에서 한 글자씩 따온 것인데, 당시 나주의 위세를 잘 알 수 있게 해준다. 나주는 조선 후기 곡식 세금이 전국 1위, 인구는 5위로 호남뿐만 아니라 전국을 먹여 살리는 젖줄이었다. 1896년 광주에 전남도청에 들어서고 해양 실크로드였던 영산강 뱃길이 끊기면서 쇠락의 길을 걷던 나주가 1898년 한성전기회사라는 이름으로 서울에서 태동한 한전을 맞이하면서 반전의 계기를 맞게 된 것은 참으로 신기한 사건이 아닐 수 없다. "봄은 나주 들판으로부터 온다"는 말처럼 나주의 에너지밸리가 우리 경제의 새봄을 안내하는 에너지 신산업의 전령사가 되기를 기대한다.

글로벌 KEPCO 벨트,
신실크로드를 연다

자연을 위해 기도하는 나라, 부탄을 가다 ─────

'은둔의 나라'로 알려진 부탄은 쉽게 가기 힘든 나라다. 자연을 보존하기 위해 여행객 수를 엄격하게 제한할 뿐만 아니라 비자를 받아야 입국할 수 있기 때문이다. 히말라야에 있는 부탄 파로 공항으로 가는 조종사들은 좁은 협곡 사이를 낮게 날며 세계에서 가장 힘든 곡예비행을 해야 한다. 비행기를 타본 사람들은 거의 묘기 수준이라고 말한다. 파로 공항을 벗어나 수도 팀푸로 들어가는 길도 쉽지 않다. 그럼에도 한전 직원들은 중대한 사업을 따내기 위한 일념 하나로 팀푸에서도 170킬로미터 떨어진 푼촐링 시까지 오갔다. 히말라야 산악지대라 편도만 7시간을 달려야 하는 길이었다. 이렇게 정성을 들인 결과 마침내 한전은 지능형 변전소를 처음으로 부탄에 수출하게 되었다.

부탄을 여행하는 사람들은 "어렵게 찾아온 만큼 감회도 크다"고 말한다. 나의 부탄 방문도 그랬다. 2016년 초, 나는 부탄 전력청(BPC)과 2,560만 달러 규모의 '지능형 변전소 EPC' 계약을 체결하기 위해 부탄의 수도 팀푸를 찾았다. 지능형 변전소란 IT 시스템을 이용해 전기를 차단하고 연결하는 것을 통제할 수 있고, 실시간으로 모니터링할 수 있는 차세대 변전소다. EPC 계약은 설계, 조달, 시공까지 일괄 공급하는 사업 방식을 뜻한다.

한전은 카자흐스탄에 노후 설비를 교체하는 변전소를 수출한 적은 있었지만 한국형 변전소와 시스템을 통째로 수출한 것은 이번이 처음이다. 부탄 왕국 입장에서는 이번 계약이 국가적인 모험을 건 투자라고 할 수 있다. 계약 규모가 GDP의 1.3퍼센트에 달하기 때문이다. 그만큼 부탄은 전력산업 발전에 국가적인 노력을 기울이고 있다.

EPC 계약이 가능했던 것은 한전이 오랜 기간 부탄에 공을 들여왔기 때문이다. 2011년 부탄은 산악지대에 있던 노후된 셈토카 변전소의 변압기 교체에 나섰다. 중량이 나가는 변압기를 해상으로 운송하는 것은 보통 일이 아니었다. 게다가 부탄은 내륙 국가라 인접한 인도의 항구를 통해 운송을 해야 하는데 조수간만의 차이로 바지선을 항구에 대는 일조차 쉽지 않았다. 또 제대로 된 도로가 없는 셈토카까지 이송하는 일도 쉽지 않았다.

이런 상황에서도 한전과 우리 중소기업들은 특유의 끈기와 성실성으로 국산 변압기로 교체하는 작업을 성공리에 완료하면서 부탄으로부터 신뢰를 받기 시작했다. 이 사업은 2008년도부터 부탄 현지에서 네트워크를 다져온 국내 중소기업인 '우선 E&C'와 공동으로 추진하면서 중소기업과의 동반성장을 실현한 모범사례로 언론의 주목을 받기도 했다. 이번 사업에 설치될 주요 기자재는 국내 제작사로부터 공급되어 140억 원 상당의 수출 실적을 거둘 것으로 예상되고 있다.

히말라야 산맥 자락에 자리 잡은 작은 나라 부탄은 GDP의 2분의 1을 수력발전소가 생산한 전기를 인도에 팔아 얻고 있기 때문에 발전소, 송전 효율은 부탄의 생존과 관련되어 있다. 이 사업의 중요성을 감안해 부탄에서는 자국 종교지도자가 선택한 길일을 받았고 주말임에도 불구하고 토요일에 계약을 체결했다. 계약 체결시간도 동쪽에서 해가 떠오르는 9시로 잡아놨을 정도였다. 부탄이 이 사업을 얼마나 중요하게 생각하고 있는지 알 수 있게 해주는 대목이다.

부탄은 한반도 면적 5분의 1 크기이며 인구도 70만 명밖에 안 되는 작은 나라다. 수도 팀푸를 찾았을 때 나는 신호등이 없는 도로를 보고 깜짝 놀랐다. 현지 직원에게 물어보니 전 세계에서 유일하게 신호등이 없는 수도라고 했다. 인터넷과 TV는 물론 휴대전화까지 보급된 21세기의 도시에서 경찰관의 수신호만으로도 교통정리가 된다는 것이 놀랍고 신기했다. 부탄 국민들의 느린 삶이 느껴지는 풍경이었다.

세단차, 흡연자, 살생자가 부탄에만 없다는 말도 특별하게 들린다. 최근에는 변화의 바람도 불고 산업사회에서 나타나고 있는 문제들도 조금씩 생겨나고 있기는 하지만 아직은 자연환경을 중요시하는 따뜻한 공동체의 나라다. 제정일치의 불교국가 국민들은 '욕심 없는 삶'을 추구하며 미물이라도 살생을 엄격하게 금하고 자신과 가족보다는 타인을 위해 기도한다고 한다. 매일 작은 기도를 드리거나 불교 경전의 경구가 적힌 마니를 돌리면서 공동체의 평안과 행복을 기원하는 것이다. '지구상의 마지막 샹그릴라'로 불리며 세계에서 행복지수 1위인 부탄이 앞으로 한국과 어떻게 협력관계를 해나갈지 기대된다.

동방의 등불 한국, 인도를 밝히다

인도에서도 '동방의 등불' 한국 에너지 신산업의 여명이 동트고 있다. 부탄으로 가기 전 나는 인도에 먼저 들러 모디 총리를 만나 면담했다. 내가 한국의 에너지 효율, 마이크로그리드 등과 같은 에너지 신산업에 대해 설명하자 모디 총리는 큰 관심을 보였다.

면담을 마친 뒤에는 인도 전력부 차관과 전력 분야 기술 교류 및 에너지 신산업과 관련된 협의를 진행했다. 인도의 국영 송전회사인 인디아파워그리드와는 ESS, 마이크로그리드 등 에너지 신사업 공동추진 협약을 체결했다. 이 자리에서 현지 관계자는 "인도의 전기손실률이 26퍼센트에 달하는데, 이 손실을 줄일 방법을 찾고 있다"며 고민을 털어놓았다. 다 알다시피 한국의 전기손실률은 3.5퍼센트대로 전 세계 최고 수준이다. 또한 기술 운영 능력도 알아준다. 나는 이런 자신감을 바탕으로 "한전의 송배전 기술, ESS와 스마트그리드 기술을 인도의 송배전망에 적용한다면 전기손실률을 크게 낮출 수 있을 것"이라고 설명했다. 현지 관계자는 깊은 관심을 보이며 향후 후속 협의를 진행하기로 했다.

전 세계 정치가 중 오바마 대통령 다음으로 많은 팔로워(1,700만 명)를 자랑하는 모디 총리는 얼마 후 자신의 트위터에 "한국 기업 최고경영자들을 만나 좋은 대화를 나눴다"면서 "한국 기업인들에게 인도 제조업 활성화 정책인 'Make in India'에 참여하기를 권유하고 더 깊은 경제협력 관계를 이루자고 요청했다"며 직접 글을 남겼다. 모디 총리의 바람 때문이었을까. 최근 들어 한국의 산업과 기술 역량, 그리고 인도의 개발 수요 간의 협력이 광범위하게 진행되고 있다. 한국인과 한국 기업들이 인도의 경제성장을 위해 매우 중요한 파트너가 되고 있는 것이다.

새로운 도약 앞에 서 있는 인도는 각종 인프라를 더 많이 더 빨리 갖춰야 한다. 이는 인도에 매우 도전적인 일이고, 한국 같은 인도의 파트너들에게도 좋은 기회가 되고 있다. 인도는 개방적이면서 규율이 잘 갖춰져 있고 청년 인구가 8억 명이 넘는 활력이 넘치는 나라다. 국민 대다수가 영어를 자유롭게 구사하는, 세상에서 가장 큰 민주 국가이기도 하다. 그럼에도 국제 기업환경 순위에서 높은 순위를 얻지 못하고 있는 것은 매우 안타까운 일이다.

하지만 최근 인도의 기업 환경은 빠르게 개선되고 있으며 글로벌 플레이어와도 발 빠르게 스킨십을 하고 있다. 특히 에너지 신산업 분야에서 2022년까지 신재생에너지 발전 설비를 175GW 더 만들겠다는 야심찬 계획을 발표했다.

일찍이 인도의 시성 타고르가 '동방의 등불'이라고 불렀던 한국에서 시작된 신에너지 기술이 인도를 밝혀주고 있다.

메릴랜드의 나주 사위, 에너지로 인연을 맺다 ─────

2015년 10월, 나는 대통령 방미 순방 사절단으로 미국을 방문해 메릴랜드 주와 에너지 신산업 상호협력을 위한 협약을 체결했다. 한국 기업이 미국의 주정부와 에너지 협력을 약속한 최초의 사례로 우리 입장에서는 선진 미국 에너지 시장 진출에 교두보를 연 의미 있는 날이었다. 이번 협력의 배경에는 일등공신이 있었다. 바로 래리 호건 메릴랜드 주지사 영부인이며 한국계 이민자인 유미 호건 여사였다.

그녀는 한국 문화를 널리 알리는 활동도 적극적으로 하고 있는데, 관저 내에 김치냉장고를 들여놓은 이야기는 유명하다. 당일 오찬 메뉴에도 남도식 김치가 있었다. 더구나 그녀의 고향은 한전이 본사를 옮겨간 나주였다. 기가 막힌 우연의 일치였다. 나 역시도 그녀와의 인연이 반가웠지만 오랫동안 국가와 고향을 떠나 미국에서 생활한 그녀에게도 이번 협약식은 매우 의미 있는 일이었다고 한다.

메릴랜드 주도(州都)인 아나폴리스 주지사 공관에서 열린 협약식에는 당시 암 투병 중이었던 호건 주지사 대신 유미 호건 여사가 직접 참석했다. 그녀는 작고 아담한 체구였지만 미국 내 영향력이 큰 주의 장관 보좌관들을 진두지휘하며 주지사 역할을 대신할 만큼 카리스마와 리더십을 갖추고 있었다. 우리 일행을 반갑게 맞이한 그녀는 이번 협약식을 계기로 앞으로 많은 사업을 한전과 같이하겠다는 뜻을 밝혔다.

미국 동부에 위치한 메릴랜드 주는 뉴욕, 워싱턴D.C. 등 대도시와 인접해 대규모 전력 인프라를 갖추고 있고, 주 단위 에너지 효율 향상 사업, ESS 설치 및 노후 송전망에 대한 스마트그리드 투자 등이 활발한 지역으로 에너지 신산업 최적의 파트너로서 손색이 없었다. 협약식을 마치고 돌아와 보니 국내 언론에 이번 협약식에 대한 기사가 제법 크게 실렸다. 그중에는 유미 호건 여사의 인터뷰 내용도 있었는데, 주지사와의 러브스토리가 내 눈길을 끌었다.

젊은 시절 미국으로 이민 간 그녀는 미술 전시회 중에 당시 사업가이자 부자 총각이었던 래리 호건 주지사를 우연히 만나게 된다. 화가였던 유미 호건 여사에게 첫눈에 반한 래리 호건 주지사는 명함을 건네고 연락을 기다렸지만 싱글맘이었던 그녀는 좀처럼 마음의 문을 열지 않았다. 이후 우여곡절 끝에 두 사람은 다시 만나 전통혼례를 치렀고 그녀는 미국 주정부 역사상 최초의 한국계 퍼스트레이디가 되어 메릴랜드 주지사 공관에 입성하게 된다.

두 사람은 행복한 시간을 보냈지만 슬픔의 시간도 있었다. 래리 호건 주지사가 악성 림프종으로 투병생활을 했던 것이다. 유미 호건 여사의 극진한 간호 덕분이었을까. 놀랍게도 협약식이 있던 날 래리 호건 주지사는 완쾌 소식을 전하며 업무에 복귀했다.

머나먼 땅 미국 메릴랜드에서 만난 '나주의 딸' 유미 호건 여사와 '나

주 사위' 래리 호건 주지사. 이들과의 인연 속에서 굳게 닫혀 있던 미국 에너지 시장의 문을 열게 된 한전은 앞으로 메릴랜드 주정부가 추진하고 있는 에너지 사업에 참여하는 등 지속적인 협력을 해나갈 생각이다.

두바이로 진출한 한전형 스마트그리드 ─────

2015년 10월에는 두바이로 가는 비행기에 몸을 실었다. 그동안 UAE 원전 건설 현장 방문은 수차례 이어졌지만 이번에는 방문 목적이 달랐다. 두바이에 한전의 스마트그리드 기술을 수출하기 위한 방문이었다. 한전이 UAE에 원전, 화력발전을 수출한 적은 있지만 에너지 신산업 분야에서는 이번이 처음이라 그 어느 때보다 출장길이 설렜다.

2013년 두바이의 셰이크 모하메드 국왕은 두바이 전체를 ICT와 에너지가 결합된 최첨단 도시로 바꾸겠다는 '스마트시티 프로젝트'를 직접 발표했다. 약 70~80억 달러가 투입될 것으로 예상되는 이 프로젝트는 삶, 사회, 유동성, 경제, 정부, 환경 등 6개 카테고리에서 100개 프로젝트로 이루어진, 두바이다운 어마어마한 스케일의 사업이다.

두바이 정부는 스마트시티 사업이 워낙 큰 프로젝트인 만큼 이 사업을 착수하기 전에 테스트가 필요했는데 그 시범사업을 바로 한전이 따낸 것이다. 한전은 두바이 수전력청 건물에 태양광, ESS, 에너지관리시스템 등이 결합된 '한전형 스마트그리드 스테이션'을 구축하기로 했다. 이는 태양광발전으로 생산된 전력을 건물 내 소비전력에 따라 자동으로 조절하고 저장 또는 배분해 에너지를 효율적으로 이용할 수 있는 시스템이다.

나는 현지에서 두바이 수전력청장과 사업계약서에 서명한 후 환담을 나눴다. 두바이 수전력청장은 한전이 UAE에서 원전과 화력발전 사업을 성공적으로 수행하고 있는 것에 대해 깊은 신뢰감을 갖고 있었다. 이후 두바이 수전력청은 한전의 스마트그리드 스테이션 설치 현장인 한전 구리지사를 방문하는 등 꼼꼼한 검증을 거쳤다. 이번 시범사업이 성공할 경우 두바이 전역에서 진행되는 스마트시티 사업에 우리나라가 참여할 가능성은 그만큼 커진다. 나는 이 사업에 한전의 모든 기술을 총동원해 심혈을 기울이겠다는 뜻을 전달했다.

이번 사업은 중동뿐 아니라 글로벌 스마트그리드 사업 진출의 물꼬를 텄다는 데도 의미가 있다. 한전은 세계 스마트그리드 시장 선점을 위해 쿠웨이트, 괌, 에콰도르 등지에서도 추가 사업을 추진하고 있으며 이러한 성과는 계속 이어질 것으로 보인다.

한전의 마이크로그리드 해외 첫 수출지, 캐나다

2014년, 북미에서 열린 에너지 전시회에서 한전 홍보 부스로 한 무리의 외국인들이 몰려왔다. 그중 한 명이 전시 부스를 유심히 살펴보더니 한전이 가사도 등에 운영하는 마이크로그리드 사업 전시물에 큰 관심을 보였다. 이것저것 물어보며 한참을 상담하던 그는 명함을 건넸다. 명함에는 캐나다 '파워스트림'이라는 배전회사 이름이 찍혀 있었다.

그로부터 얼마 후 파워스트림으로부터 연락이 왔다. "한전의 마이크로그리드 모델을 수출할 수 없냐"는 문의였다. 이후 두 회사의 실무 협상과 전남 가사도 설치 현장 방문 등을 거쳐 사업 수주가 가시화되기 시작했고 2014년 9월, 대통령 순방 경제사절단으로 캐나다 현지를 방문한 자리에서 한전의 마이크로그리드 협력사업과 관련한 양해각서를 체결했다.

파워스트림 본사에서 열린 협약식 행사는 매우 인상적이었다. 체결식의 시작을 알리는 목재 콤프 나팔소리가 들려오면서 수백 년 전의 전통의상을 입은 사람들이 등장했다. 이들은 이 자리가 한국과 캐나다 간의 협력에 얼마나 많은 의미를 가지고 있는지 큰 목소리로 낭독하기 시작했다. 이 특별한 장면에 협약식에 모인 사람들은 너도나도 휴대전화를 꺼내들고 사진을 찍었다. 행사장 맨 앞자리에 앉아 있던 나도 휴대전화를 꺼내 몇 장의 사진을 찍었다.

이뿐만이 아니었다. 파워스트림 사장은 나와 함께 현지 민속 의상을 입고 사진을 찍는 세리머니를 준비해 나를 또 한 번 놀라게 했다. 이날의 모든 준비들이 그들이 이 사업을 얼마나 중요하게 생각하는지를 알 수 있게 해주었다. 또한 양국이 서로의 '문화'에 공감하고 이해하면서 서로를 더 가깝고 친근하게 느낄 수 있었던 시간이었다.

그로부터 10개월 후인 2015년 7월, 나주 한전 본사에서 파워스트림에 마이크로그리드 기술을 수출하는 합의각서를 체결하고 2017년 초까지 캐나다 현지에 마이크로그리드망을 설치하기로 했다. 우리나라 마이크로그리드 기술이 최초로 해외에 수출되는 쾌거의 순간이었다.

특히 에너지 분야에서 가장 콧대가 높은 북미시장은 그동안 한전에게 난공불락의 성과 마찬가지였는데, 새로운 메뉴를 들고 나간 승부수가 멋지게 적중한 사례였다. 그리고 MOA(합의각서)에는 파워스트림 관할 지역의 SCADA(원방감시제어장치) 교체시 우선협상권을 주기로 했는데 그 사업은 1,500만 달러 규모에 이른다. 특히 두 회사가 함께 추진하는 기술 실증 프로젝트에는 빛가람 에너지밸리 입주 중소기업이 함께 참여하기로 해 그 의미가 더 컸다.

나는 이들이 한국을 방문했을 때 캐나다에서 받은 환대에 보답하기 위해 나주 본사에서 더 성대한 환영 프로그램을 준비했다. 협약식이 있던 날 임금이 입던 곤룡포를 준비해 파워스트림 사장에게 입혀줬고 나도 같이 곤룡포를 입어보는 '가문의 영광'을 누렸다. 전통 부채춤과 남도음악 공연에 방문 일행은 연신 '원더풀'을 외치며 엄지손가락을 들어 보였다. 협약식을 마친 후에는 담양에 있는 대나무숲 등 남도의 명소를 안내했다. 파워스트림 사장은 이제 한국 문화의 팬이 되었다며 매우 흡족한 미소를 지었다. 비즈니스에서는 역시 작은 배려와 정성이 큰 감동을 준다는 것을 다시금 실감했다.

중동으로 수출하는 에너지, 라피크 KOREA 슈크란 KEPCO ───

최근 중동에서는 포스트 오일 시대를 대비해 거의 혁명에 가까운 변화가 일어나고 있다. 지금까지 국가산업의 빗장을 좀처럼 열지 않았던 중동은 산업 다각화 전략을 추진하는 과정에서 글로벌 파트너를 향해 적극적인 구애를 하고 있다. 중동의 빗장이 열리면서 에너지, 건설 등의 분야뿐만 아니라 사회간접자본, 보건의료, 식품, 금융, 교육, 문화 등의 신산업과 고부가가치 분야를 총망라하는 새로운 시장과 기회가 열리고 있는 것이다.

다행스럽게도 중동은 우리나라를 오랜 '아크(형제)'이자 믿음직한 '라피크(동반자)'로 인식하고 있다. 이러한 배경에는 그간 어려운 상황 속에서 중동시장을 개척한 우리 기업들의 활약이 있었다. 우리 기업들의 밝고 건강한 에너지, 근면성실하고 위트 넘치는 글로벌 에티켓에 매료된 중동은 한국을 포스트 오일 시대에도 함께할 동반자로 보고 있는 것이다.

요르단은 중동에 있지만 '사막의 황금' 석유가 거의 나지 않는 불운한 나라다. 2015년 5월, 한전이 만든 요르단 암만발전소 준공식을 위해 현지를 찾았을 때 거리에서 우리나라 중고차를 어렵지 않게 볼 수 있었다. 사우디아라비아나 아랍에미리트 같은 산유국의 거리에 유럽에서 만든 럭셔리한 자동차들이 가득한 것과는 사뭇 다른 풍경이었다. 문득 드라마 〈미생〉의 주인공 장그래가 요르단에서 맹활약을 펼치며 중고차 수출을 성사시키던 장면이 생각났다.

흙빛 도시 요르단은 자원 빈국이다 보니 국가 전체가 만성 에너지난에 시달리고 있었고, 전력은 늘 부족했다. 이런 곳에 한전이 대용량 발전소를 만들어 품질 좋은 전기를 안정적으로 공급해주니 한국, 그리고 한전에 대해 무한 신뢰를 보냈다. 당시 암만발전소 준공식은 요르단 총리가 참석하는 국가 규모의 행사로 치러졌고 현지 언론에서도 대서특필할 정도로 국가적 관심을 받았다.

"슈크란 KEPCO!" 현장에서 내 손을 덥석 잡고 요르단 총리가 말했다. '슈크란'은 아랍어로 '고맙다'는 뜻이다. 순간 한전인으로서의 자부심과 한국인으로서 자랑스러움을 느꼈다. 나는 낯선 나라에 와서 묵묵히 맡은 일에 최선을 다해준 현장 직원들의 손을 하나하나 잡으며 요르단 국민의 인사를 그들에게 다시 전했다.

요르단 총리가 "슈크란 KEPCO!"라고 말할 만큼 요르단에서 한전의 역할은 대단하다. 암만발전소와 한전이 기존에 운영하고 있던 알카트라나발전소의 설비 용량을 합하면 모두 946MW로, 이는 요르단 전체의 24퍼센트에 달하는 규모다. 요르단 10가구 중 2가구 이상의 전기를 한전이 책임지고 있는 셈이다. 현지 관계자들은 나에게 "발전소가 들어오기 전에는 요르단의 수도인 암만에 정전이 계속되었는데 발전소가 들어오면서 정전이 거의 없어졌다"고 말했다. 특히 IS 사태로 시리아 등에서 난민들이 많이 넘어와 전기 사용량이 폭증하고 있는 요르단에게는 한전이 단순히 전력만 생산하는 회사가 아니다. 요르단 국민들에게 따뜻하고 밝은 빛 아래서 일상의 즐거움을 찾을 수 있도록 해주는 고마운 회사다.

2015년 말, 한전은 요르단의 대규모 풍력발전 건설 및 운영 사업을 수주했다. 글로벌 플레이어들과의 치열한 경쟁 중에도 요르단이 한전의 손을 들어준 것은 오랜 기간 소통하면서 신뢰를 쌓으며 비즈니스 파트너가 아닌 동반자로서의 여정을 걸어왔기 때문이다. 해외 건설 50년, 중동 진출 40년간 숱한 어려움이 있었지만 근면과 성실함, 그리고 특유의 친화력으로 이 모든 것들을 극복하고 세계 최고 수준의 기술력을 우리는 보여줬다. 그리고 이렇게 축적해낸 힘들이 변화하는 중동의 모래폭풍 속에서 우리가 새롭게 갈 길을 열어주고 있다.

경제 봉쇄에서 풀려난 에너지 강국, 이란 시장을 공략하다 ───

2015년 4월, 대구경북 세계 물포럼으로 각국 관련자들이 한국에 들어올 무렵, 이란 에너지부 하미드 치트치안 장관이 한전을 방문하고 싶다는 의사를 전해왔다. 독자적인 핵 프로그램 운영을 이유로 2006년부터 시작된 이란에 대한 경제 및 금융 제재 해제 전망이 본격적으로 점쳐지기 시작하던 시기였다.

이란은 국제사회로부터 고립되어 경제발전을 위한 대규모 투자 등에 있어서는 늘 한계를 가질 수밖에 없었고 서방의 경제 및 금융 제재에서 풀려나면 무엇보다 중요하고 다급한 것이 전력 인프라 재건이었다. 이란 에너지부 장관이 급하게 한전을 찾은 이유를 짐작할 수 있었다. 최근 이란은 핵과 관련된 모든 제재에서 벗어났다. 국제사회로부터 고립된 지 10년 만이다.

이란 에너지부 장관과의 약속은 2015년 4월 16일 오후에 잡혔다. 길지 않은 시간이었지만 그는 절박해 보였다. 세계에서 가장 높은 송배전 효율을 가지고 있는 한전은 발전, 송배전 등 모든 분야에서 에너지 효율이 낮은 이란의 전력 인프라 재건에 있어서는 롤 모델이었다. 이란의 전력회사 배전 기술자들이 오랫동안 한전의 인재개발원에서 2004년부터 2010년까지 9회에 걸쳐 212명의 배전 분야 기술교육을 받았던 것도 한몫했을 것이다.

나는 실질적인 도움을 요청하기 위해 회사로 직접 찾아온 하미드 치트치안 장관에게, 한전은 송·배전망 손실률이 3.5퍼센트대로 세계 최고의 효율을 자랑하고 있고, 필리핀 노후 발전소 성능 개선사업으로 시작한 해외사업도 이제 명실상부한 국제 디벨로퍼로 자리매김하고 있음을 설명했다. 본격적인 기술 축적 시기에 돌입한 스마트그리드 분야의 스마트계량기, 마이크로그리드, ESS 등 신기술 개발 분야에 대한 논의도 함께 진행되었다. 이를 통해 전력망 효율 향상, 노후 발전소 성능복구 시범사업, 스마트그리드 시범사업, 그리고 스마트그리드 분야에 대한 연구개발 공동수행 및 인력교류까지 한국과 이란의 4대 전력사업 협력에 대한 계획 등을 그 자리에서 어렵지 않게 도출할 수 있었다.

그러던 중 2016년 1월 16일 마침내 이란 제재가 해제되었다는 소식이 들려왔다. 나는 여전히 바쁜 일정이었지만 이란 에너지부 장관을 머리에 떠올렸고 당장 이란에 가봐야겠다는 생각이 들었다. 딸 결혼식을 코앞에 두고 있었지만 설 연휴도 반납한 채 2월 7일 이란으로 날아갔다. 중동 모래폭풍 속에서 플랜트 수출 기회를 찾던 코트라 사장 시절 이후 10여 년 만에 이란을 세 번째 방문한 것이다. 이란을 한 번 방문하면 좋아하게 되고, 두 번 방문하면 사랑하게 되며 세 번 방문하면 결혼하게 된다는 말이 있듯이 이란에 도착하니 만나는 사람들마다 환대해주었다. 이란은 한국과는 일찍부터 경제 부문에서 많은 협력 사업을 수행해온 나라다. 서울 강남의 중심로가 '테헤란로'로 명명되고 이란의 수도 테헤란에 '서울로'를 만들 정도로 한때는 가까운 나라였다.

나는 이란을 방문하면서 이전에 하미드 치트치안 에너지부 장관과 합의한 4개 분야 협력에 관한 제안서를 들고 갔다. 방문기간 중 만난 이란 에너지부 차관은 한국을 형제 국가로 생각한다며 한국과의 협력을 강력하게 희망했다. 나는 이란 에너지부 차관과 이란 전력공사 (TAVANIR) 사장을 만나 양국의 협력 활성화를 위한 MOU를 체결하고, 한국-이란이 공동으로 전력기술과 경험 등 전력 노하우를 공유하는 양국 정부 간 워킹그룹을 만들어 이란의 국내 상황을 심도 있게 연구하고 협력하기로 협의했다. 에너지부 장관과 합의한 4대 분야 협력은 물론, IPP사업, 송전망 승압사업, HVDC, ESS 등 협력 분야를 포괄적으로 확대하자는 내용도 포함되어 있었다.

그러던 중 2016년 2월 27일부터 29일까지 우리 정부가 주관한 이란 경제협력사절단 일원으로 다시 이란 땅을 밟게 되었다. 이 기간 동안 한전 전력연구원이 개발한 가스터빈 코팅기술 실증 MOU, 포스코가 추진 중인 500MW 차바하르 IWPP(Independent Water and Power Producer, 독립용수전력생산) 사업개발 MOU 등 한전과 이란 간 전력 분야의 포괄적 협력을 위한 초석을 마련했다. 또한 1년여 만에 재회한 나를 반갑게 맞아준 하미드 치트치안 에너지부 장관과 에너지 효율 향상, 지능형 원격검침 인프라 시범사업, 스마트그리드 등 다양한 전력 분야의 협력을 확대하기 위한 고위급 회의를 진행했다.

경제협력사절단으로 이란으로 떠난 날은 내 생일이었다. 아들을 기다리시던 노모께서는 명절에도 해외출장을 가더니 생일날에도 또 그 먼 나라를 가냐며 걱정하셨지만 개인적으로 이보다 더 좋은 생일선물은 없었다. 한전이 이란의 전력시장에 첫발을 내딛는 역사적인 순간에 내가 기여할 것이 있다는 사실이 무엇보다 감사했다. 이란은 같은 아랍권 국가라도 다른 중동 국가와 민족도 문화도 조금 다르다. 과거 페르시아 제국답게 찬란한 문화를 보존하고 있고 상업적 거래에서 신의를 제일 중요시한다. 이란과 수출 거래를 하면 대금을 떼이는 경우가 거의 없다고 할 정도다. 최근 경제 제재에서 풀린 이란을 향한 세계 각국의 구애가 행렬을 이루고 있다. 기회의 땅, 인구 8,000만 명의 이란 시장을 향해 우리나라도 서둘러 신발 끈을 조여 맬 때다.

지구 반대편에서 열리는 중남미 에너지 시장 ————

중남미 시장은 우리와 지구 반대편에 있는 멀고도 낯선 곳이지만 풍부한 자원과 인구가 6억 명에 달하는 '기회의 땅'이다. 중남미는 크리스토퍼 콜럼버스가 신대륙을 발견하면서 그 존재가 세상에 알려졌지만 그보다 훨씬 앞서 아즈텍, 마야, 잉카문명이 찬란하게 꽃을 피웠던 곳이기도 하다. 중남미 국가들은 20세기 근대화 과정에서 '중남미 패러독스'로 불리는 사회구조적 문제들이 불거지면서 성장이 지체되는 듯 보였으나, 최근 10년간 연평균 5퍼센트대의 경제성장률을 기록하며 글로벌 경제의 새로운 성장 엔진으로 발돋움하고 있다. 또한 이러한 경제성장을 위해 필연적으로 전력이 필요해지면서 이 분야에 대한 외국 기업 유치가 활발히 이루어지고 있다고 하니 우리로서는 매우 반가운 소식이 아닐 수 없다.

2014년 3월, 나는 멕시코 치와와 주에서 열린 노르테 II 가스복합 발전소(433MW) 준공식에 참석했다. 이 프로젝트는 스페인계와 일본계가 양분하고 있는 멕시코 민자발전 시장에서 한전과 삼성물산의 대한민국 컨소시엄이 스페인의 Iberdrola, 일본의 미쓰비시, 미쓰이 등 세계 유수의 민자발전회사와 치열한 경쟁을 벌인 끝에 승리한 뜻깊은 사업이다. 다시 말하면 한전 최초로 중남미 전력시장 진출의 교두보를 마련한 획기적인 사업이다.

당시 멕시코 연방 전력청장은 멕시코 에너지부 전력 부문 차관 출신으로 40대의 젊고 활력 넘치는 변호사이자 교수였다. 그와 만난 자리에서 나는 그가 쓰는 스페인어를 알아들을 수는 없었지만 통역이 이루어지기 전에 이미 그의 빛나는 눈빛과 제스처를 보고 그가 얼마나 한전과 비즈니스 파트너가 되기를 원하는지, 그리고 멕시코 전력사업 전반에 대한 깊이 있는 이해를 하고 있는지 느낄 수 있었다.

2015년에는 대통령 순방 경제사절단으로 중남미 4개국을 찾았다. 브라질, 콜롬비아, 페루, 칠레는 이제 막 전력시장에 활력이 돌기 시작한 신시장이었다. 나는 경제사절단 행사에 참석하는 동시에 한전 사장으로서 각국 정부 및 에너지 국영기업 관계자들을 만나 에너지 교두보의 초석을 놓았다.

중남미는 얄팍한 상업적 계산으로 접근할 수 있는 시장이 아니다. 그들이 충분히 인정할 만한 경쟁력부터 견고히 다져놓은 뒤 인내심을 가지고 문을 두드려야 한다. 우리 기업들이 좀 더 발 빠르게 움직인다면, 그리고 장기적인 안목으로 좀 더 파고든다면 이곳에서의 수출 비중은 크게 늘어날 것이다.

향후 세계시장이 회복세로 돌아서면 이들 중남미 시장으로 향한 에너지 협력은 곧 세계시장으로 이어질 것이다. 특히 멕시코에서는 정부 차원에서 민간 및 외국 자본에게 에너지 시장을 적극 개방하겠다는 의지를 밝힌 만큼 이미 화력발전 사업을 추진하고 있는 우리가 이 황금 같은 기회들을 잡아야 한다.

에너지 한류 바람, 만리장성을 넘다 ───────

중국 내몽고 츠펑 시의 평원에는 풍력발전기의 숲이 울창하다. 이곳은 바로 한전이 중국의 발전회사인 대당집단과 함께 만든 대규모 풍력발전 단지가 있는 곳이다. 내가 이곳을 방문했을 때는 끝도 보이지 않는 광활한 벌판에 초속 10미터를 넘는 거센 바람이 쉴 새 없이 불어대고 있었다. 그 거센 바람을 타고 500여 기의 풍력발전기가 일렬로 선 채 웅장하게 돌아가고 있었다. 가도 가도 끝없는 풍력발전기의 숲을 보면서 우리 에너지 산업이 10여 년 전부터 이 정도의 프로젝트를 운영해오고 있었다는 사실에 벅찬 감동이 밀려왔다.

한전은 신재생에너지 산업 초창기인 2005년부터 중국 내몽고, 요녕성, 감숙성에 풍력발전 단지를 만들어 운영하고 있다. 7단계에 걸친 증설사업을 통해 현재는 대형 원자력 발전소와 맞먹는 1,314MW의 대규모 풍력발전 단지가 운영되고 있다. 지속적으로 수익을 내고 있는 알짜 사업이다. 지금은 국내에 신재생에너지가 많이 보급되고 있지만 사업 초기에는 국내에 설치된 전체 풍력 설비의 두 배가 넘는 대규모 프로젝트였다.

2000년대 중반에는 이 사업을 통해 탄소배출권 거래를 한 적도 있는데, 이는 기후변화 대응 측면에서 볼 때 시대를 앞선 사업이었다. 앞으로 신기후체제가 본격화되면 탄소배출권 거래를 통해 부가수익을 얻는 것은 물론 국내 온실가스 감축 부담을 줄이는 데도 기여할 것으로 보인다.

2015년 6월에는 중국 내 최대 발전 사업자인 화능집단공사 동사장과 현지에서 만나 해외 프로젝트 추진과 에너지 신기술 R&D 분야에서 두 회사가 힘을 모으기로 협력협약을 맺었다. 이 협약은 한중 FTA 체결 이후 최초로 양국의 경제협력이 결실을 맺은 사례여서 그 의미가 더 컸다. 내가 조직위원장으로서 주도한 제주 CEPSI 행사 때 맺은 화능집단공사와의 인연이 사업 협약까지 이어진 경우라서 남다른 감동과 보람이 있었다.

2015년 말 글로벌 에너지 정보업체 '플래츠'가 선정한 글로벌 250대 에너지 기업들을 살펴보니 중국 기업이 32개사로 가장 많았다. 중국의 급성장하는 에너지 시장은 우리에게 커다란 사업 기회이기도 하지만, 다른 한편으로는 해외 사업 수주를 놓고 우리와 치열한 경쟁을 펼쳐야 할 숙명의 라이벌이기도 하다. 앞으로 에너지 분야에서 두 나라가 협력과 경쟁 속에 함께 성장할 수 있는 길을 모색하는 지혜가 필요하다고 생각한다. 〈대장금〉, 〈별에서 온 그대〉로 대표되는 중국 내 한류 바람은 지금도 여전하다. 전력 분야에서는 한전의 풍력발전기가 뜨거운 에너지 한류 바람을 일으키기 시작했다. '바람'은 국경이 없다.

필리핀 말라야, 한전 해외사업의 물꼬를 트다 ─────

고즈넉한 라구나 호숫가에 자리 잡은 말라야. 마닐라에서 불과 70킬로미터 떨어진 곳이지만 화력발전소 주변으로 형성된 마을을 제외하고는 푸른 산과 들이 이어져 여느 시골 마을과 다를 바 없는 풍경이다. 발전소에 올라서면 호수 건너 멀리 메트로 마닐라의 고층 건물이 눈에 들어온다. 지금은 잔잔한 물결이지만 태평양 전쟁 중 일본 항모 부대가 바로 이 근해에서 영국 전함을 격침하고 항모 시대의 선구자가 되었다고 한다. 그로부터 3년 후인 1944년 일본 해군 항모 부대는 필리핀 해전으로 소멸되고 말았다. 이러한 역사의 자취를 아는지 모르는지 라구나 호숫가를 품은 말라야 화력발전소는 변함없는 모습이다.

한전의 해외사업은 바로 이 필리핀의 작은 시골마을에서 시작되었다. 필리핀 말라야는 1995년 한전이 최초로 수주한 해외사업의 현장이다. 현재는 계약기간을 마치고 운영권을 현지로 넘겨줬지만 당시로서는 희망사항에 불과했던 우리나라의 전력산업 수출의 효시가 된 기념비적인 현장이었다. 말라야의 쾌거는 세계 최대 가스복합 화력발전소인 일리한발전소, 세부화력발전소, 나가발전소까지 연이은 수주로 이어졌고, 현재 한전은 필리핀에서 2위의 해외 민자발전 사업자 위상을 자랑하고 있다. 특히 세부화력발전소가 '순환유동층보일러'라는, 오염물질을 적게 배출하는 친환경 기술을 채택해 환경 측면에서도 도움을 주고 있다.

2015년 여름, 나는 다시 필리핀을 찾아 현지 최대 배전회사인 메랄코 사장과 스마트그리드, 마이크로그리드, 신재생에너지 등 신에너지 기술 개발과 사업화를 위한 협력 MOU를 맺었다. 화력발전으로 한전의 해외 수출의 물꼬를 터준 필리핀이 이제 신에너지 분야에서도 사업 기회를 열어주고 있는 것이다.

그날 나는 필리핀의 한전에 대한 무한신뢰와 기대를 충분히 느꼈다. 필리핀은 7,000여 개의 크고 작은 섬으로 구성되어 있는 나라다. 사람이 사는 섬은 880개 정도이지만 무인도도 개발 잠재력이 충분하다고 본다. 섬이 많은 필리핀에 한국의 마이크로그리드 기술을 활용한 친환경 에너지 자립섬 모델이 충분히 성공할 수 있겠다는 것을 눈으로 직접 확인한 의미 있는 시간이었다.

바라카에서 쓰는 원전 신화 ————

UAE 하면 떠오르는 것은 세계 최초의 7성 호텔 '버즈 알 아랍', 세계 최고층 건물 '부르즈 칼리파' 등이다. 세계 7대 불가사의로 꼽히는 고대 건축물 3개가 실물 크기로 재현되어 세워질 '기적의 팰콘 시티(Falcon City Of Wonders)', 세계지도를 본뜬 인공섬 '더 월드(The World)'와 같은 혁신 프로젝트들을 떠올리기도 한다.

이러한 UAE에 우리나라가 진행하고 있는 해외 에너지 프로젝트 중 가장 규모가 크고 국민적 관심을 받는 대표 사업이 있다. 바로 UAE 원전 건설사업이다. 한전은 지난 2009년 UAE 원전 4기를 수주하면서 원전 수출의 꿈을 이뤘다. 당시 UAE 원전 건설 사업자로 한국형 원전 컨소시엄이 선정되자 각국의 주요 외신들은 앞 다퉈 이 소식을 크게 보도했다. 외신들은 한국이 원전 수입 30년 만에 수출국으로 돌아섰다는 내용과 함께 세계에서 여섯 번째 원전 수출국이 되었으며 앞으로 세계의 원전 수출 강국들과 어깨를 나란히 할 계기를 마련했다고 보도했다. 아울러 공개입찰 경쟁에서 미국, 프랑스, 일본 등 원전 강국들을 모두 제치고 역사상 최초의 해외 원전 플랜트 수주를 성사시킨 한국에 대해 놀라움을 표시했다.

원전 수출은 우리 경제에 커다란 힘이 된다. 단순한 플랜트 수출을 넘어 설계, 기자재, 시공, 시운전, 발전소 운영 및 유지·보수 등 그 패턴이 복합적으로 바뀌면서 다양한 분야에 걸쳐 장기간 국부를 창출할 수 있는 최고의 신성장 동력 분야이기 때문이다. 또 연관 산업에 대한 파급 효과와 고용 창출은 물론 외교·안보적 의미도 크다.

하지만 안타깝게도 내가 한전 사장으로 왔을 때 UAE 발주처에서는 주계약자인 한전을 제대로 인정하지 않는 분위기가 팽배해 있었다. 당시 한전이 매년 적자에 허덕이다 보니 초대형 사업을 차질 없이 추진할 수 있을까 하는 의구심마저 갖고 있었다. UAE 원전 건설 프로젝트는 186억 달러에 달하는 단군 이래 최대의 사업이었기 때문에 나는 이 사업을 공기에 맞게 성공적으로 완수하는 것은 한전은 물론 국가적으로도 매우 중요한 일이라고 생각했다.

향후 제2, 제3의 원전 수주를 성공시키고 대한민국과 한전의 브랜드 가치를 높이려면 무조건 이 사업을 성공적으로 수행해야 한다. 2017년 5월 완공을 목표로 하고 있는 1호기 건설을 차질 없이 마무리한다면 발주국인 UAE는 물론 일본, 프랑스, 러시아 등 원전 경쟁 국가들에게도 한국이 명실상부한 에너지 강국임을 확실히 각인시킬 수 있는 절호의 기회가 될 것이 분명하다.

UAE 원전 건설 프로젝트가 이렇게 중요했기 때문에 나는 취임 후 첫 해외 방문지로 UAE를 다녀왔고, 이후에도 여러 차례 UAE의 바라카 원전 건설 현장을 찾아 발주처 주요 관계자들을 수시로 국내에 초청하면서 이 사업에 공을 들였다. 내가 한전에 왔을 때 UAE 원전 건설은 2012년 7월에 1호기 최초 콘크리트 타설을 완료한 상태였다. 나는 이후에도 공정을 면밀히 챙겼다. 2013년 3월에는 1호기의 격납건물 철판이 설치되었고, 5월에는 2호기의 최초 콘크리트 타설이 완료되는 등 공정이 차질 없이 진행되었다. 그리고 마침내 2014년 5월, 기념비적인 1호기 원자로 설치가 성공적으로 마무리되었다. 이어 9월에는 3호기에 대한 최초 콘크리트 타설을 마치면서 연이은 마일스톤을 달성해나갔다.

2014년 5월, 바라카 현지에서 열린 UAE 원전 1호기 원자로 설치 기념식에는 박 대통령과 세계 최고의 부호 중 한 명으로 알려진 만수르 아부다비 부총리 겸 대통령실 장관이 직접 참석해 큰 관심을 모았다. 당시 세월호 사고로 인해 국가가 비상상황이었지만 대통령은 짧은 일정으로 UAE 현장을 찾았다. 원자로 설치는 국가 원수가 참여하는 것이 관례였기 때문에 UAE와의 경제협력 등 여러 가지 중요성을 봐서 내린 어려운 결단으로 보였다. 이날 국가 차원의 지원과 협력은 UAE로 하여금 한국을 '신뢰국'이라는 인식을 더욱 높이도록 해줬다.

나는 현장에 참석한 박 대통령에게 "세계에서 유일하게 공기를 지키고 있는 원전 건설 현장에 오셨습니다"라는 말로 운을 뗐다. 박 대통령은 건설 현황 등에 대한 설명을 듣고 나서 "어떻게 한전만 유일하게 공기를 잘 지키고 있는지" 궁금해했고 나는 "한전의 엄격한 훈련, 기술력도 그 이유가 되겠지만 더 중요한 것은 절박함" 때문이라고 설명했다. "한전이 이곳에서 실패하면 영원히 글로벌 원전시장에서 탈락하고 만다. 그렇게 되면 다시 이 리그로 돌아오기 어렵다. 우리는 그러한 절박함을 가지고 매일 매일을 보내고 있다"는 요지의 설명을 듣고 난 박 대통령은 연신 고개를 끄덕였다. 이날 박 대통령은 행사를 마치고 공사 현장을 찾아 원자로에 "바라카에서 시작된 협력의 불꽃, 양국의 희망이 되기를 바랍니다"라는 내용의 문구를 직접 서명했다.

원자력 발전소의 심장이라고 할 수 있는 UAE 원전 1호기 원자로 설치는 일본 후쿠시마 원전사고 이후 신규 원전 건설시장이 침체된 가운

데 안전성, 기술력 및 적기 준공 등의 측면에서 전 세계인의 이목이 집중된 상황에서 이룬 쾌거였다. 경쟁국인 프랑스가 공기 지연과 사업비 초과 등으로 고전을 면치 못하고 있는 상황에서, 세계 최고 수준의 안전관리기준을 제시한 까다로운 UAE 원전 당국의 심사를 무사히 통과한 것이다. 상대적으로 열악한 작업 환경과 생활 여건, 숱한 사업 리스크를 극복한 우리 기술자들과 근로자들의 노고 위에 우뚝 선 한국형 원전의 우수한 기술경쟁력을 입증한 셈이다. 이후 한전과 UAE 원전 당국 간의 비즈니스 파트너로서의 신뢰는 더 높이 쌓여갔다. 나는 이들을 최고의 VIP로 예우하면서 그동안의 통상 전장을 누비면서 얻은 국제 비즈니스 노하우를 총동원시켜 더 깊은 관계를 형성해나갔다.

본사가 나주로 이전한 이후인 2015년 초에는 UAE 원전 건설 발주처인 ENEC 대표 일행을 광주·전남 지역으로 초청했다. 한국에 올 때마다 매번 서울만 들렀다 가는 그들에게 새로운 추억을 만들어주고 싶어서였다. 먼저 그들과 최첨단 나주 신사옥 투어를 함께한 뒤 남도의 전통문화를 체험하는 시간을 가졌다.

보성 녹차밭에서는 직접 녹차를 따고 차 잎을 비벼서 차를 만들어 마시는 다도체험을 하고, 순천만 갈대밭에서는 함께 걸으며 정담을 나누었다. 중동의 사막에서는 볼 수 없는 습지, 갈대밭, 녹차밭 등 이국적인 풍경에 흠뻑 취한 그들은 연신 '원더풀'을 외치며 휴대전화로 사진을 찍기에 바빴다. 이때 비가 오는 바람에 손님들이 불편해하지는 않을까 염려가 되었는데 "사막에서는 비가 가장 반가운 손님"이라며 기뻐하는 모습에 비로소 걱정을 내려놓았다.

저녁식사 시간에는 주요 무형문화재인 가야금 명인의 가야금 병창과 풍물놀이를 접목한 퓨전타악 공연 등을 보여주었다. 식사는 중동인들의 종교적 특성을 고려해 할랄 푸드로 준비하는 것도 잊지 않았다. 이러한 문화 교류를 통해 원전 사업의 성패를 가늠하는 주요 VIP와의 관계를 더욱 끈끈하게 만드는 한편, 아름다운 한국 문화를 소개하는 시간까지 마련할 수 있었다.

이제는 원전 건설 과정에서 쌓은 UAE와의 파트너십을 바탕으로 양국이 공동으로 해외 원전시장에 진출하기 위해 힘을 모으고 있다. UAE 원전이 완공되면 원전 운영 및 유지보수 사업도 한국이 따낼 가능성이 높다. 현재 UAE 원전은 전 세계에서 유일하게 예상 공기를 지켜가고 있으며 2017년 1호기의 역사적인 준공을 눈앞에 두고 있다.

나는 세계적 수준의 한국의 원전기술과 UAE 원전 건설을 통해 쌓은 경험, 그리고 'KOREA', 'KEPCO'의 브랜드라면 제2, 제3의 원전 수출이 충분히 가능하다고 본다. 그래서 베트남, 이집트, 사우디아라비아, 체코 등 원전 건설을 추진하고 있는 국가들을 빠짐없이 찾아가 적극적인 세일즈 활동을 펼쳐왔다. 원자력발전소가 신재생에너지와 더불어 온실가스 배출이 거의 없는 에너지원인 만큼, 신기후체제에서도 원전에 대한 수요는 계속 이어질 것으로 보인다. 원전 최강국의 꿈은 현재 진행형이다.

글로벌 KEPCO 벨트, 신실크로드의 꿈 ————

현재 한전은 부탄과 인도를 비롯해 필리핀, 중국, 사우디아라비아, 요르단, UAE, 멕시코, 캐나다, 호주 등 세계 19개 국가에서 33개 사업을 펼치고 있다. 글로벌 에너지 마켓에서 강력한 브랜드 파워를 지닌 KEPCO의 사업 분야도 화력과 원자력발전, 자원 개발은 물론 신재생에너지, 마이크로그리드, 스마트그리드와 같은 에너지 신산업까지 더욱 확대되었다.

이렇게 글로벌 에너지 시장을 누비면서 내가 생각해낸 것이 바로 '글로벌 KEPCO 벨트'다. '글로벌 KEPCO 벨트'는 지구촌 6대주를 모두 한전의 해외사업 지역으로 만들어 한 바퀴 도는 벨트로 구축하겠다는 의지에서 시작된 프로젝트다. 구상은 해외 출장 중에 나왔다.

2015년 4월, 나는 박근혜 대통령의 중남미 순방을 수행하고 곧바로 요르단 암만발전소 준공식에 참석하는 15일간의 장기 해외출장을 다녀왔다. 공식 방문국만 해도 중남미 콜롬비아, 브라질, 페루, 칠레, 중동의 요르단 등 5개 나라였고 경유지인 미국, 스페인, 알제리, UAE를 포함하면 호주를 제외한 5개 대륙을 모두 도는 강행군이었다. 비행기를 탄 시간만 58시간, 비행거리는 약 4만 5,000킬로미터에 달했다. 또 지중해를 포함한 3개 대양을 비행기를 타고 지나갔고, 기내식만 열세 번을 먹었으며, 아홉 번의 시차 조정이 있었고, 비행기에서 모두 다섯 권의 책을 읽었다. 알제리에서는 수속 때문에 두 시간이나 억류되다시피했고 칠레에서는 화산폭발이 일어나는 등 갖가지 기록을 세웠다.

이처럼 살인적인 일정을 소화하다 보니 브라질 상파울루에서는 허리 통증이 와서 못 걸을 정도였다. 당시 현지 직원에게 명의(名醫)를 추천 받았는데 한의사라서 깜짝 놀랐다. SNS를 통해 짤막하게 우리 직원들에게 이 내용을 올렸더니 직원들이 파이팅을 외쳐줬다. 그 덕분인지 명의의 진료 덕분인지, 다행스럽게 통증이 가시면서 모든 일정을 소화할 수 있었다. 마치 30대 세일즈맨 같은 강행군을 펼친 고된 일정이었지만 수확은 알찼다. 출장기간 동안 4개 분야에서 MOU를 체결한 것이다. 이를 통해 브라질은 원전과 에너지 신산업, 칠레는 태양광과 발전, 페루는 스마트그리드와 배전 부문에서 한전과 협력하기로 했다.

나는 출장지에서 우리의 에너지 신산업이 수출산업으로서 경쟁력이 있다는 생각을 굳혔다. '글로벌 KEPCO 벨트'는 벌써 상당 부분 현실화되고 있다. 한전은 2015년 8월 캐나다에서 마이크로그리드 사업을 시작했고, 미국에서는 메릴랜드 주와 에너지 신산업 분야 협력협약을 체결했다. 중남미 멕시코의 화력발전, 아프리카 나이지리아의 발전소 성능 개선사업, 중동 요르단·사우디아라비아·UAE의 원자력과 화력발전 사업, 동남아 필리핀과 중국에서의 화력발전과 신재생에너지 발전사업도 성공적으로 수행하고 있다.

이러한 사업들은 노후된 설비를 보수 개선하거나 신재생에너지 등 친환경으로 가는 작업들이어서 앞으로도 충분한 경쟁력을 가질 수 있다. 또 최근에는 인도와 부탄 등지에서 새로운 사업이 시작되면서 전 세계를 잇는 에너지 교역의 신실크로드 비단길이 한전의 브랜드 가치와 기술력으로 한 땀 한 땀 수놓아지고 있다.

에너지 공기업 한전,
녹색대전의 주인공이 되다

지속가능한 기업으로의 변신은 선택 아닌 필수다 ─────

한국의 대표적 에너지 공기업인 한전은 1898년 회사가 설립된 이래 무려 118년간 전기라는 한 가지 제품만 팔고 있는 회사다. 게다가 가끔 "우리 제품 적게 써주십시오"라는 역세일즈를 하는 이상한(?) 회사다. 전기는 그동안 다른 나라와의 교역재가 아니었고 국내에서 생산되고 국내에서 소비되면서 공급자는 한전, 소비자는 국민이라는 인식 속에 있었고 이 같은 영역에 다른 분야가 들어오거나 혹은 다른 분야로 이어지거나 전환되기 어려운 측면이 있었다. 하지만 혁신 없는 기업은 역사 속으로 사라진다. 한전도 100년 기업을 넘어 지속가능한 성장을 이루기 위해서는 이제 변화해야 한다. 시대적 환경에 맞는 변화와 유연한 대응이 그 어느 때보다 필요한 시점이다.

혁신에 성공했다고 안주하다가 어느 새 역사 속으로 사라지는 기업들이 있다. 나는 통상과 에너지 분야의 최일선에서 오랜 기간 몸담고 일하면서 이러한 부침(浮沈) 사례들을 많이 목격했다. 1990년대 필름 시장을 선도한 코닥, 브라운관 TV와 워크맨을 전 세계에 보급한 소니, 2000년대 휴대전화 시장점유율 1위였던 핀란드 노키아는 당시 시장에서 지배적인 위치를 차지하고 있던 기업들이다. 그러나 디지털카메라, LCD 평면 TV, 스마트폰 등 기존 시장의 패러다임을 바꾸는 상품의 등장에도 불구하고 기존 상품만 고집하다가 일순간 시장에서 사라질 위기를 맞고 있다.

위기대응 시스템의 부재로 붕괴된 사례도 부지기수다. 코트라 사장 시절인 2000년대 말, 미국 발 글로벌 금융위기를 누구보다 가까이에서 체감한 나는 국내 언론과의 인터뷰나 기고를 통해 여러 차례 이런 사례를 언급하며 메시지를 주려고 노력했다.

당시 금융상품의 복잡화로 인해 위험상품 투자에 대한 파급 효과를 측정하기가 어려워지고 산업 간 파급 효과가 커지면서 대기업을 순식간에 붕괴시킬 수 있는 상황이 발생했다. 리먼브라더스, 메릴린치, 베어스턴스는 M&A 자문, 주식 및 채권 발행과 같은 업무를 수행하는 투자은행으로서 시장에서 100년 이상의 역사를 가진 기업이었다. 그러나 2008년 서브프라임 모기지 부실로 인해 촉발된 금융위기 당시 투자위험에 대한 대응 시스템 부족으로 대량의 손실을 입으면서 일순간에 파산 혹은 인수합병되었다. 대마불사는 없었다.

반대로 세계경제를 이끌어온 기업 중에서 100년 이상을 버텨온 기업들은 변화무쌍한 사업 환경의 변화 속에서 한 번도 진출하지 않은 영역에 과감히 들어가 비즈니스 모델을 확대하고 변화시켜왔다. 미국의 최장수 기업인 GE는 전기 및 에너지를 기반으로 항공, 금융 등의 생경한 분야로 진출해 변화를 모색했고, IBM의 경우에도 기업 존망의 큰 위기 속에서 기존 하드웨어 사업에서 서비스와 컨설팅 등 소프트웨어 사업으로 과감한 주력사업 변화를 통해 생존을 영위해나가고 있다.

에너지 분야도 예외가 아니다. 글로벌 플레이어들은 지금 이 시간에도 저유가와 기후변화, 에너지 신산업의 등장이라는 지각변동 속에서 살아남기 위해 각고의 노력을 펼치고 있다. 2015년 말, GE는 유럽 최대의 운송 및 발전 장비 제작회사 중 하나인 프랑스 알스톰의 에너지 사업 부문을 인수했다. 알스톰의 전력 및 그리드(망) 사업 부문을 인수하는 124억 유로라는 거액의 빅딜이 성사되면서 GE는 전 세계 발전용 가스터빈 시장의 50퍼센트를 넘게 장악하는 지배적 위치를 갖게 됐다.

2015년 4월, 독일의 유틸리티 회사인 E.ON은 기존의 화력, 원전, 자원개발 사업 부문을 분사하면서 신재생에너지, 배전, 서비스회사로 완전히 재편하는 승부수를 띄웠다. 에너지 신산업을 중심으로 태동되는 거대한 신시장을 선점하고 에너지 빅리그의 주인공이 되기 위한 글로벌 플레이어들의 움직임이 본격화된 것이다. 한전도 이러한 변화의 물결에 유연하게 적응하면서 변신을 해나갈 때다.

에너지 생태계를 생각하는 공기업 ─────

전력산업은 다양한 이해관계자들과 연결되어 있다. 정부, 국회, 언론, 국민, 기업, 주주는 물론이고 최근에는 지역사회의 요구도 점점 더 거세지고 있다. 이해관계자와의 갈등은 갈등으로 그치는 게 아니라 사회적 비용을 낳는다. 가령 송전선로 공사를 둘러싼 갈등이 장기화될 경우 송전선로 및 변전소 공사비, 주민 보상비용, 송전 지연시 구입 전력비 증가, 전력수급 불안정성 야기 등 많은 사회적 갈등 비용을 감수해야 한다. 그 부담은 이해당사자인 공기업과 지역사회는 물론 정부와 국민에게로 고스란히 돌아간다.

한국보건사회연구원에 따르면, 우리나라의 사회갈등지수는 OECD 조사대상 24개국 중 5위(2011년 기준)라고 한다. 사회적 갈등을 일으키는 요인은 다양하지만 그중 전력설비 건설을 둘러싼 갈등도 당연히 포함된다. 지역사회의 환경권, 건강권, 재산권에 대한 존중 요구와 안정적 전력공급을 위해 꼭 필요한 전력설비 건설이 공존해야 하는 불편한 상황에서 긴장의 수준이 높아지고 있기 때문이다. 이를 타개하기 위해 한전은 제3자가 주도하는 설비 입지선정 위원회를 운영하고 '송주법' 제정을 통해 합리적이고 공정한 주민보상제도를 만드는 한편 지역사회와 공동의 가치를 창출하는 사업도 진행하는 등 다양한 노력을 기울이고 있으나 현실적으로 쉽지 않은 문제들이 많다.

이런 측면에서 한전을 지켜보는 사람들이 많다. 한전이 에너지 산업은 물론 공기업의 맏형으로서 커져가는 사회적 요구에 대한 책임도 크다고 생각하기 때문이다. 이제 지역사회와 공기업의 갈등은 사회적 이슈가 되어버렸고 우리나라 공기업들에게는 큰 숙제가 되었다. 사회적 갈등을 해결하기 위한 장기적 접근과 아이디어가 필요한 시점이다. 경영 구루인 짐 콜린스가 저서《좋은 기업을 넘어 위대한 기업으로*Good to Great*》에서 말했듯이 위대한 기업이 되기 위해서는 진정성이 깃든 사회공헌을 해야 한다. 한전은 59조 원 매출 기업으로서 그 격에 맞게 우리 사회의 어두운 곳을 찾아 1사 1촌 결연사업, 다문화가정 홈커밍 데이 시행과 같은 다양한 활동을 펼쳐나가고 있다.

이런 면에서 볼 때 2014년 한전이 제1회 'CSV 포터상'을 수상한 것은 매우 의미 있는 일이다. 이 상은 경제적 수익과 사회공헌을 함께 추구하는 새로운 경영 개념 CSV(Creating Shared Value)를 제시한 하버드대 마이클 포터 교수의 이름을 빌려 제정된 상으로, 한전을 비롯해 CSV 확산을 주도하는 우수기업들이 선정되었다. 특히 한전은 공기업 최초로 CSV를 회사 경영의 패러다임으로 도입하면서 전사 차원의 추진체계를 확립하고 이를 중장기 전략에 반영하는 등 CSV 활동을 위한 실질적인 프로세스를 안착시킨 점을 높이 평가받았다. 앞으로 한전을 비롯한 공기업들은 진정성 있는 상생 노력을 통해 공유경제의 가치를 생각하고 그 실천을 위해 노력해야 한다고 생각한다.

Again KEPCO, 화려한 부활의 드라마 ──────

개혁의 대상에서 개혁의 선도자로의 대변환으로 에너지 빅뱅의 신호탄을 쏘아 올린 한전은 '제6의 물결'을 이끄는 에너지 신산업 확산을 위해 본격적인 시동을 걸었다. 2012년 말 내가 처음 한전에 왔을 때 7대 미해결 난제들로 창사 이래 최대 위기를 맞았던 때와 비교하면 상전벽해와 같은 변화가 아닐 수 없다.

그리고 3년이 지난 지금, 내가 취임하면서 경영 슬로건으로 채택한 'Again KEPCO'는 눈앞의 현실이 되고 있다. 한전은 2015년 〈포브스〉가 선정한 글로벌 2,000대 기업 중 171위에 올랐고, 전 세계 4위의 유틸리티 자리에 올랐다. 한전보다 더 높은 순위에 있는 유틸리티는 프랑스의 EDF, ENGIE(전 GDF SUEZ), 스페인의 Iberdrola 등 3개 기업밖에 없다. 아시아 에너지 기업 중에는 단연 '넘버 1'이다. 〈포천〉에서 선정한 글로벌 500대 기업 순위에서도 한전은 전체 193위를 차지했고 글로벌 에너지 정보업체 플래츠가 선정한 'Global Top 250 에너지 기업'에서도 41위를 기록했다. 부채비율 또한 2013년 말 136퍼센트까지 상승했다가 2015년 창사 이래 최고의 경영 실적을 기록하면서 두 자릿수로 떨어졌다. 국제 신용등급 또한 글로벌 전력회사 중 유일하게 3대 국제신용평가사로부터 'AA' 등급을 받은 회사가 되었다. 2만 원대를 벗어나지 못하던 주가 역시 6만 원대를 돌파하면서 우량주의 위상을 되찾았다.

나는 한전에 온 이후 매년 초 그 해에 꼭 이뤄야 할 목표를 함축한 사자성어를 만들어 조직원들과 공유했다. 2013년 취임 첫 해에는 무엇보다 구성원 간의 신뢰를 회복하고 외부와의 원활한 소통이 중요하다는 생각에 '믿음이 없으면 이룰 수 없다'는 '무신불립(無信不立)'을 화두로 내세웠는데 끊어진 외부와의 소통이 복원되고 구성원 간에 서로 신뢰하고 소통하는 조직문화가 만들어졌다. 2014년에는 장기간 계속되는 적자를 탈피해야 회사의 모든 기능이 제대로 돌아갈 수 있다는 생각에서 '지혜를 모아 이익을 더한다'는 '집사광익(集思廣益)'을 화두로 내세웠고 그 해 6년 만에 흑자 전환을 이루었다. 2015년에는 본사가 나주로 이전하는 변화 속에서 '날마다 새로워진다'는 의미의 '일신월이(日新月異)'로 정한 뒤 성공적인 이전 정착과 에너지밸리 조성, 에너지 신산업 추진 등의 성과를 거두었다. 그리고 2016년에는 파리기후변화협약 체결 등 에너지 신산업이라는 변혁 속에서 한전이 에너지 생태계를 이끄는 더 큰 역할을 해야 된다는 생각에서 '한 마음으로 큰 화합을 이룬다'는 의미의 '보합대화(保合大和)'를 내세웠다. 돌아보니 이 사자성어들이 매년 한전의 상황을 잘 표현해주었다는 생각이 든다.

업의 변화로 새로운 100년을 여는 KEPCO ————

나는 빛가람에서 새로운 100년 대계를 쓰고 있는 한전이 새로운 가치와 사명을 갖고 에너지 신산업을 중심으로 새로운 '업(業)'을 이뤄나가야 할 시점이라고 본다. 한전의 이익과 성장이라는 단순한 프레임에서 벗어나 에너지계 전체의 생태계를 키워나가고 더 나아가서는 사회와 국가의 바람직한 길잡이가 되어야 한다. 누적 적자와 전력난 등으로 기업의 존망을 걱정해야 했던 몇 년 전에 비하면 행복한 고민일 수도 있지만, 급변하는 글로벌 에너지 산업 환경에 적응해야 하는 지금, 한전은 어느 때보다 더 큰 고민과 숙제를 안고 새로운 출발선 상에 서 있다고 생각한다.

나는 미래의 전력회사는 단순한 전력공급회사를 넘어 고객의 삶의 질을 높이고 공유경제 생태계를 조성하는 가치 창조자로 변화될 것이라고 본다. 과거 발전소에서 생산한 전기를 수송하고 판매하는 것이 주 역할이었다면, 앞으로는 클린 에너지와 ICT 융합 전력망으로 스마트한 에너지 서비스를 제공하고 새로운 가치를 창조하는 것이 바로 한전의 미래 역할이라고 생각한다.

지금 세계는 신에너지 혁명이라는 역사적 전환점의 한가운데 서 있다. 신에너지 혁명은 지금까지 인류의 역사를 바꾼 농업혁명, 산업혁명, 정보통신혁명보다 더 큰 물결이 될 것이다. 한전은 세계 속의 에너지 허브가 될 빛가람 에너지밸리를 기반으로, 에너지 신산업의 미래를 만들기 위해 야심차게 나아가고 있다. 이 사업의 성패는 우리나라의 국운과도 직결되는 매우 중요한 일이다. 우리 경제가 에너지 신산업이라는 새로운 성장엔진으로 국민소득 5만 달러 시대를 향해 나아갈 수 있도록 한전이 든든한 선발투수 역할을 해야 한다. 멀지 않은 미래에 전 세계 많은 기업들이 '미래 세계 100대 기업' 한전과 빛가람 에너지밸리를 벤치마킹하기 위해 몰려드는 꿈을 꿔본다.

청년들이여, 에너지 미래가 주는 기회를 잡아라 ──────

영국 경제 주간지 〈이코노미스트 *The Economist*〉는 최근 기사를 통해 에너지 산업에 있어 지금이 '한 세대에 한 번 올 법한 절호의 기회'라고 강조했다. 2016년 다보스포럼에서도 '이종 산업 간 경계를 융합하는 기술혁명인 제4차 산업혁명'을 주목했다.

한국은 세계 에너지 전환기의 흐름을 상징하는 대표적인 나라 중 하나다. 에너지 수요 성장과 기후변화에 대비해야 하는 두 가지 상반된

이슈를 갖고 있고 또 아시아 지역 국가에서 기후변화 대응을 주도적으로 해나갈 수 있는 나라이기도 하다. 이는 에너지 관련 높은 기술력과 사업 수행 능력이 증명하고 있다.

그동안 우리나라는 에너지 신산업 분야의 육성에 많은 노력을 기울여온 결과 분산형 전원과 스마트그리드, 마이크로그리드, ESS 등의 분야에서 매우 빠른 속도로 발전을 해나가고 있고 성공적인 실증 결과도 가지고 있다. 글로벌 에너지 시장에서는 '신뢰할 수 있고 책임감이 강

한 파트너 한국'이라는 평가를 받고 있다. 우리나라의 이러한 국제적 위상은 큰 강점이며 젊은 세대들, 특히 에너지 분야에 일생을 걸어보겠다고 마음먹은 젊은이들의 도전정신과 용기에 날개를 달아줄 것이다.

미래에는 지구촌 문제를 해결해야 한다. 가장 큰 과제는 기후변화 대응이다. 그리고 여기에서 미래 먹거리 산업, 즉 에너지 신산업이 뜨고 있다. 우리 젊은이들이 열정을 갖고 꿈을 실현해볼 만한 시장이다. 융·복합을 통해 그 성장 가능성 또한 무궁무진하다. 나는 우리의 젊은이들이 에너지 분야에 뛰어들어 지구도 살리고 에너지 미래가 주는 기회도 잡았으면 한다. 미래의 에너지 시장은 아직 블루오션이며 100년 먹거리가 나올 수 있는 시장이다. 생산, 유통, 설비건설, 트레이딩, 금융, 컨설팅 등 모든 것을 아우를 수 있다.

젊은이들에게 실수는 아름답지만 회피는 어울리지 않는다. 하루 종일 이력서를 쓰며 '이생망(이번 생은 망했다)'이라는 자조 섞인 농담을 하고 '금수저', '흙수저'라는 수저계급론까지 거론하며 자신의 처지를 비관하는 젊은이들이 많다고 한다. 그러나 밥 잘 떠지는 수저가 최고다. 현실의 벽이 있다면 그 벽을 뚫어야 새로운 길이 열린다. 알을 깨고 나오는 새끼 새처럼 더 큰 세계에 도전하는 사람은 자기 앞에 놓인 세계를 깨뜨려야 한다. 여기 에너지의 미래가 주는 기회가 있다. 젊은이의 특권인 도전과 열정으로 세상을 바라봐야 미래를 가질 수 있다. 끝까지 가보지 않은 사람은 불가능을 얘기할 수 없다. 절망할 시간에 준비하고 앞으로 나아가는 사람만이 기회를 움켜쥘 수 있다.

한전은 10년간 고난의 시기를 겪었다. 하지만 이제는 한전의 책무라 할 수 있는 전력수급의 안정을 유지해나가면서 6년 만에 적자를 탈피하고 순이익 10조 원을 넘어서는 등 기본 체력을 갖추었다. 또한 세계시장에서 독보적인 'KEPCO' 브랜드 가치를 갖고 19개국 33개 현장에서 높은 기술력을 발휘하고 있다. 에너지 수입국에서 에너지를 수출하는 에너지 강국으로 도약한 것이다.

　이제는 '업'의 변화가 필요한 시점이다. 과거 118년간 발전소를 세워 전기를 만들고 공급해온 사업 영역에서 벗어나 새 역할자로서 새로운 산업을 만들고 고용을 창출하고 동시에 지구환경 보존에도 선도적인 역할을 할 시점이다.

　전력산업의 동반성장 생태계를 만들어나가려면 우리 앞으로 다가올 새로운 기회를 놓치지 말아야 한다. 창의적이면서도 유연한 사고로 먼저 달려 나가야 한다. 준비된 자에게는 반드시 기회가 온다. 우리 기업과 젊은이들의 큰 역할이 필요하다.

　2014년 말, 한전 본사를 광주전남 혁신도시로 옮기면서 이곳을 대한민국의 '에너지밸리', '전력 수도'로 만들겠다는 의지를 표명하고 에너지 신산업 시장에 새로운 출사표를 던졌다. 이제 한전은 거대한 에너지 빅리그로 향한다. 그리고 한국 선단을 이끌고 에너지 미래에 대한 대망을 품어본다.

이 무서운 숙명적 동시성

이 책을 쓰기로 결심한 것은 2015년 9월경이었다. 연말에 임기가 끝나니 한 3개월 열심히 써서 그때 맞춰 발간할 생각이었다. 그러나 생각지도 못한 연임이 되었고 방대한 자료수집과 사실검증이 필요해 저술 기간이 6개월가량 걸려 3월 말에 집필이 끝났다. 결과적으로 현직 한전 사장의 신분으로 책을 출간하게 되어 다소 표현을 자제했고 내 주장에 객관성이 있는지 다시 점검하고 사례를 밝힐 때는 가급적 실명이 들어가지 않도록 했다. 왜냐하면 이 책이 에너지 분야를 업으로 하시는 분들에게는 하나의 나침반이 될 수도 있다는 생각 때문이었다.

연임은 애당초 내 머릿속 시나리오에는 아예 없던 사건이다. 그러나 무언가 알 수 없는 힘이 예비해놓은 시나리오가 있었던 것일까? 처음에는 "임기 3년의 반만이라도 채울 수 있을까?"였다가 "3년만 딱 채우고 뒤통수 아름답게 떠나겠다"가 된 나의 소망은 결국 이루어지지 않았다.

세 군데 대표적 공기업 CEO를 거치면서 실패와 시행착오도 있었지만 대체로 임기 중 회사의 외부 평가를 바꾸고 경영 상황을 반전시키는 데 성공했다는 평을 들었다. 그러나 한군데도 쉬운 곳이 없었다. 특히 지난 3년간 한전에서의 시간은 과거 어떤 시절보다 어렵고 고단했다. 패전처리투수 등판을 수도 없이 후회했다. 나에게 한전은 '신의 직장'이 아니고 무력한 인간으로는 승산이 없는 '신의 영역'이었다. 그러니 패전처리투수의 꿈은 한시라도 빨리 '더 얻어맞지 않고 마운드에서 내려오는 것'이었다.

그렇지만 한전에 예상 못했던 많은 기적 같은 상황이 발생하면서 나는 구원투수로서 마치고 싶다는 욕심이 생겼고, 또 한전 내부와 외부에서 구원투수의 메달까지 달아주어 매우 행복한 마음으로 '조환익 파일'을 마감하려 했다. 그러나 나에게 예비된 프로그램은 나를 쉽게 풀어주지 않는 것 같다.

나는 과거 산업자원부에서 잘나가는 차관보를 하다 돌연 인생을 바꿔보고 싶다며 깜짝 사표를 내고 주위를 놀라게 한 후 약 3년간 밖에서 다른 일을 한 적이 있다. 그 후 드문 일이지만 차관으로 복귀했고 정부에서의 경력은 거기까지였다. 10년간 개각 때마다 하마평만 줄기차게

318

떠다녔을 따름이다.

그러나 진정한 나의 길은 오히려 공직의 울타리 밖이었다. 공기업 경영자의 길을 걷게 된 것이다. 금융 분야인 한국수출보험공사, 무역통상 분야인 대한무역투자진흥공사(KOTRA), 에너지 분야인 한국전력공사 등 성격이 전혀 다른 세 군데서 야전사령관 역할을 해왔고 지금은 한전에서 연임까지 되었다. 남들은 이런 나를 보고 그 흔치 않은 공기업 사장을 연임했다고 '공기업 3관왕(triple crown)'에서 '4관왕(quadruple crown)'이라고까지 부른다.

세 군데 공기업 CEO를 하면서 공통적인 것은 하나같이 임기를 시작할 때 그 조직의 내부 상태와 외부적 여건이 최악이었다는 것이다. 특히 코트라는 '역사적 사명을 다한 조직', 한국전력은 '대표적 방만경영의 빚덩이 조직' 등의 오명을 쓰고 있었다.

나는 여전히 마운드에 서 있다. 세계의 기후변화로 인해 우리에게 닥친 탄소 감축의 위기를 에너지 신산업이라는 기회로 만들어 늪에 빠진 우리 경제에 희망의 메시지를 던지라는 임무가 나를 못 떠나게 하고 있다. 마치 코트라 때 리먼 사태로 세계경제가 얼어붙고 한국이 제2의 IMF를 걱정하며 공포에 떨고 있을 때 '역샌드위치론'이라는 메시지를 시장에 던져 희망을 주었던 것처럼…. 나에게 이제는 선발투수로서 새로운 빅리그에 출전하라는 것이다. 다시 출사표를 쓰고 신발 끈을 고쳐 매라는 것이다.

우리의 경제 영토를 한 뼘이라도 넓히려는 나의 긴 여정은 1970년대 중반 상공부사무관 시절부터 시작되어 어느새 40년이 훌쩍 흘러갔다. 아프리카의 험지, 중동의 모래폭풍, 중국의 내륙, 미국 워싱턴의 통상마찰의 현장, 일본의 무역장벽 틈새시장, 시리아와 쿠바 등 미수교국들의 위험한 시장, 러시아의 동토 등 전 세계를 누비면서 발품을 팔았다. 지난날이 파노라마처럼 떠오른다. 흑백필름에서 컬러로 또 이제는 고화질 디지털로….

그 여정 속에서 혼자 필마단기(匹馬單騎)로 싸운 적도 있고 소수 정예병으로 전선을 헤쳐나간 적도 있고 대군을 이끌고 위기를 넘기기도 했다. 그러나 주위를 둘러보면 나와 함께 통상전선, 산업전선, 에너지전선 등 많은 전선을 누비던 장수들은 이제 거의 현장에서 사라졌다. 나만 남았다고 해도 과언이 아니다. 나는 원하든 원하지 않든 외로운 노장이 되어버렸다.

이제는 많이 고단하다. 개인적으로는 쉬고 싶은 마음이 크다. 수개월 전에는 몸 한구석에 암세포가 자라고 있는 것을 발견하고 수술을 받은 적도 있다. 다행히 아주 우연한 기회에 초기 발견해서 치료가 끝났지만…. 그러나 신은 마지막 출정을 명하고 있다. 그것도 지금과 같은 방식으로는 안 되는 새로운 전술을 요구하면서 더 큰 전장으로 등을 떠밀고 있다.

나는 이 과정에서 우리를 어떤 방향으로 몰아가는 각종 상황의 '동시성(同時性)'에 전율을 느낀다. 내가 그 희망 없던 한전에 들어오자 회사가 흑자로 돌아서서 새로운 전선에 뛰어들 힘을 비축할 수 있었던 것도 그렇고, 아무리 생각해도 대책 없던 전력난도 기적같이 사라지면서 마운드, 타격, 수비, 주루에서 안정적이고 강한 전력을 유지하게 된 것도 우연이 아닌 것 같다. 개인적으로는 한전 사장이라는 야전군 사령관 연임이 되고, 하늘이 병도 일찍 발견해 고쳐준 것도 다 동시성을 구성하는 한 부분이 아닐까 싶다.

유가가 급락해 에너지 절감의 분위기가 느슨해지려 할 때 때마침 파리총회가 개최되어 전 세계 195개국이 탄소 감축을 지구의 가장 크고 급한 과제로 채택하는 신기후변화체제에 만장일치로 동의한 것도 절묘한 시점이다. 이렇게 해서 신재생에너지와 에너지 효율 등 에너지 신산업이 세계적으로 주목을 받게 되고 큰 투자가 이루어지며 새로운 빅리그가 형성된 것도 큰 의미의 동시성이다.

또한 한전 본사의 지방 이전이 이루어져 에너지밸리를 빛가람 혁신도시에 조성하게 된 것도 결코 우연이 아닐 것이다. 비록 우리나라가 에너지 신산업 진입에 늦지 않았다 하더라도 세계시장의 각축전 속에서 본격적인 경쟁력을 갖추려면 이 산업이 어느 지역에선가 집적화되어 상호 융·복합이 이루어져야 한다. 만약 한전 본사가 계속 서울의 삼성동에 있었다면 도대체 어디에서 그만 한 집적화의 공간을 찾을 수 있었을까? 이미 나주의 에너지밸리에는 100개 넘는 기업이 속속 이전 준비를 하고 있다.

때마침 이란 등 신시장도 열리고 알파고가 방한해 온 나라를 '인공지능'의 신드롬에 빠져들게 했다. 에너지 신산업이야말로 지능형 전력망, 즉 인공지능이 핵심인 산업이다. 이럴 때 한전이 계속 빚덩이 공기업으로 남아 있었다면 누가 이 분야의 마중물적 투자를 하고 한국 선단의 조타수 역할을 할 것인가. 이것이 한전의 새로운 업이다.

한동안 정보통신 분야로 먹고살았던 우리 경제는 현재 새로운 돌파구를 찾지 못하고 시름시름 앓고 있다. 이럴 때 한전의 귀환과 에너지 신산업의 부각은 한국에 어떤 의미가 있는 것일까? 또 이 모든 것이 1년 사이에 동시에 일어나고 있다. 이것이 어쩌면 이 나라 국운과도 연관 있는 건 아닐까 조심스레 생각해본다. 이 무서운 동시성에 한전은 사명을 느끼고 나는 숙명을 느낀다.

의사는 나보고 재발 방지를 위해 당분간 몸을 무리해서는 안 되고 스트레스는 절대 금물이라고 신신당부했다. 의사의 당연한 염려의 말씀이라고 생각한다. 그러나 현재 한국의 각 분야가 100퍼센트 가동해도 다음 세대의 먹거리를 찾을까 말까 한데, 나름 국가의 한 분야를 책임지고 있는 자로서 도대체 어떻게 스트레스 없이 살아가란 말인가….

지난 설 명절은 통째로 이란에서 지냈다. 2015년 7월의 핵 협상 타결 이후 이란 시장이 열리면서 수출 청신호가 켜졌기 때문이다. 이후 내 생일도 다시 이란에서 지냈다. 며칠 전에는 도미니카의 스마트 배전사업 대형 입찰에서 가격, 기술 경쟁력 등에서 최고였지만 알 수 없는 이유로 탈락했다. 어제는 중국의 세계 최대 발전회사인 화능집단공사와 저탄소 초초임계 발전소 건설 및 운영 합작회사 설립을 위한 기본 합의를 도출하는 데 성공했다. 이달 말에는 한·중·일·러 4국이 베이징에서 동북아 슈퍼그리드 협력 방안에 대해 논의하기로 했다. 이것은 일본 소프트뱅크, 중국국가전망공사, 러시아 로세티와 한전이 그려내는 원대한 그림의 첫걸음이 될지도 모른다.

4월에는 일본에서 최초로 풍력발전소 건설을 위한 협약이 있을 것 같다. 멕시코, UAE, 인도, 남아프리카공화국, 체코, 베트남, 미국 버지니아와 메릴랜드 등 시급하게 한전 사장이 발품을 팔아야 할 곳이 많다. 이처럼 우리는 세계 에너지 시장에서 때로 지기도 이기기도 하면서 한걸음씩 착실하게 앞으로 나가고 있다. 동시에 나의 지독한 역마살은 여전히 현재 진행형이다.

노을 지는 저물녘, 누군가는 마지막까지 볼을 던져야 하고 관중석에는 그 동작 하나하나를 끝까지 지켜보는 냉철한 눈길과 소리 없는 함성이 있을 것이다. 나는 이 모든 숙명에 겸손해지고 일구일구에 정성을 다해 전력투구할 따름이다.

이 책을 내는 데 감사드릴 분이 너무 많다.

조환익

조환익의 전력투구

1판 1쇄 발행 2016년 4월 11일
1판 6쇄 발행 2016년 6월 10일

지은이 조환익(한국전력공사 사장)

발행인 양원석
편집장 송상미
디자인 RHK 디자인연구소 남미현, 김미선, 엔드디자인
일러스트 안다연
해외저작권 황지현
제작 문태일
영업마케팅 이영인, 양근모, 박민범, 이주형, 김민수, 장현기

펴낸 곳 ㈜알에이치코리아
주소 서울시 금천구 가산디지털2로 53, 20층 (가산동, 한라시그마밸리)
편집문의 02-6443-8856   **구입문의** 02-6443-8838
홈페이지 http://rhk.co.kr
등록 2004년 1월 15일 제2-3726호

ⓒ조환익, 2016, Printed in Seoul, Korea

ISBN 978-89-255-5893-6 (03320)